Teacher's Guide

Erfolgreiches Classroom-Management

Paul Dix

Bibliografische Information der Deutschen Nationalbibliothek
Die Deutsche Nationalbibliothek verzeichnet diese Publikation in der Deutschen Nationalbibliografie; detaillierte bibliografische Daten sind im Internet über http://dnb.d-nb.de abrufbar.

Best.-Nr. A302829

Titelentwurf: Gerrit Hänselmann, Hallbergmoos
Titelfoto: © AnglianArt (fotolia.com)
Layout und Gestaltung: Eva M. Schwoerbel Text & Form Kommunikation, Düsseldorf
ISBN 978-3-7614-2829-0

Übersetzt aus dem Englischen von Lisa Hucke

Inhalt

Vorbemerkung

Dieses Buch bietet kein Patentrezept, das Sie Schritt für Schritt befolgen müssen. Sie können sich aus einem großen Fundus an Anregungen und Ideen genau das heraussuchen, was Sie brauchen, um Ihre Klasse effektiv zu führen.

Der Ratgeber basiert auf einer in Großbritannien erfolgreich auf Lehrerfortbildungen vermittelten und in vielen Schulen praktizierten Methode. Es handelt sich um ein ganzheitliches Konzept, dessen Ziel es ist, die Disziplin an Schulen zu verbessern und in dessen Zentrum die Förderung positiver und respektvoller Beziehungen auf Klassen- sowie auf Schulebene steht.

Das Konzept wurde vor dem Hintergrund des inklusiven Gesamtschulsystems in Großbritannien entwickelt. Inklusion ist seit Jahrzehnten ein Schlagwort der britischen Bildungsdebatte und im Rahmen der inklusiven Bildungspolitik hat sich das staatliche Regelschulsystem zum Ziel gesetzt, alle Schüler, unabhängig von Förderbedarf oder Lernschwierigkeiten, gemeinsam unter einem Dach zu unterrichten. Um der dadurch bedingten hohen Heterogenität der Schülerschaft gerecht zu werden, wird Themen wie Disziplin, Klassenführung, Beziehungsgestaltung und dem Aufbau kooperativer Unterstützungsnetzwerke unweigerlich ein hoher Stellenwert beigemessen. Dieser praxisnahe Ratgeber schöpft direkt aus dem Erfahrungsschatz des britischen Schulalltags und bietet auch deutschen Lehrkräften wertvolle Tipps und Anregungen zur Durchsetzung von Disziplin in Klasse und Schule.

Vorwort

Beobachtet man einen guten Lehrer bei der Arbeit, sieht Klassenführung wie ein Kinderspiel aus. Die Atmosphäre in der Klasse ist entspannt, wohlgesonnen, vertraut, die Schüler hören aufmerksam zu und arbeiten mit. Schüler, die sich bei anderen Lehrern daneben benehmen, scheinen eine wundersame Verwandlung vollzogen zu haben. Die Kollegen dieser Lehrer erkennen zwar an, dass sie in der Lage sind, Disziplin in der Klasse herzustellen, führen dies allerdings häufig auf ihre starke Persönlichkeit, die Tatsache, dass sie schon lange an der Schule arbeiten oder ihre körperliche Präsenz im Raum zurück. Über die Kompetenz des Lehrers, seine Klasse effektiv zu führen, redet kaum einer, weil er die Klasse so unauffällig führt, dass man es kaum wahrnehmen, geschweige denn nachahmen kann.

Und dennoch sind diese Lehrer nicht eines Tages als Meister der Klassenführung aufgewacht. Welche Fertigkeiten haben sie sich im Laufe der Zeit angeeignet? Welche Strategien verbergen sich hinter ihrem reibungslosen Unterricht? Wie kommen sie durch eine gesamte Schulstunde, ohne ein einziges Mal die Nerven zu verlieren?

Im Vorfeld meiner ersten Anstellung als Lehrer hatte ich unglaublich viel Zeit in meine Unterrichtsvorbereitung investiert. Ich hatte mir viele Gedanken über die Schüler und darüber gemacht, wie ich sie auf eine aufregende Reise ins Land des Lernens entführen könnte. Bewaffnet mit Aktenordnern, die vor sorgfältig vorbereitetem Unterrichtsmaterial förmlich überquollen, schwebte ich voller Euphorie vor meine erste Klasse. Ich war selbstbewusst, gut vorbereitet und wollte definitiv Eindruck schinden. Womit ich nicht gerechnet hatte, war, dass die Schüler bereits eigene Pläne für die Stunde hatten. Sie waren im vergangenen halben Jahr von Vertretungslehrern unterrichtet worden und ich repräsentierte ganz und gar nicht das, was sie von ihrem neuen Lehrer erwarteten. Fünf Minuten nach Stundenbeginn waren zwei von ihnen schon aus dem Fenster geklettert, einer schwang am Vorhang und die anderen wollten sich partout nicht dazu überreden lassen, ihre Partie „Schiffe versenken“ zu unterbrechen. Ich rief verzweifelt einen Kollegen zu Hilfe. Als dieser den Raum betrat, herrschte plötzlich von einer Sekunde auf die andere tiefe Stille. Die Schüler hörten aufmerksam zu, zogen die Jacken aus, holten Stifte raus und wir konnten endlich mit dem Unterricht beginnen. Mein Kollege verabschiedete sich, ich bedankte mich bei ihm und ging zurück vor die Klasse. Doch die hatte sich schon längst wieder ihren alten Beschäftigungen zugewandt: Die Partie „Schiffe versenken“ war schließlich nach wie vor nicht entschieden. Auf dem Heimweg von meinem ersten Arbeitstag war ich den Tränen nah. Ich nahm mir fest vor, die Lehrer zu finden, die hatten, was mir fehlte und es ihnen gleichzutun – und zwar schnell.

Diesen ersten Mentoren habe ich sehr viel zu verdanken. Ihre Klassen waren Orte zum Wohlfühlen: Das Unterrichtsklima war geprägt von Wohlwollen, gegenseitiger Hilfe, guter Laune und konzentriertem Lernen. Von ihnen lernte ich, wie ich

» Schülern klar und deutlich meine Erwartungen kommuniziere
» meine Emotionen unter Kontrolle halte
» meinen Schülern Empathie entgegenbringe
» konsequent und fair handle
» Konflikte konstruktiv löse
» auf Lob und positive Verstärkung statt auf Sanktionen zurückgreife
» Beziehungen zu schwierigen und verhaltensauffälligen Schülern aufbaue.

Von ihnen lernte ich auch, dass es kein Zeichen von Schwäche ist, Hilfe anzunehmen, sondern dass es eine wichtige Phase meiner Entwicklung als Lehrer war. Indem ich mir Hilfe von erfahrenen Kollegen holte, konnte ich meinen Schülern demonstrieren, dass ich nicht allein, sondern Teil eines starken Teams bin, das mich bei wichtigen Entscheidungen unterstützt.

Ich konnte es kaum abwarten, dass die Schüler mich endlich genauso respektierten wie meine Mentoren. Allerdings musste ich darauf noch bis kurz vor Ende meines ersten Schuljahres warten. Erst dann gelangen mir meine ersten richtig guten Stunden. An der Schule herrschten eben sehr schwierige Bedingungen.

Vier Jahre später war ich an der Schule tonangebend bei der Einführung einer neuen Disziplinregelung und wenn ich ein Klassenzimmer betrat, hatte das einen ähnlichen Effekt wie bei meinem Kollegen damals. Ich hatte es geschafft. Es war Zeit, einen Schritt weiterzugehen und ich nahm eine neue Anstellung an einer Großstadtschule an. Ich strotzte nur so vor Selbstbewusstsein; immerhin war ich mittlerweile Experte in Sachen Klassenführung und beherrschte mein Handwerk seit Jahren zur Perfektion.

Als weiser und erfahrener Lehrer trat ich also vor die neue Klasse und verstand nicht, warum die Schüler einfach nicht zuhörten, warum es nicht still wurde und warum die gleiche Panik, die meine erste Stunde in mir ausgelöst hatte, jetzt abermals in mir aufstieg. Aus einem schwierigen Tag wurden schwierige Wochen und ein schwieriges erstes Schuljahr. Ich begriff einfach nicht, was falsch lief. Mit der Zeit wurde mir bewusst, dass diese Schüler ja meine Regeln und Erwartungen gar nicht kannten; am frustrierendsten dabei war, dass sie nicht einmal verstanden, dass sie einen guten Lehrer vor sich hatten. Ich ging durch meine gesammelten Aufzeichnungen, analysierte, welche Strategien mir früher geholfen hatten, und wandte mich ihnen schließlich wieder zu. Nach und nach fing ich an, die Strategien und Techniken, die ich in der vorherigen Schule gelernt hatte, auf meinen neuen Job zu übertragen. Ich hatte eine wichtige Lektion gelernt: Egal wie viel Autorität ich als erfahrener Lehrer auszustrahlen glaubte, sie war mir in der neuen Schule wenig hilfreich. Es war wichtig, dass ich mich wieder auf die Grundlagen besann und auf die Strategien berief, von denen ich wusste, dass sie funktionieren.

Über den Autor

„Zur Strafe für meine Autoritätsverachtung hat mich das Schicksal selbst zu einer Autorität gemacht."

(Albert Einstein)

Paul Dix hat selbst jahrelang als Lehrer gearbeitet. Seit 2001 vermittelt er sein praxiserprobtes Know-how in Sachen Klassenführung gemeinsam mit seinem „Pivotal Education Team“ erfolgreich im Rahmen von Lehrerfortbildungen in Großbritannien. Das aus Verhaltens- und Motivationsexperten bestehende Ausbilderteam geht mit innovativen Fortbildungskonzepten direkt in die Schulen und unterstützt sie bei der Einführung und Durchsetzung schulweiter Disziplinprogramme. Der von Paul Dix und seinem „Pivotal Education Team“ entwickelte preisgekrönte Ansatz hat sich auch in Schulen bewährt, die von massiven Disziplinproblemen betroffen waren. Seine reichhaltige Praxiserfahrung und die zentralen Ideen seines erfolgreichen Konzepts für Klassenführung und Beziehungsgestaltung in der Schule hat er in diesem Buch zuammengefasst.

Danksagung

Viele Menschen standen mir bei der Entwicklung dieser zweiten Ausgabe mit Rat und Tat zur Seite. Ich danke dem „Pivotal Training Team“ – Bill Gribble, Alan Davison, Helen Day, Sian Luscombe, Barry Stay, Miller Thompson, Chris Sweeney, Joe May, Chrissie Spring und Ellie Dix.

Das Buch als Praxisanleitung

Klassenführung braucht einen Plan. Egal ob Sie Ihre Techniken und Strategien der Klassenführung erst von Grund auf neu entwickeln, auffrischen oder ausbauen wollen, es ist immer wichtig, dass Sie Ihr Vorgehen planen, bevor Sie Neuerungen in der Praxis ausprobieren. Genau dabei wird dieses Buch Ihnen helfen.

Es kann leicht passieren, dass man in einem pädagogischen Werk von einer interessanten Idee liest, sie am nächsten Tag im Unterricht ausprobiert und nach ein paar Tagen das Handtuch wirft, weil die neue Technik nicht funktioniert. Das wird Ihnen mit diesem Buch nicht passieren. Am Ende jedes Kapitels werden Sie dazu aufgefordert, ausgewählte Tipps 30 Tage lang umzusetzen und sich so genügend Zeit zu nehmen, die Neuerungen in Ihren Unterrichtsalltag zu integrieren, alte Gewohnheiten zu reflektieren, ein neues Vorgehen genau zu planen und es nachhaltig umzusetzen.

Das Buch dient Ihnen als verlässliche Praxisanleitung:

- » Die Kapitel bauen aufeinander auf, so dass Sie Ihre Techniken im Laufe der Lektüre weiter ausbauen und ergänzen können.
- » Die zahlreichen Übungen, Vorlagen und Beispiele unterstützen Sie dabei, Ihr Vorgehen genau zu planen, zu reflektieren und zu optimieren.
- » Sie werden sicher um beliebte Stolperfallen herumgeführt.
- » Tipps für die Schulpraxis sind eingeteilt nach Primarstufe, Sekundarstufe I und Sekundarstufe II.
- » Am Ende jedes Kapitels werden in einem Überblick zentrale Strategien zusammengefasst und ihr Nutzen für Lehrer und Schüler herausgestellt.

Nehmen Sie sich genügend Zeit, Ihr Vorgehen zu planen, zu üben und in die Praxis umzusetzen. Vielleicht ist es besser, mit einer Klasse als „Pilotprojekt“ anzufangen, bevor Sie die Tipps auf alle Klassen anwenden. Beginnen Sie doch am besten mit der Klasse, mit der Sie derzeit am wenigsten Probleme haben.

Erwarten Sie nicht, dass die Techniken gleich beim ersten Mal oder jedes Mal funktionieren. Dieser Ratgeber bietet eine erste Einführung in Techniken der Klassenführung, die Sie mit der Zeit verbessern und vertiefen werden.

Bevor es losgeht, beantworten Sie die folgende Liste der „Richtig/Falsch"-Antworten und prüfen Sie dadurch Ihre derzeitige Meinung zum Thema Klassenführung.

Richtig/Falsch

	Richtig	**Falsch**
Eltern sind dafür verantwortlich, ihren Kindern gutes Benehmen beizubringen.		
Jungs stören in der Regel den Unterricht mehr als Mädchen.		
Das Verhalten meiner Schüler spiegelt mein Verhalten als Lehrer wider.		
Schüler aus verschiedenen Kulturen lernen unterschiedlich.		
Meine emotionale Verfassung beeinflusst meinen Unterricht.		
Schülern muss man nicht dafür danken, dass sie sich gut benehmen.		
Sogar gute Lehrer haben Probleme mit Schülern.		
Menschen werden in erster Linie durch Belohnung motiviert.		
Konsequenz ist der Schlüssel zur erfolgreichen Klassenführung.		
Es ist legitim, Schüler anzuschreien, um sie zu disziplinieren.		
Schüler, die nicht regelmäßig zum Unterricht erscheinen, verdienen es, durchzufallen.		
Menschen lernen am besten in einer vertrauensvollen Beziehung.		
Angst ist ein nützlicher Kontrollmechanismus im Klassenzimmer.		
Klassenführung ist nicht das Gleiche wie Unterrichtsführung.		

Teil

1

Grundlagen der Klassenführung

Kapitel

1

Bevor es losgehen kann

„Beurteile einen Tag nicht danach, welche Ernte du am Abend eingefahren hast, sondern danach, welche Samen du gesät hast.“

(Robert Louis Stevenson)

In diesem Kapitel erfahren Sie etwas über

- Effektive Unterrichtsplanung
- Schulweite Regeln
- Das Klassenzimmer
- Die Klassen
- Warum es Spaß macht, böse zu sein

Effektive Unterrichtsplanung

Da für ein ruhiges und diszipliniertes Arbeitsklima in der Klasse eine effektive Unterrichtsplanung von wesentlicher Bedeutung ist, möchte ich sie gleich zu Beginn ansprechen. Sogar mit den allerneuesten Strategien und Techniken der Klassenführung und einem Arsenal an Ideen ausgestattet, können Sie in Ihrer Klasse nichts ausrichten, wenn das ruhige Arbeitsklima durch eintönige Unterrichtsmethoden und -aktivitäten sowieso schon dahin ist.

Die Planung eines interessanten und spannenden Unterrichts, in den die Schüler aktiv einbezogen werden, ist die Basis der erfolgreichen Klassenführung. Schlecht durchdachte oder monotone Stunden erschweren die Durchsetzung von Verhaltensregeln und damit die Führung einer Klasse ungemein. Arbeitsblätter, Lückentexte, Wortsuche, öde Power-Point-Berieselung, Abschreiben von Buch oder Tafel, Unterrichtsplanungen, die Sie nicht selbst konzipiert haben – all jene Methoden und Aktivitäten, welche die Planung und Vorbereitung weniger aufwändig machen, können hier zum Verhängnis werden. Die Klasse spürt es genau, wenn man sie lediglich beschäftigt und wird dementsprechend reagieren. Ein abwechslungsreicher Stundenverlauf kann einiges bewirken. Es ist immer gut, wenn die Schüler sich selbst etwas erarbeiten müssen. Ich schlage vor, verschiedene Methoden auszuprobieren und dabei mit weniger riskanten Experimenten zu beginnen. Die Schüler sollen aktiv werden, aber auch konzentriert an ihren Plätzen arbeiten. Aktives Lernen funktioniert wirklich. Die Schüler werden es Ihnen danken, wenn sie durch eine aktivierende Tätigkeit aus der üblichen Routine herausgerissen werden. Begleitet man einen Schüler einmal einen ganzen Schultag lang, wird man leider überrascht und schockiert feststellen müssen, dass viele Unterrichtsstunden nach wie vor nach dem typischen Schema F (F wie Frontalunterricht) ablaufen.

Auch wenn Ihre neue Planung nicht sofort aufgeht oder die Schüler in aufwändiger Vorbereitung konzipierte Unterrichtsaktivitäten nicht annehmen wollen und Sie sich vielleicht innerlich verzweifelt sagen, „Ich habe diese Diskussionskärtchen in stundenlanger Arbeit gebastelt, und zum Dank werft ihr sie durch die Gegend/zerreißt sie/esst sie!?“, ist das noch kein Grund zum Aufgeben. Es dauert seine Zeit, die Lerngewohnheiten und Erwartungen der Schüler, mit denen sie in eine Unterrichtsstunde hineingehen, neu einzustellen. Genauso wie auch die Strategien der Klassenführung einige Zeit brauchen, bis sie sich bewähren, bedürfen neu gestaltete Stundenverläufe einer gewissen Anlaufzeit und man sollte weder sofort noch nach einem kurzen Zeitraum durchschlagende Erfolge erwarten.

Es lohnt sich, Unterrichtsplanungen, Methoden und Materialien auf folgende Aspekte zu überprüfen:

- Werden die Fähigkeiten und Interessen der Schüler berücksichtigt?
- Empfinden Sie die Methoden und Materialien selbst als interessant und spannend? Bergen sie Konfliktpotential?
- Sind sie relevant, anregend, aktivierend und differenziert?
- Sind sie für die Schüler geistig herausfordernd?

- Berücksichtigen Sie bei Ihrer Unterrichtsplanung auch Zeiteinteilung und Tempo?
- Berücksichtigen Sie unterschiedliche Herkunft und Lernverhalten Ihrer Schüler?
- Enthält Ihre Stundenplanung Phasen der Einzel-, Paar- und Gruppenarbeit?
- Enthält Ihre Stundenplanung Phasen des selbstständigen und aktiven Lernens?
- Bieten Sie die Möglichkeit zur Unterrichtsbeurteilung, sowohl durch Sie selbst als auch durch die Klasse?

Grundsätzlich empfehle ich, eine Stunde so zu planen, dass Sie in einer Unterrichtseinheit von 45 Minuten nicht länger als zehn Minuten vor der gesamten Klasse sprechen. Halten Sie Ihren Redeanteil konsequent so niedrig wie möglich. Wenn Sie einmal die Zeit stoppen, werden Sie womöglich mit Erstaunen feststellen, wie lange Sie den Schülern abverlangen, Ihnen aufmerksam zuzuhören. In all meinen Beobachtungen habe ich festgestellt, dass ein zu hoher Redeanteil des Lehrers eine der Hauptursachen für Unterrichtsstörungen und unruhige Klassen ist. Ich rate zu Unterrichtsaktivitäten, bei denen Sie zunächst versuchen können, die neuen Strategien im kleinen Rahmen, bei einzelnen Schülern und kleinen Gruppen, auszuprobieren. Es kann sinnvoll sein, für die Schüler Arbeitsanweisungen in schriftlicher Form vorzubereiten, so dass die Unterrichtsstunden immer weniger darauf ausgelegt sind, dass Sie vor der gesamten Klasse sprechen müssen.

Schulweite Regeln

Es ist ratsam, die an der Schule geltenden Disziplin- und Verhaltensregeln für das Klassenzimmer oder Regeln zum Einsatz von Belohnungen und Sanktionen genau zu studieren und gegebenenfalls die neuen Methoden darauf abzustimmen.

Das Klassenzimmer

Es ist optimal, Tische und Stühle im Klassenzimmer so anzuordnen, dass Sie jederzeit und ohne Schüler umsetzen oder stören zu müssen, zu jedem Einzelnen von ihnen gelangen können. Überlegen Sie sich, welche Anordnung mit welcher Gruppe funktioniert. Auch wenn Sie den Schülern angewöhnen müssen, die Tische jedes Mal umzustellen, kann sich dieser Zeitaufwand durchaus lohnen, wenn so weniger Störungen auftreten.

Sehen Sie bestimmte Stellen im Klassenzimmer für den Aushang von Verhaltensregeln vor und machen Sie diese bekannt. Der Aushang ist sowohl für die Schüler als auch für Sie gedacht und sollte von überall im Klassenzimmer gut sichtbar, nicht durch Pult oder Schränke verdeckt und in großen Buchstaben verfasst sein. Am effektivsten ist es natürlich, wenn die Schüler ihn sich selbst erarbeitet und gestaltet haben, doch gewisse Vorgaben dafür sind sicherlich sinnvoll. Ein Aushang mit Verhaltensregeln stellt die Schüler langsam auf die anstehenden Veränderungen ein und neue Regeln, Rituale und Bemerkungen können dort ganz einfach schriftlich festgehalten werden.

Die Klassen

Erstellen Sie eine Sitzordnung für alle neuen Klassen und überprüfen Sie sie regelmäßig. Es ist sinnvoll, sie verbindlich in der Klasse einzuführen und das Umsetzen von Schülern als Belohnung oder Sanktion einzusetzen.

Solange Sie noch nicht alle Vornamen kennen, können die Schüler Namensschilder verwenden (jüngere Schüler können diese selbst basteln). Das Beste ist es sicherlich, alle Namen so schnell wie möglich zu lernen. Die Schüler kennen Ihren Namen sofort und einen Schüler mit „Du“ oder „Du im roten Pulli“ anzusprechen ist keine gute Voraussetzung für den Aufbau einer guten Lehrer-Schüler-Beziehung.

Versuchen Sie es damit

Sie können Ihre persönliche Routine mithilfe der folgenden Checkliste überprüfen:

Ihre persönliche Routine	Immer	Manchmal	Selten	Nie
Ich schreie Schüler an.				
Ich mache mir Sorgen, dass ich zu streng zu einem Schüler war.				
Ich setze Verhaltensregeln konsequent durch.				
Ich informiere die Schüler über die Regeln in meinem Klassenzimmer.				
Ich neige dazu, die fleißigen Schüler zu vergessen.				
Ich gerate in unangenehme Konflikte mit Schülern.				
Ich finde es wichtig, vorbildliches Verhalten zu belohnen.				
Ich habe ein besonderes Auge auf Schüler, die Abgabefristen und Nacharbeit ignorieren.				
Ich kommuniziere mit Eltern über das Verhalten ihrer Kinder.				
Ich suche mir Unterstützung und Rat beim Umgang mit schwierigen Schülern.				

Warum es Spaß macht, böse zu sein

„An diesem Jungen bin ich gescheitert."

(Bemerkung des Mathematiklehrers im Zeugnis von Paul Dix, 15 Jahre)

Auf dem langen Weg der akademischen Qualifizierung, den man für den Lehrerberuf zurücklegen muss, findet normalerweise eine Auslese all jener statt, die in ihrer Jugend Rebellen waren.

Den meisten Lehrern sind daher Aufsässigkeit, Spaß am Regelverstoß oder der Reiz des Verbotenen schlicht und einfach fremd. Da ich einer der wenigen dieses Schlags bin, die es bis zum Ende geschafft haben, kann ich hier wohl für ein wenig Aufklärung sorgen.

Es gibt unzählige Gründe, warum sich Schüler nicht an Regeln halten oder sich gegen Autoritätspersonen stellen; allerdings gibt es auch unzählige Fälle von Problemverhalten ohne logische Erklärung. Schüler aus Familien, in denen sie Zuwendung und Aufmerksamkeit bekommen, die emotional und psychisch stabil, körperlich völlig gesund und begabt sind und jeden Tag in der Schule erscheinen, stören den Unterricht. Wieso denn bloß? Weil es Spaß macht! Sie sorgen für Abwechslung und allgemeine Belustigung. Sie bekommen Aufmerksamkeit und können wunderbar die Toleranzgrenzen von Erwachsenen und Autoritätspersonen austesten. Regelverstoß zahlt sich erheblich aus. Er verschafft Anerkennung von Freunden, sorgt für Spannung und Nervenkitzel, hebt den Adrenalinspiegel, setzt Serotonin frei. Ein Vergnügen auf der ganzen Linie. Während viele Lehrer, Eltern und Medien ihre Zeit mit Ursachenforschung verbringen und sich über die schlimme Jugend von heute beschweren, benehmen sich die meisten Kinder schlicht und einfach daneben, weil es Spaß macht. Sie erforschen die Grenzen von Autorität und heitern ganz nebenbei auch noch monotone Unterrichtsstunden auf.

Einige Schüler haben guten Grund dazu, wütend zu sein. Andere haben keinen. Sie nutzen die Wut als Mittel zum Selbstschutz, testen aus, wie weit sie gehen können oder machen sich einfach einen Spaß. Sie können ihre Wut dosieren, sie nach Belieben ein- und ausschalten und sind so mit enormem Störpotential gewappnet. Genau diese Schüler sind meistens die allerschwierigsten.

Ich erzähle das nicht, damit Sie jetzt das Handtuch werfen, sondern damit Sie ermutigt werden, die Erkenntnis, dass Unterrichtsstörungen meist völlig grundlos stattfinden, in Zukunft zu Ihren Gunsten verwenden. Ihre Energie, die Sie bisher für die Suche nach Logik und Ursache von Unterrichtsstörungen aufgewendet haben, investieren Sie von nun an besser in die Suche nach Wegen, wie Sie den Schülern den Spaß am Stören verderben können.

Guter Tipp

So nehmen Sie den Störern den Wind aus den Segeln:

» Stellen Sie klare Regeln zum Einsatz von Belohnungen und Sanktionen auf und zeigen Sie bei ihrer Einführung keine starken emotionalen Reaktionen.

» Wenn Schüler absichtlich Ihren Unterricht stören, reagieren Sie ruhig und mit klaren Ansagen: Stören zahlt sich nicht mehr aus.

» Führen Sie Gespräche mit Schülern über ihr Verhalten möglichst unter vier Augen.

» Merken Sie sich die Situationen, in denen der Schüler Punkte für sich verbucht und versuchen Sie, diese vorauszusehen und zu umgehen.

» Beschweren Sie sich nicht in der Öffentlichkeit über Schüler und tragen Sie nicht dazu bei, dass sie noch mehr Aufmerksamkeit bekommen oder ihr Ruf als „Störenfried“ gefestigt wird.

» Machen Sie keine emotionalen Aussagen im Sinne von „Wenn du so weiter machst, raste ich noch aus“, „Du bringst mich auf die Palme, hör sofort damit auf“.

» Durch den konsequenten Einsatz von Anerkennung, Lob und Belohnung als Kern Ihrer Strategie wird es nach und nach attraktiver, die Regeln einzuhalten.

Kapitel

2

Der Lehrer als Vorbild:

Soziale und emotionale Kompetenz im Klassenzimmer

„Ich hatte eine fürchterliche Schulbildung. Ich war auf einer Schule für emotional gestörte Lehrer."

(Woody Allen)

In diesem Kapitel erfahren Sie etwas über

- Das Prinzip
- Die Umsetzung

Und Sie bekommen

- Tipps für die Primarstufe, die Sekundarstufe I und die Sekundarstufe II

Das Prinzip

Ein konstruktiver Umgang mit emotionalen Reaktionen von Schülern setzt voraus, dass Sie als Lehrer Ihre eigenen Gefühle unter Kontrolle haben und diesbezüglich als Vorbild fungieren. Das bedeutet nicht nur, dass Sie den Schülern mit gutem Beispiel vorangehen, wenn es um die Kontrolle aufsteigender negativer Emotionen geht, sondern auch, dass Sie ihnen Ihre eigenen Strategien zum Umgang mit solchen Emotionen deutlich demonstrieren und erläutern. Im Klassenzimmer muss ein Klima emotionaler Sicherheit herrschen, damit Lern- oder Disziplinkonflikte rational gelöst werden können. Wenn Ordnung in der Klasse nur noch mithilfe emotionaler Reaktionen des Lehrers möglich ist, verbreitet sich ein Klima der Unsicherheit und oft auch Angst unter den Schülern.

Die Umsetzung

Auch wenn Unterrichten oft ein Auftritt ist, muss wohl niemand seine Freude darüber vorspielen, wenn eine Klasse diszipliniert und engagiert mitarbeitet. Der eigentliche Auftritt beginnt erst, wenn sich Konflikte abzeichnen. Wenn Trevor am Vorhang kaut, erwartet er meine emotionale Reaktion. Diese Reaktion wird er jedoch nicht bekommen. Indem Sie diesen Teufelskreis durchbrechen, können Sie sich Möglichkeiten eröffnen, selbst mit den schwierigsten Schülern klarzukommen.

Sie sollten stets im Auge haben, wie Sie vor einer Lerngruppe auftreten, insbesondere dann, wenn Sie sie erst kennenlernen. Die Schüler studieren Ihr Verhalten ganz genau, um herauszufinden, wann und wie Sie aus der Fassung geraten und wie genau Sie an diesen Punkt zu bringen sind. Hier kann der Vorsatz helfen, im Unterricht weder zu schreien noch offen Wut zu zeigen. Manchmal muss man sicherlich laut werden, etwa bei der Entschärfung gefährlicher Situationen, doch diese Fälle sollten die Ausnahme bleiben, die die Regel bestätigen. Schüler (und Menschen im Allgemeinen) fühlen sich bedroht, wenn man sie anschreit und es folgt automatisch eine so genannte „Flüchten-oder-Kämpfen-Reaktion". Der Hypothalamus sendet dann ein Signal an die Nebennieren, welche wiederum Adrenalin ins Blut ausschütten. Die Gehirnregion, die unsere Emotionen steuert, übernimmt die Kontrolle und nimmt uns die Fähigkeit, rational zu denken. Aus diesem Grund bleibt die Aufforderung „BEANTWORTE GEFÄLLIGST DIE FRAGE!" recht häufig ohne Antwort.

> *„Menschen unter Stress können sich nicht konzentrieren. In fast allen Aspekten, die sich testen lassen, beeinträchtigt chronischer Stress die Lernfähigkeit. Insbesondere schädigt Stress das deklarative Gedächtnis (Wissensgedächtnis) und die exekutiven Funktionen (Problemlösung) – genau die Fähigkeiten, die in Schule und Beruf gefragt sind."*
>
> (Dr. John Medina, Gehirn und Erfolg: 12 Regeln für Schule, Beruf und Alltag)

Bei jüngeren Kindern zeigt häufig schon eine schwache Äußerung negativer Emotionen Wirkung. Eine erhobene Stimme, ein mahnender Tonfall und eindringliche Blicke wirken noch einschüchternd auf sie. Manche Lehrer verbleiben bei älteren Kindern dann in der gleichen Routine und setzen immer noch die gleichen plumpen Strategien ein, um Schüler zu disziplinieren. Wenn die Wirkung der drohenden Geste nachlässt, verstärken sie ihre emotionale Reaktion einfach, statt ihr Vorgehen von Grund auf zu überdenken. Sie erliegen der Täuschung, dass oberflächliche Problembehandlung grundlegende Veränderungen bewirken kann. Um das Verhalten in unserer Umgebung zu beeinflussen, müssen wir jedoch zunächst einmal da ansetzen, wo wir wirklich Kontrolle besitzen, nämlich bei unserem eigenen Verhalten.

Ebenfalls spielt es eine große Rolle, wie wir Unterrichtsstörungen wahrnehmen. Unsere Gedanken haben großen Einfluss auf unsere Emotionen. Fühlen wir uns von Unterrichtsstörungen persönlich angegriffen, deuten wir sie als Symptom einer verdorbenen Gesellschaft, einer außer Rand und Band geratenen Generation oder als Produkt einer verpfuschten Erziehung, wird es sehr schwierig, Emotionen auszublenden. Wir müssen letztendlich den Schüler als das wahrnehmen, was er ist: ein junger Mensch, der Grenzen austestet, Erwachsene provoziert und der alltäglichen Langeweile entkommen will. Eine Unterrichtsstörung unter rein rationalen Gesichtspunkten wahrzunehmen, macht es wesentlich leichter, rational auf sie zu reagieren.

Wenn das Verhalten eines Schülers negative Emotionen in uns auslöst, verleitet uns das meist zu unüberlegten und völlig unverhältnismäßigen Reaktionen.

Schülerverhalten + negative Emotion des Lehrers = unverhältnismäßige Reaktion

Als Lehrer sind wir täglich damit beschäftigt, diese Dynamik unter Kontrolle zu behalten. „Du machst mich sehr wütend“, „Dein Verhalten heute geht mir auf die Nerven“, „Wenn noch einer fragt, ob er auf die Toilette gehen kann, fange ich an zu schreien“, „Das ist ein sehr verletzendes und hässliches Schimpfwort“. Mit solchen Äußerungen liefern wir unseren Schülern eine Steilvorlage für Unterrichtsstörungen. Wir drücken ihnen Präzisionswaffen in die Hand, die sie im ungünstigsten Moment gegen uns verwenden können.

Versuchen Sie es damit

Machen Sie eine Liste mit den Arten von Unterrichtsstörungen, von denen Sie sich am leichtesten reizen lassen. Zählen Sie jetzt Ihre Top Five auf:

1. ....
2. ....
3. ....

▶▶

4. ....
5. ....

Schauen Sie sich die Liste an, ordnen Sie im Kopf die jeweilige Art der Unterrichtsstörung jenen Schülern zu, die sie am häufigsten praktizieren, und nehmen Sie sich gezielt vor, sich beim nächsten Mal Ihre Gereiztheit nicht anmerken zu lassen. Achten Sie bei der nächsten Stunde mit diesen Schülern besonders darauf und legen Sie sich genau zurecht, wie Sie reagieren: „Wenn du weiter auf den Tisch trommelst, wird Folgendes passieren: …" Lassen Sie sich ganz bewusst nicht anmerken, dass genau diese Art der Störung Sie am meisten ärgert und schon bald werden die Schüler dazu übergehen, auf weniger provozierende Weise um Ihre Aufmerksamkeit zu heischen.

◀

Verhalten Sie sich genauso, wie Sie es von Ihren Schülern erwarten: Erscheinen Sie pünktlich zum Unterricht, bereiten Sie sich stets gut vor und treten Sie motiviert vor der Klasse auf. Versuchen Sie, Ihre negativen Emotionen zu kontrollieren, wenn es zu offenen Konflikten mit Schülern kommt, und lenken Sie Ihre Verärgerung stattdessen in eine ruhige und klare Ansage um.

Sie muss nicht immer sofort erfolgen. „Nach dem Gespräch über die Unordnung auf deinem Tisch war ich verärgert. Ich habe ein wenig darüber nachgedacht, was ich dazu sagen möchte. Wir müssen jetzt ein vernünftiges Gespräch führen und eine Lösung für das Problem finden." Emotionale Reaktionen sollten Sie im privaten Umfeld oder im Freundeskreis zurücklassen, wo Sie nicht mit gutem Beispiel vorangehen müssen.

Schüler müssen den Umgang mit ihren Gefühlen erst noch erlernen und brauchen Sie dafür als klares Vorbild. Manche haben Gefühlsausbrüche zu Hause gelernt, die im Klassenzimmer nichts zu suchen haben. Ich hatte mal einen Schüler, der mich und seine Mitschüler während des Unterrichts immerzu ohne ersichtlichen Grund anschrie. Erst als ich eines Tages zu ihm nach Hause kam, um mit seinen Eltern zu sprechen, wurde mir klar, dass das Schreien kein aggressives Verhalten seinerseits gewesen war. Es gab in dieser Familie einfach kein Maß für die Sprechlautstärke. Alle Familienmitglieder sprachen immer sehr laut, egal wie weit weg die anderen waren. Es dauerte eine ganze Weile, bis er eine angemessene Sprechlautstärke für das Klassenzimmer gefunden hatte und verstand, was ich von ihm erwartete.

Fordern Sie eingeschliffene Verhaltensweisen von Schülern nicht offen heraus, sondern gehen Sie ihnen lediglich durch Ihr eigenes Verhalten mit gutem Beispiel voran. Emotionale Reaktionen sind dann gut, wenn sie positiv ausfallen. Es ist ermutigend für die Schüler, wenn Sie sie Ihre Begeisterung fürs Unterrichten und Ihre Freude an ihrem Lernerfolg spüren lassen und Ihre Empathie ganz offen zeigen. Mit Unterrichtsstörungen verhält sich die Situation jedoch ganz anders.

Guter Tipp

Ideal ist eine Lernumgebung, die allen Schülern nicht nur emotionale Sicherheit, sondern auch genügend Zeit und Gelegenheit bietet, frei zu denken und zu sprechen. Stellen Sie Ihre gewohnte Routine auf den Prüfstand. Wenn Sie Arbeitsanweisungen geben, schließen Sie in etwa an: „Hat jemand von euch eine Frage zu dieser Aufgabe? Bitte fragt jetzt, wenn ihr etwas nicht versteht. Vielleicht habe ich nicht gut genug erklärt und es ist meine Schuld.“ So werden die Schüler, die sich nicht sicher sind, zum Nachfragen ermutigt und haben nicht das Gefühl, selbst an ihren Zweifeln schuld zu sein. Wenn ein Schüler eine Frage vor der ganzen Klasse nicht beantworten kann, könnte Ihre Reaktion etwa so ausfallen: „Nimm dir einen Moment Zeit, um zu überlegen, welche Antwort du geben willst. Es ist nicht schlimm, wenn es nicht auf Anhieb richtig ist. Du weißt, dass ich auch nicht immer alles beim ersten Mal richtig sage.“ Im Idealfall fühlen sich die Schüler bei Ihnen so sicher, dass sie auch mal eine falsche Antwort riskieren.

Wenn Sie einige dieser Ideen umsetzen möchten, schlage ich vor, dass Sie sich damit zunächst auf eine Gruppe von Schülern konzentrieren statt auf die ganze Klasse. Zeigen Sie den Schülern, dass Sie bis zehn zählen, tief durchatmen, durch den Raum schreiten, Ihre Finger kneten, ein Mantra rezitieren oder was auch immer Sie tun, um Ihre negativen Emotionen zu kontrollieren. Sprechen Sie mit ihnen über ihren Lernprozess und über ihre emotionalen Reaktionen, wenn sie mit herausfordernden, unvertrauten und neuen Aufgaben konfrontiert werden.

Sprechen Sie mit ihnen auch über Ihre eigene Lernerfahrung. Erklären Sie ihnen, wie Sie Ihre Frustration umgehen, wenn Sie nicht auf Anhieb die Lösung wissen. Führen Sie über das Verhalten dieser Schülergruppe mehrere Stunden lang Protokoll und betrachten Sie sie als Ihre „Pilot-Gruppe“. Ich empfehle, die gesammelten Informationen dann im Klassenzimmer auszuhängen, wichtige Schlüsselbegriffe darin hervorzuheben und sie als Orientierung zum Umgang mit emotionalen Reaktionen einzusetzen. Ein solcher Aushang demonstriert auch sehr anschaulich, dass sich Lerner aller Altersgruppen mit den Frustrationen des Lernprozesses auseinandersetzen müssen.

Guter Tipp

Geben Sie den Schülern „Bedenkzeit“, bevor sie aufzeigen. Ich empfehle ohnehin, seltener mit „Aufzeigen“ zu arbeiten, da bei dieser Methode meist nur ein paar wenige Blitzdenker zu Wort kommen und die anderen das Gefühl bekommen, dass sie entweder zu dumm oder zu langsam sind. Sie können hier auch raffiniertere Rituale für die Schüler ins Spiel bringen, mit denen sie die Aufmerksamkeit des Lehrers auf sich lenken können. Eines meiner bewährten Rituale funktioniert so: „Schau mich an, wenn du die Antwort weißt und schau weg, solange du noch nachdenkst.“ Schüler schätzen diese diskrete Form der Kommunikation, bei der jeder genügend Raum zum Nachdenken hat.

Es ist nicht immer leicht, Gefühle unter Kontrolle zu halten; sogar der erfahrenste Lehrer kommt in Situationen, in denen er sich nicht mehr beherrschen kann. Wir sind keine gefühllosen Maschinen oder Aufziehpuppen, sondern genauso menschlich und fehlbar wie unsere Schüler. Nehmen Sie sich vor, acht von zehn Mal ruhig und gefasst zu reagieren. Wenn Sie einmal aus der Fassung geraten, brüten Sie nicht lange über Ihren Fehler, sondern reflektieren Sie Ihren Aussetzer konstruktiv. Wenn Sie beispielweise Ihrer Lerngruppe den Grund für Ihr Verhalten erläutern und sich gegebenenfalls für eine extreme emotionale Reaktion entschuldigen, gehen Sie Ihren Schülern mit gutem Beispiel voran.

Erst wenn wir jungen Leuten klarmachen, dass Sanktionen für bestimmte Verhaltensweisen keine persönlichen Vergeltungsmaßnahmen sind, können wir ihnen auf Augenhöhe begegnen. Die Schüler sollen lernen, sich für ihr Verhalten verantwortlich zu fühlen, statt gegen Lehrer einen Groll zu hegen. Man muss kein neuer Mensch werden, um eine Klasse für sich zu gewinnen und sie effektiv zu führen. Eine grundlegende Voraussetzung dafür ist jedoch, den natürlichen emotionalen Impuls kontrollieren und dosieren zu können. Auch wenn Trevor erfahrungsgemäß mit seinem Verhalten anderen Menschen emotionale Reaktionen entlockt, können Sie ihm dennoch klarmachen, dass Sie ein nachhaltigeres Spiel spielen.

Durch ruhiges und beherrschtes Auftreten vor der Klasse schaffen Sie eine geschützte Lernatmosphäre frei von Druck und Angst. So geben Sie den Schülern die Sicherheit und den Freiraum, die sie brauchen, um komplexe Denkprozesse zu bewältigen und Kontrolle über ihr eigenes Verhalten zu erlangen. Nur unter solchen Bedingungen kann eine vertrauensvolle Unterrichtsatmosphäre entstehen.

Vorsicht Falle

- Urteilen Sie nicht vorschnell über Schüler aufgrund ihrer Gefühlsausbrüche. Schüler befinden sich in ganz verschiedenen Stadien der Entwicklung ihrer emotionalen Kontrolle und es liegt am Lehrer, ihnen angemessene und verhältnismäßige emotionale Reaktionen zu demonstrieren, anhand derer sie verstehen, dass ständige negative Gefühlsausbrüche sich ungünstig auf ihren eigenen Lernprozess und die Konzentration anderer auswirken können.
- Erwarten Sie von den Schülern nicht unbegrenzt Verständnis für Ihre Situation. Mit der Information, dass Sie gerade aus einer Schulkonferenz kommen, bis Donnerstag noch 35 Arbeiten korrigieren müssen und nächste Woche eine Inspektion der Schulaufsicht ansteht, können Zweitklässler nicht viel anfangen. Es ist sinnvoller, zu erklären, dass Sie gerade in Arbeit versinken und den Schülern Ihren Umgang mit diesem Problem schildern.

Aus der Praxis

Etikettierung schadet Ihnen und Ihren Schülern

Unser ganz persönliches Bild, das wir uns von unserem Arbeitsumfeld machen, sollte frei von Voreingenommenheit bleiben. Etikettierung von Schülern beeinträchtigt nicht nur die Lehrer-Schüler-Beziehung und die Selbstwahrnehmung der Schüler, sondern auch unsere Fähigkeit, das eigene Verhalten konstruktiv zu reflektieren. Sie verstärkt das negative Bild der Schüler von ihrem Lehrer, trägt zur Verschleppung unerwünschter Verhaltensmuster bei und versieht die Sprache mit einer Menge negativer Attribute: „Die 9c, diese schrecklichen Rabauken. Wie soll ich diesen Haufen Chaos bloß unterrichten?" Wenn Sie das vor dem Unterricht denken, ist es unwahrscheinlich, dass Sie mit der positiven und souveränen Einstellung vor die Klasse treten, die Sie für die nächsten ein bis zwei Stunden brauchen. Es wird Ihnen ebenfalls nicht gelingen, unvoreingenommene Entscheidungen in Bezug auf Ihre Interaktionen in der Klasse und Ihre Lehrerrolle zu treffen. Ertappen Sie sich selbst im Lehrerzimmer dabei, wie Sie schlecht über Schüler sprechen, ist es Zeit, das eigene Verhalten sorgfältig zu reflektieren.

Der Lehrer, der sich größte Mühe gibt, im Klassenzimmer für gute Stimmung zu sorgen, gleichzeitig aber unter Kollegen über seine Schüler nur schlecht redet, wird diese beiden Einstellungen nicht sehr lange voneinander trennen können. Gespräche im Lehrerzimmer verstärken oftmals unschöne Etikettierung von Schülern, Klassen oder Jahrgangsstufen. Das Scherzen kommt einem zunächst ganz harmlos vor und ist sicherlich ein gutes Ventil für den eigenen Frust, doch nebenbei birgt es einige Gefahren. Wenn sich die Witze ständig wiederholen, werden sie bald zu Gemeinplätzen. Unter bestimmten Lehrern heißen die Zweitklässler jetzt nur noch die „kleinen Mistkerle" und die Neuntklässler das „Stütze-Team". Solche Bezeichnungen wirken sich darauf aus, wie man Personen wahrnimmt und beeinflussen die Erwartungen, mit denen man bestimmten Lerngruppen entgegentritt. Ebenfalls wirken sie sich darauf aus, wie man von Kollegen wahrgenommen wird. Genauso wie die Schüler über die Konsequenz, Fairness und Integrität eines Lehrers urteilen, tun es auch die Kollegen. Was aus der eigenen Perspektive wie harmloses Scherzen aussieht, bietet eine Angriffsfläche für Unmengen leichtsinniger Interpretationen des Charakters. Professionelle Lehrer vermeiden öffentliche und sogar private verbale Angriffe auf Schüler. Begegnen sie Etikettierung und Vorurteilen, tun sie dies mit der gleichen Vorsicht wie im Klassenzimmer.

In Schulen, die von großen Disziplinproblemen betroffen sind, kann sich leises Getuschel ganz leicht zu lautem Getöse entwickeln. Leider findet man in diesem Getöse kein Gehör für intelligente Lösungen; stattdessen hält es davon ab und sorgt dafür, dass Lehrer vor ihrer Verantwortung abgeschirmt werden: „Sie sind nicht in den Griff zu bekommen, was will man bei diesen Eltern auch erwarten?" Ich habe an Schulen gearbeitet, an denen viele Lehrer sehr überzeugt von ihrer beruflichen Kompetenz waren und sich nicht im Geringsten für die Disziplinprobleme in der Klasse verantwortlich fühlten. Ihre negative Einstellung griff auf die Atmosphäre in der Klasse über; an die Schüler wurde förmlich die Erwartung ▶▶

herangetragen, dass sie unkontrollierbar waren. Ein paar Schüler erfüllten die Erwartung vorbildlich, die Situation eskalierte und an Ordnung und Disziplin war in dieser Klasse nicht mehr zu denken. Es dauerte Monate, den Status Quo wiederherzustellen und Jahre, bis ein produktives Arbeitsklima möglich war.

Als Lehrer muss man die Klassen nehmen, wie sie kommen. Sicherlich kann man das System oder die verdorbene Gesellschaft verantwortlich machen, Schüler in Schubladen stecken und seine Vorurteile weiter hegen, doch mit dieser Einstellung wird man Mühe haben, eine professionelle Beziehung zur Klasse und zu den Menschen aufzubauen, die man vor sich hat. Genauso wenig wird man in der Lage sein, mit einer positiven und souveränen Einstellung in den Unterricht zu gehen. Die Schüler, und zwar insbesondere die aus schwierigen Verhältnissen, verdienen es, von unerschütterlich optimistischen und fairen Lehrern unterrichtet zu werden, die zudem bereit sind, Verantwortung für ihr eigenes Verhalten und das ihrer Klasse zu übernehmen.

◀

Versuchen Sie es damit

Bearbeiten Sie die folgende Aufgabe an einem ungestörten Ort. Arbeiten Sie ohne Pause und nehmen Sie sich 20 Minuten Zeit.

Führen Sie den Text fort. Verwenden Sie die „Regeln" des Autors hinsichtlich Rechtschreibung, Zeichensetzung und Grammatik und imitieren Sie den Stil so, dass ein Leser nicht erkennen würde, an welcher Stelle Sie übernommen haben.

Isch hör alzo hintern mir diezes knirrschen.

Isch schwenk die schdaplampe rum + lenk den lüchdschdraal in den schachd. Die warmluff die auz der schdokkfinzdern tiefe raufwehd brinkd die jakke zum flattern. Der lüchdkegel ferlierd sich gantz 1fach im dunklen wird dafon ferschlungen.

Noch x hör isch 1 knirrschen dann 1 göroisch alz op edwaz auf mich zuschwirrd.

Mir bliebd k1e zait um mich zu dukken so da zisch nüch seh waz mich rammd abba jägerpfalz prallt es gehen m1en bruzdkorp + haud mich rükkwärz um. Wuff! wird mir der atem auz lungen göschdozen + isch märk daz isch übern rand in n schachd zu kippen droh grappsche noch mit der hant nach hald doch da rudschd an der kante der schd1 wech auf den isch mit m aarsch göplumpzd bin + m1e hant greifd danhem.

Isch fall in den schwattzen schl+ des schachdz.

Luffd umrauzchd mich reizd mir die mazke fom gösischd.

Nach 1gen se+en krieg isch widder atem + bresch in göschrei auz.

(Aus: „Förchtbar Maschien" von Iain Banks)

▶▶

....

....

....

....

....

....

....

....

....

....

....

....

Nachdem Sie die Aufgabe erledigt haben, notieren Sie auf der nächsten Seite Ihre persönlichen Reflexionen.

Persönliche Reflexionen zur Aufgabe

Meine emotionale Reaktion auf die Aufgabe:

Meine rationale Reaktion auf die Aufgabe:

◀

Schüler, deren Lesekompetenz nicht für die Bewältigung des Unterrichtsstoffs ausreicht, reagieren ähnlich oder sogar emotionaler. Ein Schüler, dessen Lesekompetenz zwei Jahre hinter der Gleichaltriger zurückbleibt (keine Seltenheit), erlebt diese Frustration den ganzen Tag über und in den meisten Schulfächern. Es ist ganz klar, dass niemand damit gut leben kann. Schüler, genau wie Erwachsene, finden Ausweichstrategien, um sich vor dieser Frustration zu schützen. Entweder sie ziehen sich zurück und weichen der Arbeit ganz unauffällig aus oder sie schlagen genau die entgegengesetzte Richtung ein und verfolgen diverse störende Ausweichstrategien.

Wenn ich Lehrern in meinen Lehrerseminaren diese Aufgabe gebe, beobachte ich exakt die gleichen Reaktionen. Diejenigen, die über eine hohe emotionale Kompetenz verfügen, widmen sich der Aufgabe mit Begeisterung. Andere suchen Unterstützung beim Nachbarn, bauen aus dem Blatt Papierflieger, beschweren sich wiederholt über die Aufgabe und einmal erhob sich sogar einer der Teilnehmer wutschnaubend vor 250 anderen, hielt das Blatt in die Luft und rief: „So ein Mist." Diese Reaktionen sind typisch für Lehrer, erfolgreiche Lerner und hochgebildete und erfahrene Akademiker.

Es ist sinnvoll, das im Hinterkopf zu behalten, wenn Sie die Tipps aus diesem Buch umsetzen und Erwartungen an das Verhalten Ihrer Schüler stellen. In der Regel lautet meine Frage an Lehrer: „Wenn Ihr schon so auf herausfordernde Lernsituationen reagiert, was sollen wir dann von den Schülern erwarten, die wir mit ähnlichen Situationen konfrontieren?"

Auf einen Blick

Das ist zu tun	Nutzen für den Lehrer	Nutzen für den Schüler
Verhalten Sie sich selbst so, wie Sie es von Ihren Schülern erwarten.	Sie können Ihr eigenes Verhalten besser einschätzen, wenn Sie sich darauf konzentrieren, was das Publikum sieht und hört.	Die Schüler haben ein klares Beispiel für angemessenes Verhalten in der Lernumgebung vor Augen.
Erklären Sie den Schülern, welche Strategien Sie selbst einsetzen, um Ihre negativen Emotionen zu beherrschen.	Wenn Sie Ihr eigenes Verhalten offen ansprechen, können Sie für die Schüler emotionale Reaktionen hinsichtlich Ursache und Wirkung analysieren und erläutern.	Die Schüler lernen Strategien kennen, die verhindern, dass Emotionen den Verstand ausschalten und erhalten Hilfestellung bei der Entwicklung ihrer eigenen Strategien.
Gestalten Sie Ihre Lernumgebung und Ihre Routinen so, dass sie den Schülern emotionale Sicherheit bieten.	Es gibt weniger emotionale Spannungen während des Unterrichts und die Schüler arbeiten in einer geschützten Lernumgebung.	Schüler, die normalerweise schweigsam sind, bekommen eine Gelegenheit, sich aktiv zu beteiligen.
Machen Sie sich einige Checklisten und Aufzeichnungen, in denen Sie Strategien zum Umgang mit negativen Emotionen und ansteigender Frustration dokumentieren. Hängen Sie sie aus und bringen Sie sie in der Klasse ein.	Der Aushang dient dem Lehrer als Erinnerungshilfe, wenn es zu emotionalen Konflikten in der Klasse kommt.	Die Schüler haben eine Anleitung vor Augen, wie sie an ihrem eigenen Verhalten arbeiten können. Wut wird definiert und aus rationaler Perspektive betrachtet.

Tipps für die Primarstufe, Sekundarstufe I und Sekundarstufe II

Primarstufe

Verweisen Sie nicht darauf, dass das Verhalten des Schülers in Ihnen eine emotionale Reaktion auslöst. Sagen Sie statt „Ist dir klar, wie ich mich bei deinem Verhalten fühle?“ lieber „Kannst du dir vorstellen, wie sich andere bei deinem Verhalten fühlen?“ Am besten weisen Sie den Schüler direkt auf die Konsequenz seines Verhaltens hin, ohne sich dabei von Ihren Emotionen leiten zu lassen.

Einigen Sie sich mit den Schülern auf drei verschiedene Symbole, die sie einsetzen, um zu signalisieren, wie sie mit der Arbeit vorankommen. Während der Arbeit haben sie jeweils ein Symbol auf ihrem Tisch: ein lachendes Gesicht für „Es läuft gut und ich brauche keine Hilfe“, ein ernstes Gesicht für „Ich muss eine Frage stellen, aber ich komme voran“ und ein besorgtes Gesicht für „Ich brauche Hilfe“. Basteln Sie mit den Schülern Kärtchen, die sie bei der Gruppenarbeit auf den Tisch stellen können.

Sekundarstufe I

Vergeben Sie keine Sanktionen, wenn Sie emotional reagieren. Je frustrierter wir uns fühlen, desto wahrscheinlicher wird es, dass wir direkt die härteste Sanktion wählen. Das Verhalten des Schülers gibt selten wirklich Anlass für solch eine schwere Sanktion; im Eifer des Gefechts bewerten wir es leicht über. Wenn Sie Emotionen in sich hochsteigen fühlen, schieben Sie Ihre Entscheidung hinaus mit „Ich muss erst darüber nachdenken, was du gerade getan hast“ oder „Es tut mir leid, dass du einen schlechten Tag hast, beruhig dich erst einmal und dann sprechen wir darüber, was als Nächstes passiert.“

Sekundarstufe II

Aus den früheren Jahrgängen sind es die Schüler vielleicht gewöhnt, dass ein Lehrer ab und an laut wird. Wenn sie in höhere Klassen kommen, wollen sie wie Erwachsene behandelt werden. Sie sind nun alt genug, um zu wissen, dass eine emotionale Reaktion Kontrollverlust bedeutet. Geben Sie ihnen zu verstehen, dass sie mit ihrem Eintritt in die Erwachsenenwelt beginnen sollten, emotionale Reaktionen wie beispielsweise Wutausbrüche hinter sich zu lassen. Ihre eigene emotionale Kompetenz spielt eine große Rolle, wenn Sie den Schülern vormachen wollen, dass von nun an ein neuer Wind weht.

Geben Sie den Schülern Gelegenheit, Ihnen Feedback zu Ihrem Unterricht und ihrem eigenen Lernprozess zu geben. Lassen Sie sie Ihre Hausaufgaben benoten, damit Sie wissen, wie sinnvoll sie empfunden wurden. Bitten Sie die Schüler um eine anonyme schriftliche Bewertung oder die Benotung Ihres Unterrichts. Das Eingestehen eigener Fehler und der Wille, die Sicht anderer zu akzeptieren, machen Sie zu einem guten Vorbild für die Schüler.

Der 30-Tage-Test

Was möchten Sie im Hinblick auf Ihr eigenes Verhalten in Zukunft anders machen? Die Neuerungen können sich auf einen einzelnen Schüler oder eine ganze Lerngruppe beziehen. Setzen Sie einige der in diesem Kapitel vorgeschlagenen Tipps 30 Tage lang konsequent um, damit Sie genügend Zeit haben, die Neuerungen in den Unterrichtsalltag zu integrieren.

In 30 Tagen komme ich zur Arbeit und ....
....
....
....
....

Meine persönlichen Vorsätze sind:

1. .... Geprüft am ....
2. .... Geprüft am ....
3. .... Geprüft am ....

Kapitel

3

Nachhaltige Etablierung von Konsequenz und Sicherheit

„Selbst wenn jemand behauptet, dass nichts sicher ist, so muss er doch, denke ich, zugeben, dass manche Dinge sicherer sind als andere."

(Bertrand Russell)

In diesem Kapitel erfahren Sie etwas über

- Das Prinzip
- Die Umsetzung

Außerdem bekommen Sie

- Tipps für die Praxis auf Klassenebene, auf Schulebene, auf individueller Ebene
- Tipps für die Primarstufe, die Sekundarstufe I und die Sekundarstufe II

Das Prinzip

Konsequente Klassenführung bedeutet, dass die Schüler wissen, worauf sie sich einlassen, wenn sie das Klassenzimmer betreten. Sie erwarten einen fairen und vorhersagbaren Lehrer. Sie wissen, was passiert, wenn sie gegen Regeln verstoßen, und auch, was passiert, wenn sie sich an die Regeln halten. Außerdem können sie sicher sein, dass diese Regeln konsequent durchgesetzt werden. In Ihrem transparent organisierten Klassenzimmer herrscht ein sicheres und produktives Lernklima.

Die Umsetzung

Sich als Lehrer immer konsequent zu verhalten, ist nicht einfach und erfordert oft ein hohes Maß an emotionaler Kontrolle. Inkonsequentes Verhalten führt im besten Fall dazu, dass die Schüler Ihnen gegenüber misstrauisch werden, und im schlimmsten Fall zu bösem Blut und Konflikten. Wenn Sie beispielsweise den fünften Schüler, der zu spät zur Stunde kommt, an der Tür abweisen, verschafft das Ihrer Wut vielleicht kurz Erleichterung, sendet aber verwirrende Botschaften an den Rest der Klasse. Inkonsequenz bei der Behandlung von Schülern kann auch dazu führen, dass Sie das ganze Wochenende darüber grübeln, ob Sie einem Schüler Unrecht getan oder sich in einer bestimmten Situation falsch verhalten haben.

„Fairness“ ist ein sehr wichtiger Aspekt der Klassenführung. Dauerhaft inkonsequentes Lehrerverhalten schadet der Beziehung zwischen Lehrer und Klasse. Es ist harte Arbeit, sich immer konsequent und fair zu verhalten. Konsequentes Verhalten gegenüber einer Klasse kommt nicht von ungefähr, sondern braucht eine gute Strategie.

Guter Tipp

Wenn Sie das nächste Mal zu dem Schluss kommen, dass Sie sich inkonsequent verhalten haben:

» Sprechen Sie mit dem Schüler.

» Entschuldigen Sie sich für Ihre Inkonsequenz.

» Erklären Sie, dass es Ihr Ziel ist, sich fair und konsequent zu verhalten und zu Ihren Fehlern zu stehen.

» Danken Sie dem Schüler für seine Geduld.

» Halten Sie von nun an schriftlich fest, wie sich die Beziehung zu dem Schüler weiterentwickelt.

Rückmeldung über das eigene Verhalten können Sie erhalten, indem Sie die Schüler darum bitten, sich persönlich an Sie zu wenden, wenn sie sich ungerecht behandelt fühlen. Dazu ist es sicherlich notwendig, dass Sie den Schülern eine genaue Anleitung geben, wie sie so eine Beschwerde angehen können. Informieren Sie die Klasse darüber, wann die beste Zeit ist, um mit Ihnen zu sprechen. Es kann hilfreich sein, einen festen Ablauf für Beschwerden festzulegen und im Klassenzimmer auszuhängen. Dies wird Schüler sicherlich nicht davon abhalten, sich im Stillen über harte Sanktionen zu beschweren, aber Sie werden überrascht sein, wie viele Schüler letztlich den „Beschwerdeweg" gehen und das Gespräch suchen werden. Vielleicht ist es nötig, dass Sie den Schülern genau demonstrieren, wie sie unfaire Verhaltensweisen, Sanktionen oder Bemerkungen Ihrerseits zunächst hinnehmen, ohne sofort darauf zu reagieren. Wenn sie sich erst einmal sicher sein können, dass das Beschwerdeverfahren wirklich funktioniert, ist der Schritt für sie wesentlich leichter. Wenn ein Schüler dann das vorgegebene Beschwerdeverfahren anwendet, sollten Sie ihm gut zuhören und das Gespräch als Anlass zur Selbstreflexion und zum Aufbau einer guten Beziehung nutzen. Man kann sicherlich nicht davon ausgehen, dass alle Schüler von selbst auf Sie zukommen werden; deshalb ist es sinnvoll, die Schüler zur gegenseitigen Unterstützung bei der Anwendung des Verfahrens zu ermutigen.

Schüler sprechen untereinander über die konsequenten Lehrer („Mach bloß keinen Scheiß in ihrer Stunde, sie kriegt dich dran") und über die inkonsequenten Lehrer („Ich hasse ihn, er hat mich ohne Grund rausgeworfen. Ich habe nur eine Frage gestellt." (sic)). Sie wissen auch genau, welcher Lehrer mehr Wert auf Lob und Ermutigung als auf Sanktionen legt („Sie schreit nie, sie ist echt nett, bei ihr kann ich in Ruhe lernen"). Sie wissen genau, wer oft zu spät zum Unterricht kommt, unvorbereitet und ungeduldig ist oder wer eher aufbrausend als gefasst reagiert. Aufgrund ihres Verhaltens bilden sich die Schüler Meinungen von Lehrern, die ziemlich schnell gefestigt und sehr schwer aus der Welt zu schaffen sind. Schüler kommen mit dieser gefestigten Meinung und Erwartung ins Klassenzimmer und beginnen den Unterricht damit. Eine Unterrichtsstunde kann zum harten Kampf werden, wenn die Schüler eine unfaire oder inkonsequente Behandlung von Ihnen erwarten. Je mehr sie das inkonsequente Verhalten des Lehrers zu spüren bekommen, desto größer wird die Versuchung, es entweder auszunutzen oder dagegen zu arbeiten; ist es erst einmal so weit gekommen, ist keine geschützte Lernumgebung mehr möglich.

Aus der Praxis

Ich erinnere mich daran, wie ich einmal sehr unfair zu einer neunten Klasse war, die ich zum ersten Mal unterrichtete. Die Klasse hing immer noch an ihrem vorigen Lehrer. Es war eine schwierige Stunde und die Stimmung war angespannt, was dazu führte, dass ich inkonsequent, unfair und unbeherrscht war. Nach der Stunde beschlich mich das schlechte Gefühl, versagt zu haben. Ich kam zu dem Schluss, dass ich nicht noch einmal vor die Klasse treten konnte, ohne mein Verhalten anzusprechen.

Am Anfang der nächsten Stunde entschuldigte ich mich aufrichtig für mein Verhalten. Die Schüler hörten aufmerksam zu und gaben keinerlei Kommentar ab. Die Stimmung im Raum lockerte sich auf und diese Stunde verlief ruhiger und produktiver. Der Grundstein für eine gute Beziehung zwischen Lehrer und Klasse war gelegt.

▶▶

Zu einem späteren Zeitpunkt im Schuljahr erfuhr ich, dass die Klasse über meine Bereitschaft, mich zu entschuldigen, sehr überrascht war und dass dieser Schritt ihre Vorbehalte mir gegenüber zerstreut hatte. Wenn Sie also zu dem Schluss kommen, dass Sie sich inkonsequent verhalten haben, entschuldigen Sie sich dafür bei den Schülern. ◀

Damit Ihre Schüler genau wissen, welche Verhaltensweisen welche Konsequenzen (positive oder negative) nach sich ziehen, ist es das Beste, die entsprechenden Regeln für Belohnungen und Sanktionen im Klassenzimmer gut sichtbar auszuhängen. Je konsequenter diese Regeln durchgesetzt werden, desto „sicherer" können sich die Schüler sein, dass Regelverstoß zu Sanktionen führt und die Einhaltung der Regeln belohnt wird. Wenn Sie mit den Schülern über ihr Verhalten sprechen, ist es sinnvoll, ihnen auch durch Ihre Wortwahl „Sicherheit" zu vermitteln – „Wenn du dich mit dem Unterrichtsstoff beschäftigst, kannst du sicher sein, dass du von mir dafür Anerkennung, Lob und Belohnung bekommst. Wenn du dich dazu entschließt, gegen die Regeln zu verstoßen, kannst du sicher sein, dass ich Sanktionen anwenden werde."

Auch an Konsequenz und Eindeutigkeit muss sich eine Klasse erst gewöhnen und deshalb ist es wichtig, dass Sie in Ihrer Konsequenz sehr beharrlich sind. Ich empfehle, insgesamt einen Schwerpunkt auf positive Verstärkung in Form von Lob und Belohnung zu setzen, denn Verhaltensänderungen sind damit leichter zu erzielen. Wenn Sie in erster Linie auf Sanktionen zurückgreifen, kann dies zwar kurzfristig effektiv sein, langfristig häufen sich jedoch Probleme an, die nicht gelöst, sondern nur aufgeschoben werden. Werden Sanktionen nicht hinreichend durch Lob und Belohnung ausgeglichen, haben die Schüler keinen wirklichen Anreiz, sich an die Regeln zu halten – „Er sitzt jede Woche nach, aber das scheint nichts an seinem Verhalten zu ändern."

Aus der Praxis

Inkonsequent (oder einfach nur differenziert)

Die Tatsache, dass Sie gemäß Ihrer professionellen Einschätzung das Verhalten bestimmter Schüler eher positiv verstärken als das anderer, bedeutet noch lange nicht, dass Sie inkonsequent sind. Manche Schüler müssen Ihre Anerkennung und Ihr Lob einfach häufiger hören als andere. Schüler mit Konzentrationsschwäche oder einem niedrigen Selbstwertgefühl brauchen hin und wieder ein bisschen Ermutigung, die sie zum Weitermachen animiert. Andere hingegen schätzen hin und wieder ein Lob ihrer guten Mitarbeit. Im Großen und Ganzen bekommen viele Schüler jedoch sehr wenig Anerkennung und Lob und geraten leicht in Vergessenheit, insbesondere, wenn störende Schüler viel Aufmerksamkeit auf sich ziehen. Es ist jedoch alles andere als fair, schwierige Schüler mit materiellen Belohnungen zu überhäufen, nur weil sie ausnahmsweise die Regeln einhalten: Dank und/ oder mündliches Lob reichen völlig aus. ▶▶

Sie verhalten sich differenziert gemäß den Bedürfnissen Ihrer Schüler genauso wie Sie Ihre Stundeninhalte differenziert gestalten. Selbstverständlich muss dabei die Behandlung des einzelnen Schülers in sich wiederum konsequent sein. Wenig hilfreich ist es, lange darüber zu grübeln, wie man sich gegenüber einem gesamten Jahrgang oder sogar gegenüber einer gesamten Schule konsequent verhalten kann. Besser ist es, sich stattdessen auf einzelne Klassen zu konzentrieren und natürlich darauf, wie Sie einzelne Schüler konsequent behandeln können.

Mit Sanktionen verhält es sich hingegen anders: Hier ist es wichtig, sie in der gesamten Klasse konsequent anzuwenden. Die Schüler müssen wissen, dass innerhalb einer Klasse jeder Schüler mit gleicher Härte oder Milde sanktioniert wird. Fühlen sich die Schüler ungerecht behandelt, schadet das der Beziehung zwischen Lehrer und Klasse. Nur wenn eine spezielle Vereinbarung mit einem stark störenden Schüler getroffen wurde und dieser dementsprechend härter sanktioniert wird als Rest der Klasse, kann eine Ausnahme gemacht werden. Es ist unwahrscheinlich, dass der Rest der Klasse daran großen Anstoß nehmen wird, denn meist wissen die anderen ohnehin darüber Bescheid, dass der betroffene Schüler andere Bedürfnisse hat als sie selbst.

Variieren Sie Ihre Strategie je nach Schüler und Klassen: Das macht Sie nicht zu einem inkonsequenten Lehrer. ◀

Guter Tipp

Stimmen Sie im Lehrerzimmer nicht in Frotzeleien über Schüler ein. In der Art und Weise, wie Sie über die Schüler sprechen, spiegeln sich Ihre Professionalität, Ihre Integrität und Ihre Menschlichkeit wider.

Ich habe an Schulen gearbeitet, wo Sanktionen nicht hinreichend durch Strategien der positiven Verstärkung, Lob und Belohnung ausgeglichen wurden. Sanktionen wurden grundsätzlich in allen Reihen des Kollegiums unterstützt und Lehrer konnten Schüler nach eigenem Ermessen jederzeit mit Nacharbeit bestrafen. Die beaufsichtigte Nacharbeit fand zweimal pro Woche statt, erfuhr starken Rückhalt von der Schulleitung und innerhalb weniger Wochen nach Einführung der neuen Regelung hatte sich die Disziplin an der gesamten Schule tatsächlich merklich gebessert. Die offensichtliche Effektivität dieser restriktiven Regelung hatte mich stutzig gemacht und ich warf daraufhin einen Blick auf die Zahlen der mit Nacharbeit sanktionierten Schüler. In der Woche meiner Stichprobe nahmen bei einer Gesamtschülerzahl von knapp 1000 Schülern 236 Schüler an der Nacharbeitssitzung teil. Lehrer entledigten sich der Verantwortung für das Verhalten der Schüler und wälzten sie somit an die Lehrer ab, die die Nacharbeit beaufsichtigten. Und obwohl die Disziplin in der Schule sich insgesamt verbessert hatte, verschlechterte sich das Klima innerhalb der Klassen. Es machte sich zunehmend Unmut über die Regelung breit, weil die Schüler der häufigen harten Sanktionen überdrüssig wurden und es war kaum mehr möglich, die Anzahl der Schüler zu überblicken, die noch diverse Nacharbeitssitzungen nachzuholen hatten. Erst durch einen Ausgleich der Sanktionen durch den Einsatz von Belohnung und dadurch, dass die Lehrer an ihre

Verantwortung erinnert wurden, neben der Nacharbeit auch mildere Sanktionen anzuwenden, gelang es, die Nacharbeit wieder einzudämmen. Dadurch konnten jene Lehrer, die die Nacharbeit beaufsichtigten, sich wieder zunehmend den Schülern widmen, die am meisten Unterstützung brauchten.

Tipps für eine konsequente und einheitliche Linie in der Schulpraxis

Auf Klassenebene

» Einheitliche und transparente Strategien der positiven Verstärkung: konsequentes Hervorheben, Ermutigen, Loben und Belohnen erwünschten Schülerverhaltens durch den Lehrer;
» ein einheitliches und transparentes System für Sanktionen und konsequente Durchsetzung durch den Lehrer;
» einheitliche und transparente Rituale und Routinen und konsequente Durchsetzung durch den Lehrer;
» Festsetzung klarer verbaler und nonverbaler Signale, die den Schülern klare Botschaften vermitteln.

Alle ziehen an einem Strang: einheitliche Linie auf Schulebene

» Schulweite Förderung erwünschten Schülerverhaltens durch Strategien der positiven Verstärkung sowie positive Formulierung von Regeln und Erwartungen;
» schulweite Verhaltensregeln (für Schüler und Lehrer) und ein schulweites System für Belohnungen und Sanktionen;
» kohärentes Erscheinungsbild der Schule nach innen sowie nach außen: Spiegelung von Grundwerten in der Gestaltung der Räumlichkeiten, Förderung eines positiven Schülerbilds, Förderung einer gemeinsamen Identität innerhalb der Schule, Formulierung und Verfolgung gemeinsamer Ziele.

Wie konsequent Sie sich verhalten, beurteilen nicht nur Ihre Schüler, sondern auch Ihre Kollegen. Wenn Sie Ihre Kollegen um Unterstützung bitten, müssen sie sicher sein können, dass Verlass auf Sie ist und Sie sich an vereinbarte Abläufe halten.

Für einen Kollegen, der sich eines vom Unterricht ausgeschlossenen Schülers annimmt, ist es nicht sehr angenehm, folgendes Gespräch zu führen:

„OK, sag mir, was passiert ist."
„Ich wurde rausgeschickt."
„Du musst doch etwas getan haben."
„Nö, der hat mich echt ohne Vorwarnung rausgeworfen und ich hab doch bloß Kaugummi gekaut."
„Aha ... So ist das also."

Wenn Kollegen von Schülern regelmäßig die Rückmeldung bekommen, dass Sie sich inkonsequent verhalten, wird ihre Bereitschaft, Sie zu unterstützen, in Zukunft automatisch nachlassen. Reagieren Sie auf leichte Regelverstöße häufig mit unverhältnismäßig harten Sanktionen, können Kollegen leicht misstrauisch werden und Ihnen im Zweifelsfall ihre Unterstützung versagen, wenn sie einmal wirklich nötig ist. Verhalten Sie sich vor Schülern wie vor Kollegen jedoch stets konsequent, vermitteln Sie ihnen implizit die Botschaft, dass man Ihnen vertrauen kann. Und sollten Sie dann einmal auf die uneingeschränkte Unterstützung von Kollegen (und der Moment wird sicherlich kommen) und/oder die der Schüler wirklich angewiesen sein, können Sie ganz sicher auf sie zählen.

Vorsicht Falle

- Urteilen Sie nicht zu hart über sich selbst. Wir Lehrer müssen uns konsequent verhalten, aber wir sind keine Roboter. Es gibt Tage, an denen wir uns zittrig, müde und genervt fühlen und am liebsten nur an den nächsten Strand wollen, Tage, an denen Kevins Getuschel zur qualvollen Folter wird und Tage, an denen wir, obwohl wir uns die größte Mühe geben, unfair reagieren oder inkonsequent handeln. Zermürben Sie sich nicht wegen gelegentlicher Aussetzer. Sie sind der Erwachsene, der Profi und Sie sind dafür verantwortlich, den Schalter umzulegen. Schalten Sie einen Gang runter und setzen Sie Strategien ein, die sich schon früher bewährt haben.
- Machen Sie sich keine Sorgen darum, ob Sie zu viele Belohnungen und/oder Sanktionen vergeben. Am Anfang testen die Schüler die neuen Grenzen aus. Es kann durchaus passieren, dass Sie mit Forderungen nach Belohnungen überschwemmt werden und/oder übermäßig viele Sanktionen vergeben. Das ist in der ersten Zeit normal, wenn Schülern neue Grenzen gesetzt werden. Sobald sie das Gefühl haben, dass die Grenzen ausreichend ausgetestet wurden und Ihre Reaktionen vorhersagbar geworden sind, pendeln sich die Dinge von selbst ein. Es ist nicht untypisch, dass in den ersten paar Wochen mehrmals die härtesten Sanktionen vergeben werden. Lassen Sie sich davon nicht abschrecken, bleiben Sie konsequent; nach einiger Zeit ändert sich das Verhalten der Schüler.

Versuchen Sie es damit

Erstellen Sie in der folgenden Tabelle eine Liste mit erwünschten und unerwünschten Verhaltensweisen, die bei Ihren Schülern häufig auftreten.

Erwünschtes Schülerverhalten	Unerwünschtes Schülerverhalten

Legen Sie drei Regeln fest, die in Ihrer Klasse gelten sollen. Es sollten Regeln sein, die sich so umfassend wie möglich auf die genannten Verhaltensweisen beziehen. Falls Sie die Regeln mit der Klasse effektiv aushandeln können, tun Sie es. Ansonsten warten Sie damit am besten, bis sich Ihre Beziehung zur Klasse gefestigt hat. Sie sind der Lehrer und Sie entscheiden letztendlich darüber, welche Regeln im Unterricht gelten sollen.

Falls Sie die im nächsten Kapitel beschriebenen Unterrichtsrituale einsetzen, könnte „Ich befolge die Unterrichtsrituale" die erste Regel sein. Es ist natürlich sinnvoll, wenn nach einer gewissen Zeit für alle im Klassenzimmer stattfindenden Aktivitäten Regeln gelten, doch für den Anfang reicht es, zunächst zwei oder drei Regeln hinzuzunehmen. Formulieren Sie die Regel positiv als Gebot und nicht als Verbot. Die Schüler sollen zu einer Verhaltensweise ermutigt und nicht daran erinnert werden, was sie nicht dürfen.

Welche Regeln wären die wichtigsten in Ihrem Klassenzimmer?

- » Ich lasse andere ausreden und höre ihnen zu. Oder: Es spricht immer nur einer.
- » Ich beschäftige mich mit dem Unterrichtsstoff.
- » Ich bringe das nötige Arbeitsmaterial mit (einschließlich Hausaufgaben).
- » Ich lasse meine Mitschüler in Ruhe arbeiten.
- » Ich bleibe im eigenen Arbeitsbereich.
- » Ich befolge Anweisungen gleich beim ersten Mal.
- » Ich höre zu und beteilige mich am Unterricht.
- » Ich lasse Handys, MP3-Player und andere elektronische Geräte ausgeschaltet und bewahre sie außer Sichtweite auf.
- » Ich bin höflich zu Lehrern und Mitschülern.

▶▶

Erwünschtes Schülerverhalten
1
2
3

Ich persönlich finde Systeme für Belohnungen und Sanktionen einfacher zu handhaben, wenn Sanktionen nach ihrer Härte abgestuft sind. Eine Alternative dazu wäre ein Punktesystem, bei dem alle Schüler mit beispielsweise 20 Punkten beginnen. Für verschiedene Verhaltensweisen werden Punktzahlen festgelegt und der Lehrer zieht die jeweilige Punktzahl von der Gesamtpunktzahl des Schülers ab. Meiner Erfahrung nach bergen solche Punktesysteme allerdings folgende Risiken:

» Beim Einsatz von Sanktionen kann es leicht zu Konflikten kommen, weil man dem Schüler etwas wegnimmt und Belohnungen leicht aus dem Blickfeld geraten.

» Es kann passieren, dass ein Schüler an einem Tag alle Punkte verliert.

» Willkürliches Lehrerhandeln wird ermutigt: „Na gut, dann ziehe ich dir jetzt eben noch fünf Punkte ab."

Bei Systemen mit abgestuften Belohnungen und Sanktionen gibt es keine Punkte und jeder beginnt die Stunde ohne Vorbelastungen. Die Schüler sind so in der Lage, die Konsequenzen ihres Verhaltens genau vorherzusagen und dementsprechend ihre Entscheidungen zu treffen.

Erstellen Sie eine Liste der abgestuften Sanktionen, mit denen Sie arbeiten möchten, falls Schüler sich dazu entschließen, gegen die Regeln zu verstoßen. Sie sollten deutlich machen, dass im Fall eines groben Regelverstoßes, etwa bei Gewalthandlungen, Gewaltandrohungen oder Beleidigungen dem Lehrer gegenüber, weder eine Verwarnung noch eine andere abgestufte Sanktion, sondern sofortiger Unterrichtsauschluss erfolgt.

Sie können ein oder zweimal mündlich verwarnen, bevor härtere Sanktionen zum Einsatz kommen. Formulieren Sie die Regeln zum Einsatz von Sanktionen klar und verständlich. Vermeiden Sie emotional aufgeladene Begriffe wie „Respekt" oder „Benehmen". Aus der Liste „Beliebter Sanktionen" auf Seite 31 und 32 können Sie sich Ideen holen. Jedes Mal, wenn es zu erneutem Regelverstoß kommt, sollte jeweils die nächsthöhere Sanktion greifen.

Erarbeiten Sie sich anschließend eine Liste mit abgestuften Belohnungen. Auch hierzu können Sie sich aus einer Liste mit Vorschlägen Ideen holen. Belohnungen sollten für die Schüler attraktiv, altersgemäß und leicht umzusetzen sein. Es kann sinnvoll sein, verschiedene Arten von Belohnungen für verschiedene Klassen einzusetzen. ▶▶

Bringen Sie Ihre Listen gut sichtbar an der Wand des Klassenraums an und erläutern Sie sie den Schülern. Wenden Sie Belohnungen und Sanktionen konsequent an. Weichen Sie nicht von Ihrem System ab. Wenn Schüler sich an die Regeln halten, belohnen Sie sie, wenn sie gegen die Regeln verstoßen, verwarnen Sie sie und vergeben Sie Sanktionen. Überarbeiten Sie das System nach der ersten Woche der Anwendung und erklären Sie den Schülern gegebenenfalls die Änderungen. Rechnen Sie damit, dass die Schüler sich gegen Regeln, Belohnungen und Sanktionen, die nicht auf Ihren Listen erscheinen, wehren; so werden sie Ihnen dabei helfen, sich konsequent zu verhalten.

Abgestufte Sanktionen
1. Mündliche Verwarnung
2.
3.
4.
5.
6.

Abgestufte Belohnungen
1. Mündliches Lob
2.
3.
4.
5.
6.

◀

Beliebte Belohnungen

(Denken Sie daran: Es zählt nicht so sehr, welche Belohnung Sie vergeben, sondern wie Sie sie vergeben.)

Nichtöffentliches mündliches Lob

Geben Sie dem Schüler ganz offen zu verstehen, wie zufrieden Sie mit ihm sind. So schaffen Sie eine Vertrauensbasis und motivieren ihn dazu, seine Leistung zu bestätigen. Es ist die wichtigste Belohnung, die Sie Schülern geben können (siehe Kapitel 6).

Lob-Notiz

Kleben Sie unauffällig eine Notiz an den Tisch des Schülers. So können Sie Lob erteilen, ohne die anderen Schüler zu stören.

Ihre Zeit

Ihren Schülern sollte bewusst sein, dass sie Ihre Beachtung leichter durch positives Verhalten bekommen als durch störendes. Deshalb kann das Angebot zusätzlicher Lerntreffen mit Gruppen oder einzelnen Schülern ebenfalls gut als Belohnung eingesetzt werden.

Positiver Elternbrief

Die bei Schülern beliebteste Belohnung ist ein lobender Brief an die Eltern.

Bereiten Sie A5- oder A6-Fotokopien mit folgendem Text vor:

> *„Liebe Eltern / Lieber Erziehungsberechtigter, hiermit möchte ich Ihnen mitteilen, dass ich heute in der Schule äußerst zufrieden mit der Leistung / dem Verhalten / der Mitarbeit von .... war. Eine zusätzliche Belohnung / Anerkennung seiner / ihrer Leistung von Ihrer Seite wäre angebracht."*

Vergeben Sie den Elternbrief als eine höhere Belohnung. Die Schüler werden diese Belohnung mehr wertschätzen als Sie vielleicht denken. Ich hatte mal ein Mädchen, das einen Elternbrief von mir aus der sechsten Klasse noch Jahre später ihren Eltern vor die Nase hielt, wenn diese ihren Einsatz für die Schule in Frage stellten.

Telefonische Benachrichtigung der Eltern

Die Belohnung, die einem Lehrer am unangenehmsten erscheinen mag. Es ist jedoch der effektivste Weg, eine gute Beziehung zu den Eltern aufzubauen. Falls Sie die Eltern nicht gut kennen, fassen Sie sich einfach kurz. Legen Sie sich zurecht, was Sie sagen und wie Sie das Gespräch beenden wollen. Ich fange in der Regel an mit „Hallo, hier spricht Mr. Dix, Keenans Englischlehrer, ich habe gute Neuigkeiten, haben Sie kurz Zeit?" und beende das Gespräch mit „Das wär's auch schon. Vielen Dank für das Gespräch."

Lob per Überweisung

Schicken Sie einen Schüler entweder während der Stunde oder zu gegebener Zeit zum Klassenlehrer, der ihm weiteres Lob erteilt.

Gutscheine

Die Schüler erhalten Gutscheine, mit denen sie Privilegien geltend machen können. Beispielsweise dürfen sie durch Einlösen eines Gutscheins die Hausaufgaben einmal auslassen oder später abgeben, als Erster das Klassenzimmer verlassen oder sie verdienen sich das Recht, über einen Platz der Sitzordnung zu verhandeln.

Sternchen- und Punktesysteme

Falls Ihre Schule nicht schon ein einheitliches System für Belohnungen hat oder vielleicht nur eins, das sich auf die Lernleistung bezieht, können Sie mit einem Punktesystem, bei dem die Schüler Punkte sammeln und beispielsweise 15, 50 oder 100 Punkte gegen materielle Belohnungen eintauschen können, einen Anreiz für positives Verhalten schaffen. Vermerken Sie diese „Punkte“ in den persönlichen Lehrbüchern oder in den Hausaufgabenheften der Schüler. Benutzen Sie einen Stempel oder kleine Sticker/Sternchen oder kleine Zettel mit Ihrer Unterschrift und führen Sie auch selber darüber Buch.

Klassenpreis-Urkunde

Setzen Sie dies als eine höhere Belohnung ein und schicken Sie eine Kopie der Urkunde direkt an die Eltern/Erziehungsberechtigten.

Beliebte Sanktionen

Verwarnungen

Nach einem Unterrichtsausschluss hört man von Schülern sehr häufig die Beschwerde, dass sie die vorherige Verwarnung gar nicht registriert hätten. Finden Sie eine Methode, wie Sie Ihre Verwarnung ganz klar herausstellen und festhalten können: Nehmen Sie den Schüler zur Seite, legen Sie einen Vermerk (oder eine Karte) auf den Tisch oder machen Sie einen Vermerk im Klassenbuch. Bei jüngeren Schülern können Sie den Namen an die Tafel schreiben. Sie können die Schüler dann später wieder darauf verweisen.

Zusätzliche Hausaufgaben

Schüler bekommen zusätzliche Hausaufgaben, die nach Erledigung von den Eltern/Erziehungsberechtigten unterschrieben werden. Bereiten Sie Arbeitsanweisungen vor und halten Sie fünf oder sechs Fotokopien bereit. Vermerken Sie auf dem Arbeitsblatt die Konsequenzen für den Fall, dass die Arbeit nicht am folgenden Tag vor Unterrichtsbeginn abgegeben wird. Die Arbeit sollte etwas mit dem Unterrichtsstoff zu tun haben, relevant, angemessen und differenziert sein und die Bearbeitung sollte ca. eine halbe Stunde dauern. Geben Sie keine eintönigen Aufgaben oder gar mehrmals hintereinander die gleichen, da sie eher mit Widerwillen als mit Verstand erledigt werden.

Wiedergutmachung

Ein Gespräch, in dem das Verhalten des Schülers diskutiert, Grenzen in Erinnerung gerufen und Vereinbarungen getroffen werden und dessen wichtigster Zweck der Schutz der Lehrer-Schüler-Beziehung ist. Es sollte nicht länger als 15 Minuten dauern. In vielen Schulen ist diese Sanktion mittlerweile an die Stelle der traditionellen Nacharbeit getreten. Durch diese Verlagerung des Schwerpunkts haben sich Lehrer-Schüler-Beziehungen erheblich verbessert und die Anzahl der außerhalb des Unterrichts stattfindenden Sanktionen konnte stark reduziert werden (siehe Nacharbeit vs. Wiedergutmachung in Kapitel 10).

Kurzes Gespräch nach der Stunde

Behalten Sie den Schüler nach der Stunde kurz da, um sein Verhalten anzusprechen. Sie zeigen ihm damit, dass Sie ihn wahrnehmen. Dies ist eine angemessene Maßnahme für Schüler aller Altersstufen, auch für erwachsene Schüler.

Verhaltensbericht

Machen Sie über einen vereinbarten Zeitraum in jeder Stunde Anmerkungen zum Verhalten des Schülers. Erklären Sie ihm, dass nach Beendigung des Zeitraums eine Kopie des Berichts an die Eltern, Schulleitung usw. gehen wird. Lesen Sie dem Schüler Ihren Bericht nach jeder Stunde vor und lassen Sie ihn auch unterzeichnen. Belohnen Sie eine Besserung seines Verhaltens. Für Schüler, über die ein Verhaltensbericht geführt wird, gelten die gleichen Regeln und Rituale wie für alle anderen.

Auszeit

Schicken Sie den Schüler aus dem Klassenzimmer, idealerweise unter Aufsicht eines Kollegen, damit er kurz in sich gehen und dann in den Unterricht zurückkehren kann. Die Wortwahl ist hier wichtig. Eine Auszeit hört sich weniger aggressiv an als „Rauswurf“ und greift die Idee der Auszeit im Sport auf, bei der die Spieler Zeit haben, sich abseits des Spielfelds kurz zu sammeln.

Telefonische Benachrichtigung der Eltern

Eine sehr effektive Sanktion, die man allerdings nur vorsichtig anwenden sollte. Lassen Sie sich vom Klassenlehrer über die Lage zu Hause informieren und finden Sie heraus, welche Auswirkungen ein solcher Anruf haben und ob er möglicherweise zu Gewalthandlungen im Elternhaus führen könnte. Überlegen Sie sich gut, zu welcher Zeit Sie anrufen, was genau Sie sagen und wie Sie das Gespräch beenden.

Einen Schüler umsetzen

Es ist wichtig, dass der Schüler über diese Sanktion unter vier Augen informiert wird. Findet die Interaktion zu öffentlich statt, werden möglicherweise andere Schüler einbezogen und es kann zu Demütigungen kommen.

Überweisung in eine andere Lerngruppe

Der Schüler wird in eine andere Klasse überwiesen, in der ein anderer Lehrer unterrichtet. Sprechen Sie sich mit dem Lehrer der anderen Klasse vorher ab, so dass Sie den Schüler mit seiner Arbeit dorthin überweisen können. Geben Sie dem Schüler eine Nachricht oder eine laminierte Karte für den jeweiligen Lehrer mit. Schauen Sie in der Schulordnung nach, da dort vielleicht bereits Abläufe für den Fall eines Unterrichtsausschlusses festgelegt sind.

Auf einen Blick

Das ist zu tun	Nutzen für den Lehrer	Nutzen für den Schüler
Entschuldigen Sie sich bei Schülern unter vier Augen, wenn Sie sich inkonsequent oder unfair verhalten haben.	Die Lehrer-Schüler-Beziehung wird gefördert. Ihre ehrliche Selbstreflexion ist ein Zeichen für Professionalität.	Die Schüler betrachten Sie als fehlbar und menschlich. Sie demonstrieren den Schülern durch Ihr Verhalten, wie man sich für Fehler entschuldigt.
Legen Sie ein Verfahren für Beschwerden von Schülern fest, falls sie sich ungerecht behandelt fühlen.	Einspruch von Schülern gegen Ihre Reaktionen findet nicht vor der Klasse statt, sondern kann in angemessenem Rahmen vorgetragen werden.	Die Schüler haben ein klar festgelegtes Verfahren für das Vorbringen von Beschwerden.
Entwickeln Sie eine Liste mit abgestuften Belohnungen und Sanktionen und hängen Sie sie aus.	Die Liste dient als Erinnerungshilfe während des Unterrichts und Sie können Schüler jederzeit darauf verweisen.	Die Schüler wissen, was passiert, wenn sie die Regeln befolgen oder brechen.
Zunächst entscheiden Sie darüber, welche Regeln, Belohnungen und Sanktionen angewandt werden.	Sie haben mehr Zeit zum Unterrichten und verbringen weniger Zeit mit Diskussionen.	Die Schüler wissen, dass der Lehrer über die Verhaltensregeln bestimmt und dass sie nicht verhandelbar sind.
Demonstrieren Sie Ihr konsequentes Verhalten auch, indem Sie stets pünktlich, gut vorbereitet und motiviert zur Stunde erscheinen.	Ihr vorbildliches Verhalten und die vorbildliche Organisation der Lernumgebung werden Ihre Schüler positiv beeinflussen. Durch Pünktlichkeit und gute Vorbereitung haben Sie die Prozesse in der Klasse gut im Blick.	Die Schüler haben ein klares Vorbild vor Augen, nach dem sie sich richten können. Sie werden von Ihrer Begeisterung angesteckt und haben ein gutes Beispiel für Selbstdisziplin und Eigenorganisation vor Augen, die für einen Lernerfolg nötig ist.
Jede Stunde beginnt für alle Schüler ohne Vorbelastungen.	Ihre Erwartungen an einen Schüler in einer einzelnen Stunde werden nicht durch frühere Vorfälle beeinflusst. Alle Schüler haben die Chance, sich zu benehmen.	Die Schüler bekommen die Gelegenheit, ihr Verhalten zu ändern. Sie wissen, dass Sie ihr Verhalten immer fair und situationsabhängig beurteilen werden.
Es sollte einen klar festgelegten Ablauf für den Fall geben, dass Sie einen Kollegen um Unterstützung bitten müssen.	Es gibt einen Ablauf, um im Fall von Gewalthandlungen/Beleidigung/Gefahr sofort einzugreifen.	Die Schüler wissen, dass es Verhaltensweisen gibt, die sofortigen Ausschluss und härteste Sanktionen erfordern.

Tipps für die Primarstufe, Sekundarstufe I und Sekundarstufe II

Primarstufe

Bringen Sie anhand von Aushängen Ihre Regeln, Belohnungen und Sanktionen mit Stichworten und Symbolen in Verbindung. Regeln lassen sich sehr gut durch Fotos von Schülern, die erwünschtes Schülerverhalten abbilden, illustrieren. Dies ist insbesondere sinnvoll bei Schülern mit Autismus und dem Asperger-Syndrom, weil so das erwünschte Verhalten deutlich visualisiert wird.

Setzen Sie optische oder akustische Signale ein, um den Schülern mitzuteilen, welche Stufe auf der Sanktions-/Belohnungsliste sie erreicht haben. Sie können beispielweise das Codewort S1 für Sanktion Nummer 1 benutzen. „Ich habe dich verwarnt, ich weiß, dass du lieber nicht nach S2 aufsteigen willst. Dann sehen wir mal, ob ich dir bei der nächsten Frage helfen kann." Ein kurzer Zuruf genügt manchmal: „Darius, du bekommst S3, du weißt, was zu tun ist." Versuchen Sie es mit Ampelfarben oder den Sprossen einer Leiter.

Sekundarstufe I

Ich empfehle, eine „Klassenbelohnung" einzuführen. Pinnen Sie ein DIN-A4-Blatt an die Wand und führen Sie eine Strichliste. Jeder Schüler kann sich einen Punkt auf dem Weg zur Klassenbelohnung verdienen. Wenn die Punkte einmal vergeben sind, können sie nicht wieder weggenommen werden. Sobald die Klasse 20/40/60 Punkte verdient hat, bekommt sie eine Belohnung. Variieren Sie die Endpunktzahl je nach Klasse, so dass die Schüler motiviert bleiben; die Klasse, mit der sich die Arbeit schwieriger gestaltet, braucht ein niedrigeres Punktziel als die, mit der Sie schon sehr effektiv zusammenarbeiten.
Wählen Sie altersgemäße und für die Schüler attraktive Belohnungen. Lassen Sie sie beispielweise während der Arbeit Musik hören, im Sommer draußen arbeiten oder gewähren Sie eine längere Lesezeit. Es kann sinnvoll sein, diese Belohnungen hin und wieder neu auszuhandeln und die Schüler nach ihrer Meinung zu angemessenen Belohnungen (außer Geld!) zu fragen.

Setzen Sie positive Elternbriefe regelmäßig ein. Setzen Sie sich beispielweise zum Ziel, pro Woche zehn davon zu verteilen. Schüler wissen positive Elternbriefe sehr zu schätzen, weil sie sie zu Hause vorzeigen können und dort Anerkennung und Belohnungen erhalten. Außerdem schätzen sie positive Elternbriefe, weil es ihre Eltern/Erziehungsberechtigten stolz macht – rechnen Sie jedoch nicht damit, dass die Schüler das zugeben! Viele Schulen haben Vorlagen für positive Elternbriefe, die im Aktenschrank des Lehrerzimmers verstauben. Legen Sie die Vorlagen auf Ihr Pult, wedeln Sie damit, wenn Sie durchs Klassenzimmer laufen und setzen Sie sie als Kern Ihrer Belohnungsstrategie ein.

Sekundarstufe II

Nehmen Sie sich die Zeit, Aushänge zu gestalten, die Ihren konsequent hohen Erwartungen an die Schüler Nachdruck verleihen. Es können Aushänge sein, auf denen besondere Schülerleistungen erwähnt werden, die eine didaktische Landkarte abbilden oder auf denen Gedanken, Ideen und Fragen zusammengetragen werden. Wenn ich mit Lehrern erwachsener Schüler über Aushänge in der Grundschule spreche, lächeln sie beglückt und werden ganz wehmütig. Dann zählen sie mir all die Gründe auf, warum sie Aushänge bei älteren Schülern nicht mehr einsetzen können. Dabei sind in höheren Stufen gerade die Lehrer die erfolgreichsten, die ihre Lernumgebung mit vielen Aushängen gestalten und strukturieren.

Nehmen Sie sich die Zeit, die Regeln für Ihr Klassenzimmer oder Ihren Arbeitsbereich auszuhandeln. Verwenden Sie auf dem Aushang folgenden Wortlaut: „Lehrer und Schüler haben vereinbart, dass ...“. Halten Sie sich selbst an die Regeln und gehen Sie den Schülern mit gutem Beispiel voran: „Ich mache mein Telefon aus und tue es in meine Tasche. Ich wäre euch dankbar, wenn ihr das jetzt auch macht, danke.“ Nichts untergräbt die Legitimität von Regeln leichter als ein Lehrer, der beim SMS-Schreiben unterm Pult erwischt wird.

Der 30-Tage-Test

Was möchten Sie im Hinblick auf Konsequenz in Zukunft anders machen? Die Neuerungen können sich auf einen einzelnen Schüler oder eine ganze Lerngruppe beziehen. Setzen Sie einige der in diesem Kapitel vorgeschlagenen Tipps 30 Tage lang konsequent um, damit Sie genügend Zeit haben, die Neuerungen in den Unterrichtsalltag zu integrieren.

In 30 Tagen komme ich zur Arbeit und ....
....
....
....
....

Meine persönlichen Vorsätze sind:

1. .... Geprüft am ....
2. .... Geprüft am ....
3. .... Geprüft am ....

Kapitel

4

Unterrichtsrituale, Regeln und Routinen

„Eine Gewohnheit ist etwas, was man ohne nachzudenken tun kann, deshalb haben die meisten von uns ziemlich viele davon."

(Frank A. Clark)

In diesem Kapitel erfahren Sie etwas über

- Das Prinzip
- Die Umsetzung

Neben zahlreichen Beispielen gibt es

- Tipps für die Primarstufe, die Sekundarstufe I und die Sekundarstufe II

Das Prinzip

Die Erwartungen an das Verhalten im Unterricht sollten in Form von Regeln an der Wand des Klassenzimmers ausgehängt und klar und deutlich erläutert werden. Sie können nicht davon ausgehen, dass die Schüler von selbst wissen, welches Verhalten von ihnen erwartet wird. Angemessenes Verhalten muss gelehrt werden. Rituale sind kleine Sammlungen von Regeln, die sich auf bestimmte Aktivitäten oder Verhaltensweisen im Klassenzimmer beziehen. Sie sollten von den Schülern nicht erwarten, dass sie erraten, welches Verhalten für welche Aktivität im Unterricht angemessen ist, da bei anderen Lehrern andere Regeln gelten. Erst wenn die Regeln für jede Aktivität (z. B. auf dem Teppich sitzen und zuhören, Gruppenarbeit, Stillarbeit, zum Spielen nach draußen gehen, das Klassenzimmer betreten, nicht mit der Schere fuchteln) für alle geklärt sind, können die Schüler die Entscheidung treffen, ob sie sie befolgen und dafür Anerkennung, Lob oder Belohnungen erhalten oder ob sie gegen sie verstoßen und dementsprechend riskieren, ermahnt oder sanktioniert zu werden.

Die Umsetzung

Gehen Sie nicht davon aus, dass die Schüler die Verhaltensregeln für den Unterricht kennen. Es ist wichtig, dass Sie Schülern jedes Alters die genauen Regeln für den Ablauf jeder Aufgabe genau zeigen und mit ihnen einüben. Die Praxis in Kindergärten geht hier mit gutem Beispiel voran: Ein großer Schwerpunkt der Arbeit mit dieser Altersgruppe liegt darauf, Rituale für das soziale Miteinander und für Gruppenaktivitäten einzuführen und auszuhandeln. Von der Gruppenarbeit über das Umstellen der Tische bis hin zum Betreten des Klassenzimmers sollte es für alles klar festgelegte Rituale und Abläufe geben, die jeder problemlos nachvollziehen und befolgen kann. Einige Rituale sind einfach, etwa wenn der Schüler den Becher auf seinem Tisch umdreht, um zu signalisieren, dass er die Hilfe des Lehrers benötigt. Andere Rituale wiederum sind komplexer und anspruchsvoller, wie etwa der Ablauf für die Aufgabenverteilung in Gruppen.

Ich empfehle, jedes Unterrichtsritual so weit in Einzelschritte aufzuschlüsseln, dass zu jedem Zeitpunkt klar ist, was erwartet wird. Sie sollten sich genug Zeit nehmen, um diese Schritte mit den Schülern einzuüben. Bei komplexeren Ritualen rate ich dazu, den Schülern die Gestaltung von ansprechenden Aushängen aufzutragen, die Schritte des Rituals gemeinsam zu verinnerlichen oder sie mit der Klasse im Sprechchor aufzusagen. Bei einfacheren Ritualen genügt es oft, es ein paarmal zu demonstrieren und anschließend die Verinnerlichung durch Lob und positive Verstärkung jener Schüler zu unterstützen, die das Ritual korrekt befolgen. Außerdem erachte ich es generell als sinnvoll, Verhaltensregeln ausschließlich positiv, nicht als Verbote und ohne „nicht“ und „kein“ zu formulieren sowie einzelne Schlagworte wie „Ruhe“ oder emotional aufgeladene Begriffe wie „Höflichkeit“ oder „Respekt“ zu vermeiden. Sprechen Sie zu jedem Zeitpunkt aus, welches das von Ihnen erwünschte Verhalten ist, z. B. „Hört zu, wenn ein Mitschüler spricht“ oder „Schaut zu mir“.

Lehren Sie die Rituale unmittelbar vor der Aktivität, bei der sie zum Einsatz kommen, indem Sie die erwünschten Verhaltensweisen anschaulich machen. Steht die Aktivität erneut an, ist es sehr wichtig, dass Sie die Routine zuvor mit den Schülern zusammen durchgehen. Wenn die Aktivität begonnen hat, ist es sehr effektiv, immer wieder auf die Schüler hinzuweisen, welche die Regeln des Unterrichtsrituals befolgen und Lob und positive Verstärkung einzusetzen, um ihr Verhalten zu verstärken: „Ich bedanke mich bei der Gruppe an diesem Tisch; ihr habt euer Gespräch eingestellt, eure Stifte rausgeholt und hört zu. Das war Schritt zwei in unserer Vereinbarung. Gut gemacht."

Hält sich ein Schüler nicht an die Regeln, ermahnen Sie ihn unter vier Augen. „Du hast dich nicht an Schritt drei unseres Unterrichtsrituals gehalten. Also erhältst du jetzt eine mündliche Verwarnung. Ich möchte, dass du dich ab jetzt verhältst wie vereinbart. Ich komme in einer Weile wieder her und sehe nach, ob du dich dann an die Regeln hältst." Wenn die Regel erneut nicht eingehalten wird, setzen Sie die nächsthöhere Sanktion aus Ihrer Liste ein. Zeigen Sie dem Schüler auf dem Aushang, welche Regel nicht eingehalten wurde. Es ist ratsam, immer nur ein Ritual auf einmal einzuführen und es so lange einzuüben, bis die Schüler es kennen, ohne auf den Aushang zu schauen und anfangen zu sagen „Jetzt reicht es aber, wir haben es gecheckt!"

Wenn Sie als neuer Lehrer eine Klasse übernehmen, bietet es sich an, die Rituale und Routinen zu übernehmen, die bereits von Kollegen mit der Klasse eingeübt wurden. Das hat gleich zwei Vorteile: Zum einen werden bewährte Routinen eines Kollegen, der länger an der Schule ist, in Ihren Routinen wieder aufgegriffen; zum anderen sind die Schüler bereits damit vertraut und Sie müssen das Rad nicht neu erfinden. Ich empfehle Ihnen deshalb, sich auf jeden Fall im Vorfeld über die bereits etablierten Rituale aufklären zu lassen und sie gegebenenfalls einzusetzen. Es ist beispielsweise gut möglich, dass Schüler im Fach „Darstellen und Gestalten" bereits anspruchsvolle Rituale erlernt haben, etwa Abläufe, sich ihre Auftritte in Gruppen zu erarbeiten. Solche Rituale können in vielen Fächern eingesetzt werden, besonders in Fächern wie Deutsch, Geschichte und Religion.

Aus der Praxis

Eine Kollegin, die die Nase voll davon hatte, dass die Schüler ihre Aufforderung, ihr Handy wegzupacken, gnadenlos ignorierten, versuchte sich auf etwas andere Art zu helfen. Auf einem Aktenschrank im Klassenzimmer platzierte sie ein Aquarium, in dem alte Handys und MP3-Player auf der Wasseroberfläche trieben. Am ersten Unterrichtstag kamen die Schüler ins Zimmer, erspähten das Aquarium und erkundigten sich sofort nach seinem Zweck. Sie antwortete ganz unbeteiligt: „Ach, die sind bloß von Schülern, die letztes Schuljahr ihre Spielzeuge im Unterricht ausgepackt haben." Die Schüler hatten es plötzlich ganz eilig, ihre eigenen Geräte zu verstauen und wagten es nicht, sie wieder herauszuholen. Ich will Ihnen damit nicht raten, Geräte zu konfiszieren und in ein Aquarium zu werfen, sondern

▶▶

lediglich ein Beispiel dafür geben, wie die Verbindlichkeit einer Regel auf humorvolle Weise durch ein deutliches Signal betont werden kann. Und diesem Signal wurde ganz sicher mehr Beachtung geschenkt als einem rot durchgestrichenen 80er-Jahre-Handy. ◀

Während meiner Arbeit an Schulen ist es mir zum Anliegen geworden, dass Schilder, mit denen auf verschiedene Rituale und Regeln in verschiedenen Bereichen des Schulgeländes hingewiesen wird, für Schüler ansprechend gestaltet werden. Man kann solche Hinweise, Rituale und Abläufe beispielsweise gut auf die weiße Wand projizieren, in Teppichfliesen einarbeiten oder in Form von Mobiles aufhängen. Was den Wortlaut von Hinweisschildern mit Schulregeln angeht, empfehle ich, grundsätzlich positive Formulierungen statt eines drohenden oder befehlenden Wortlauts zu wählen. Bei der Formulierung von Regeln lässt sich gut mit „Wir"- oder „Ich"-Formulierungen arbeiten, das macht die Regel verbindlicher.

Beispiele für den positiven Wortlaut auf Hinweisschildern oder in Verhaltensregeln:

- » Gehe mit Mitschülern und Lehrern respektvoll um.
- » Jeder hat das Recht darauf, in einer störungsfreien und freundlichen Umgebung zu arbeiten.
- » Es spricht nur einer auf einmal.

Oder:

„Wir"-, „Ich"-Formulierungen:

- » Wir gehen respektvoll und freundlich miteinander um.
- » Ich lasse andere ausreden und höre ihnen zu.

Tipps zum Umgang mit leichten Unterrichtsstörungen:

- » Setzen Sie einzelnen Schülern kurzfristige Verhaltensziele.
- » Ändern Sie die Sitzordnung rechtzeitig vor der nächsten Stunde.
- » Führen Sie die Routine erneut ein und loben Sie die Schüler, die sie befolgen.
- » Unterbinden Sie unerwünschtes Verhalten sobald es auftaucht.
- » Bieten Sie Ihre Hilfe an: „Zeig mir mal, wie ich dir helfen kann".

▶▶

- » Überdenken Sie Ihre Position im Raum.
- » Kommunizieren Sie mit dem Schüler über nonverbale Signale.
- » Lenken Sie die Aufmerksamkeit der Schüler mit folgenden Formulierungen auf die Arbeit zurück: „Ich verstehe dich, aber …“, „Ich höre, was du sagst, aber …“, „Vielleicht ist es …“
- » Machen Sie Ihre Ansage und gehen Sie dann weg, damit der Schüler Zeit hat, der Aufforderung nachzukommen.
- » Schrauben Sie Ihren eigenen Redeanteil im Unterricht stark herunter. ◀

Und die, die ständig zu spät kommen?

Legen Sie entweder allein oder gemeinsam mit den Schülern ein Ritual für alle fest, die erst nach Beginn der Unterrichtsstunde eintreffen. Bringen Sie die Regel außen an der Tür an. „Für diejenigen, die zu spät zum Unterricht kommen, gilt Folgendes: ...“ Als Abschreckung vor Verspätungen können Sie beispielsweise einen Stuhl zusammen mit einer Liste, auf der die Schüler unterschreiben müssen, bei der Tür aufstellen. Schüler, die zu spät kommen, setzen sich auf den Stuhl und warten darauf, bis Sie Zeit haben zu sprechen oder sie auffordern, zur Klasse zu stoßen. Eine Möglichkeit wäre auch, Schülern, die ständig zu spät kommen, das Privileg der „freien Platzwahl“ im Klassenzimmer zu entziehen oder sie zu bitten, nach der Stunde kurz zu Ihnen zu kommen. Ein kleines, aber feines Ritual zur Abschreckung ist in diesem Fall mindestens genauso effektiv wie eine harte Sanktion. Die Information, die Sie auf der Unterschriftenliste zusammentragen, können Sie außerdem gut gebrauchen, wenn Sie dem Schüler den Spiegel vorhalten und für diesen Zweck Beweise parat haben wollen. Manchmal kann es sehr nützlich sein, solche Informationen den Eltern vorzulegen.

Wenn ein Ritual etabliert ist, empfehle ich als nächsten Schritt, dass Sie damit beginnen, langsam aber stetig an Ihrem Verhältnis zu Ihrem notorischen Zuspätkommer zu arbeiten. Grüßen Sie ihn stets mit einem Lächeln, wenn Sie ihm in der Schule begegnen. Strahlen Sie stets gute Laune aus, auch dann, wenn Ihr Gruß nicht erwidert wird. Tun Sie das drei Wochen lang. Jeden Tag. Nehmen Sie den Schüler wahr, kundschaften Sie gemeinsame Interessen aus und investieren Sie etwas Zeit, um Vertrauen aufzubauen. Ein gutes Verhältnis zu den Schülern ist Ihre größte Einflussmöglichkeit. Arbeiten Sie kontinuierlich an diesem Verhältnis und schaffen Sie den Schülern so einen positiven Anreiz, pünktlich zum Unterricht zu kommen.

Mein letzter Tipp zu diesem Thema: Belohnen Sie die Schüler, die pünktlich erscheinen, indem Sie die spannendsten Aktivitäten einer Stunde hin und wieder direkt an den Beginn der Stunde legen.

Wenden Sie neue Strategien mindestens 30 Tage lang konsequent an. Indem Sie klare Erwartungen formulieren, an der Lehrer-Schüler-Beziehung arbeiten und geschickt die richtigen Anreize setzen, kommen Schüler vielleicht bald gar nicht erst in die Versuchung, einen großen Bogen um Ihren Unterricht zu machen.

Vorsicht Falle

- Überlegen Sie sich, welche Stellen sich am besten zum Aushang von Ritualen eignen. Eine Checkliste mit Regeln für das Betreten und Verlassen des Raums sollte an der entsprechenden Seite der Tür angebracht werden. Ebenso sollten Regeln, die für Stillarbeitsphasen gelten, für alle sichtbar angebracht sein.
- Es kann leicht passieren, dass man Rituale euphorisch einführt, nie wieder auf sie hinweist und dann direkt Sanktionen erteilt. Weisen Sie auch in Diskussionen mit Schülern immer auf die Rituale hin. Verweisen Sie ruhig unermüdlich darauf, bis die Schüler verstehen, dass Sie sich nicht davon abbringen lassen.
- Es sollten nicht zu schnell zu viele Rituale auf einmal etabliert werden. Ich empfehle, dass Sie neue Rituale schrittweise über einen längeren Zeitraum hinweg einführen. Warten Sie ab, bis ein oder zwei davon fest in Ihrer Klassenorganisation verankert sind, bevor Sie anspruchsvollere Rituale entwickeln, etwa für das Umstellen der Tische oder Unterrichtsdiskussionen. Zu viele Rituale zu schnell einzuführen, sorgt bei Schülern wie bei Lehrern für Verwirrung.

Aus der Praxis

Als Berufseinsteiger musste ich als Vertretung für den Sportunterricht in einer ersten Klasse einspringen und war etwas nervös. Im Zusammenhang mit dieser Klasse fiel im Kollegium immer wieder die Bezeichnung „Mauer des Todes“, aber niemand hatte mir erklärt, was das zu bedeuten hatte. Im Lehrerzimmer brach allgemeines Gelächter aus, als man von meinem bevorstehenden Abenteuer mit den „Kleinen“ erfuhr. Ich hatte mit dieser Altersstufe schon zuvor gearbeitet, aber nur in Klassenräumen und nur mit kleinen Gruppen, die ich mit sehr sorgfältig geplanten Aufgaben beschäftigt hatte. Jetzt würden es 35 Kinder sein und das auch noch in einem riesigen Raum und ich wusste rein gar nichts über ihre Routinen oder Erwartungen.

Nach einer etwas langgezogenen und nicht gerade ruhig oder effektiv verlaufenden Umkleideaktion „Dann behalt die Hosen eben an“ usw., bewegten wir uns in Richtung Halle. Ich spürte, wie sich die Stimmung aufheizte und sie es kaum erwarten konnten, in die Halle zu kommen. Ich wollte in meine übliche Routine bei Erstklässlern fallen, sie in die Halle lassen und dort in der Mitte einen Sitzkreis bilden. Als wir aber die Halle betraten, fingen die Schüler allesamt an, rennend Runden um die Halle zu drehen. Ich griff nach der Trillerpfeife und gab ihnen mit

▶▶

einem schrillen Pfiff zu verstehen, dass sie damit aufhören sollten. Leider erkannten sie dieses Signal nicht als Aufforderung, das Rennen einzustellen und still zu sein, sondern erwiderten stattdessen den Pfeifton mit Geheul und Geschrei und erhöhten ihr Lauftempo sogar noch. Mir wurde klar, dass ich von der „Mauer des Todes“ eingekreist war. Die Klasse ging ganz klar davon aus, dass Sportunterricht nur aus Rennen bestand, und hatte ihren Spaß daran.

Erst ein Kollege, der zufällig vorbei kam (und vielleicht schon eine ganze Weile in der Tür gestanden hatte), rettete mich und erzielte eine unmittelbare Reaktion bei den Schülern, indem er „Keine Bewegung“ rief und somit ihr gewohntes Ritual aussprach. Er brachte schnell Rituale wie „Krokodilsumpf“, „Seerosenblätter“ und „Tunnel“ in die Runde ein und gemeinsam etablierten wir noch mehr Rituale, einzelne Stichwörter wie „Einschlafen“ (die Schüler sollten sich ruhig auf den Boden legen), „Langsam“ (die Schüler sollten sich in Zeitlupentempo bewegen) und verwendeten Seilstücke, um auf dem Boden Bereiche zu markieren, wo die Schüler in kleinen Gruppen arbeiteten. Dieses Erlebnis war mir eine gehörige Lehre, ich lernte dadurch eine Menge über gute Klassenführung und holte mir Ideen, die ich auch für die Arbeit mit älteren Schülern weiterentwickelte. ◀

Versuchen Sie es damit

Entwickeln Sie ein Ritual für das Betreten eines Klassenzimmers und machen Sie eine Liste mit fünf beobachtbaren Verhaltensweisen, die Sie gerne bei allen Schülern sehen würden. Die folgende Anleitung eignet sich für den Entwurf von Unterrichtsritualen oder Vereinbarungen über Verhaltensregeln zwischen Lehrer und Klasse:

» Das erwünschte Schülerverhalten sollte klar in dem Ritual definiert sein und ermutigt werden.

» Das Ritual sollte als Gebot und nicht als Verbot formuliert sein (ohne „nicht“ und „kein“).

» Die Regeln sollten einfach und klar verständlich sein.

» Die Botschaft sollte positiv formuliert, aber dennoch deutlich sein.

» Der Leser sollte sich nicht bedroht fühlen, z. B. „Falls die Toiletten weiterhin blockiert werden, werden die Täter eingesperrt“.

» Die Schüler dürfen über das Ritual und seinen Wortlaut mitbestimmen.

Versuchen Sie, das einfachste Ritual von allen zu entwerfen: das Ritual für das Betreten des Klassenzimmers:

Unterrichtsritual für das Betreten des Klassenzimmers

1. ....

2. ....

3. ....

▶▶

4. ....
5. ....

Überprüfen Sie das Ritual nun auf „nicht“ und „kein“ und formulieren Sie gegebenenfalls die Regeln positiv um.

Es kann sehr störend und zeitaufwändig sein, verspätete Schüler in die Klasse zu integrieren. Ein Ritual für verspätete Schüler hält sicherlich nicht alle Schüler davon ab, zu spät zu kommen, aber zumindest weist es sie auf ihr Fehlverhalten hin. Außerdem können Sie durch ein Ritual der Unruhe, die durch später eintreffende Schüler in der Klasse entstehen kann, gezielt entgegensteuern.

Was sollen verspätete Schüler in Ihrem Unterricht tun? Sollen sie draußen warten und klopfen? Sich auf den nächsten Stuhl bei der Tür setzen? Nach der Stunde zu Ihnen kommen? Eine Gelegenheit abwarten, in die Stunde einzusteigen? An ihren Platz gehen und ihre Lernsachen herausholen? Sofort bei ihrer Ankunft mit Ihnen sprechen? Ihren Namen auf eine Liste eintragen? Schweigend an ihren Platz gehen?

Ritual für Verspätungen

1. ....
2. ....
3. ....
4. ....
5. ....

Hängen Sie die beiden Rituale an die Außenseite des Raums, für den sie gelten, so dass sie von allen Schülern gesehen werden, wenn sie zum Unterricht kommen. Lehren Sie die Klassen diese Rituale Schritt für Schritt und demonstrieren Sie die erwünschten Verhaltensweisen. Unterstützen Sie am Anfang das Befolgen der Rituale durch Lob oder, wenn nötig, durch Sanktionen. Wenn die Klasse das Ritual verinnerlicht hat, überlegen Sie sich weitere, die Sie gerne mit den Schülern einüben möchten: Rituale für das Bewegen im Klassenzimmer, das Verlassen des Klassenzimmers, Rituale für den Ablauf von Gruppendiskussionen, die Beurteilung der Mitschüler.

Unterrichtsritual für die Beurteilung der Arbeiten von Mitschülern

» Konstruktive Kritik im Verhältnis 3:1: Nenne zuerst drei positive Punkte, bevor du einen Kritikpunkt vorbringst.

» Begründe mindestens drei Punkte anhand der vorgegebenen Beurteilungskriterien.

» Formuliert gemeinsam schriftlich drei neue Ziele für das erneute Verfassen der Arbeit.

▶▶

Wenn Sie vier Routinen in jedem Halbjahr lehren, wissen die Schüler am Ende des Schuljahres genau, welches Verhalten von ihnen erwartet wird. Je konsequenter Sie die Rituale durchsetzen, desto deutlicher werden Sie Ihre Erwartungen erfüllt sehen: „Bei diesem Lehrer machen wir das so." ◀

Auf einen Blick

Das ist zu tun	Nutzen für den Lehrer	Nutzen für den Schüler
Setzen Sie sich zum Ziel, dass alle Schüler genau darüber informiert werden, welches Verhalten von ihnen erwartet wird.	Der Lehrer kann genau darüber bestimmen, welches Verhalten er bei welcher Aktivität sehen will.	Die Schüler erlernen genau das erwünschte Verhalten, das von ihnen erwartet wird; sie sind in der Lage, über ihr Verhalten bewusst zu entscheiden.
Formulieren Sie Ihre Rituale positiv.	Es steht implizit die Erwartung im Raum, dass alle Schüler die Regeln befolgen.	Mit einem positiven Wortlaut werden positive Erwartungen an die Schüler herangetragen.
Belohnen Sie Schüler, die das Ritual korrekt befolgen, durch Anerkennung und Lob.	Die Aufmerksamkeit wird auf Schüler gelenkt, die sich angemessen verhalten; unangemessenes Verhalten wird nicht unmittelbar mit der Aufmerksamkeit des Lehrers belohnt.	Die Schüler lernen, dass es Vorteile hat, die Rituale zu befolgen; die Anerkennung oder Belohnung ihrer Anstrengungen motiviert sie.
Führen Sie nur ein Ritual auf einmal ein.	Der Lehrer nimmt sich ausreichend Zeit, um sicherzustellen, dass ein Ritual reibungslos im Unterrichtsablauf verankert ist und alle Schüler es kennen.	Die Schüler haben Zeit, genau zu verstehen, wie das Ritual funktioniert, und die Regeln für jede Aktivität zu verinnerlichen.
Erkundigen Sie sich nach Ritualen, die sich bei Kollegen bewährt haben; passen Sie sie Ihren Bedürfnissen an.	Lehrer müssen bewährte und den Schülern vertraute Rituale nicht neu erfinden und können damit arbeiten. Die Schüler sehen, dass verschiedene Lehrer die gleichen Erwartungen haben.	Die Schüler verstehen, wie und warum Sie Rituale einsetzen. Ihr vorhandenes Wissen und ihr Verständnis werden genutzt und nicht ignoriert.

Tipps für die Primarstufe, Sekundarstufe I und Sekundarstufe II

Primarstufe

Neben dem schriftlichen Visualisieren gibt es altersgemäße Techniken, die die Schüler bei der Verinnerlichung der Rituale unterstützen: Lieder, Symbole, Bilder, Vormachen, Rollenspiele, Forumtheater (es wird eine Szene vorgespielt, deren weiteren Verlauf das Publikum aktiv mitbestimmt). Lernen Sie Rituale mit den Schülern auswendig und sagen Sie sie gemeinsam im Sprechchor auf. Ich weiß, nicht besonders innovativ, aber es funktioniert.

Sekundarstufe I

Countdown ...

Eine gute Technik, um die Aufmerksamkeit der ganzen Klasse zu bekommen, ist ein „Countdown", mit dem Sie den Schülern signalisieren, dass sie zuhören sollen und ihnen genug Zeit geben, ihr Gespräch zu beenden und der nächsten Anweisung zuzuhören. Erklären Sie den Schülern, dass Sie sie mit dem Countdown zeitig vorwarnen wollen und ihn als höfliche Alternative zum üblichen Ruf nach „Ruhe!" einsetzen. Geben Sie auf jeder Stufe des Countdowns klare Anweisungen, so dass die Schüler wissen, was von ihnen erwartet wird und wandeln Sie ihn je nach Lerngruppe ab:

» „Fünf, bitte schreibt noch den Satz zu Ende."
» „Vier, schaut bitte an die Tafel."
» „Drei, super Marcus, ein Lob dafür, dass du mir als Erster deine volle Aufmerksamkeit zuwendest."
» „Zwei, schnell an eure Plätze."
» „Eins, alle Stifte weg."
» „0,5, alle hierher schauen."
» „Null, danke."

Manche Schüler machen von Anfang an mit, andere sind vielleicht nicht ruhig, wenn Sie bei null ankommen, aber bleiben Sie beharrlich: Setzen Sie die Techniken zum Loben und Belohnen aus diesem Buch ein, um das Ritual zu verstärken und der Countdown kann sich als sehr effektive Methode für die Situationen erweisen, in denen Sie wirklich die Aufmerksamkeit der gesamten Klasse brauchen. Vielleicht haben Sie ja schon Ihre persönliche Technik, um die Aufmerksamkeit der Klasse auf sich zu lenken. Der Countdown hat aber in jedem Fall den Vorteil, dass er den Schülern Zeit gibt und sie Sie nur hören und nicht sehen müssen.

Sekundarstufe II

Machen Sie den Schülern klar, wie Sie behandelt werden wollen. Wenn Sie das nicht von Anfang an tun, laufen Sie Gefahr, dass die Schüler Sie genauso behandeln wie ihre ehemaligen Lehrer oder ihre Eltern. Machen Sie eine Liste mit drei oder vier Verhaltensweisen, die Sie erwarten und hängen Sie sie aus. Falls Schüler daran erinnert werden müssen, zeigen Sie auf das Poster oder weisen Sie mit anderen nonverbalen Signalen auf ihr Verhalten hin.

Der 30-Tage-Test

Was möchten Sie im Hinblick auf Unterrichtsrituale, Regeln und Routinen in Zukunft anders machen? Die Neuerungen können sich auf einen einzelnen Schüler oder eine ganze Lerngruppe beziehen. Setzen Sie einige der in diesem Kapitel vorgeschlagenen Tipps 30 Tage lang konsequent um, damit Sie genügend Zeit haben, die Neuerungen in den Unterrichtsalltag zu integrieren.

In 30 Tagen komme ich zur Arbeit und ....
....
....
....
....

Meine persönlichen Vorsätze sind:

1. .... Geprüft am ....
2. .... Geprüft am ....
3. .... Geprüft am ....

Kapitel

5

Sprache, Auftreten und positive Manipulation

„Die Sprache ist eine Landkarte, mit der Menschen sich die Welt erschließen."

(James Britton, Language and Learning)

In diesem Kapitel erfahren Sie etwas über

- Das Prinzip
- Die Umsetzung

Es gibt grundlegende Informationen zu den Themen positive Manipulation, bewusste Entscheidungen, positive Erwartungen und Souveränität.

Sie bekommen Tipps

- für die formelle und informelle Sprachebene und eine angemessene Körpersprache
- für die Primarstufe, die Sekundarsrtufe I und die Sekundarstufe II

Das Prinzip

Sagt man einem Kind, es sei „frech“, ein „Rabauke“, „schwierig“ oder „widerspenstig“, nimmt es die Worte in sein Weltverständnis auf. Sagt man sie ihm nur oft genug, wird seine gesamte Sicht auf die Welt davon beeinflusst. Durch den wohlüberlegten Einsatz Ihrer Sprache im Unterricht können Sie das Selbstwertgefühl Ihrer Schüler stärken und sie dabei unterstützen, ihr eigenes Verhalten zu kontrollieren.

Mit der richtigen Wortwahl gelingt es Ihnen, potentielle Konflikte im Klassenzimmer von vornherein abzuwenden, das Selbstbild der Schüler zu schonen und zu verbessern und Ihre Kritik am Schülerverhalten zu entpersonalisieren. Sie finden vor Ihrer Klasse leichter die richtigen Worte, wenn Sie sie vorher bewusst durchdacht und geplant haben. Improvisation führt zu Unzuverlässigkeit und Inkonsequenz.

Die Umsetzung

Unterrichten ist oft ein Auftritt. Sie fühlen sich sicherlich nicht jeden Montagmorgen beschwingt, selbstsicher und souverän; trotzdem möchten Sie Ihren Schülern den Eindruck vermitteln, dass dem so sei. Wenn Sie aber durch Ihre Wortwahl und Ihren Tonfall der Klasse Ihr wahres Befinden verraten, kann das ganz leicht dazu führen, dass Anweisungen von den Schülern einfach ignoriert oder verweigert werden: „Bitte zieht eure Jacken aus, ich bin heute zu müde, um mich mit euch anzulegen“, oder „Wenn Ihr mir nicht zuhört, kann ich keinen Unterricht machen“. Wenn es Ihnen hingegen gelingt, sich Ihre Wortwahl im Voraus genau zurechtzulegen und in einem ruhigen und selbstsicheren Ton zur Klasse zu sprechen, können Sie souverän mit den Schülern kommunizieren, selbst wenn Sie sich nicht sehr souverän fühlen. Dies erfordert natürlich eine gute Portion Disziplin und Selbstreflexion. Ihr Ziel sollte es sein, selbst dann noch souverän aufzutreten, wenn Sie der ständigen Störungen leid werden und Ihr emotionaler Impuls Sie dahin drängt, sich mit den Schülern in Streitgespräche zu verstricken oder auch einfach nur schreiend aus dem Raum zu laufen.

Positive Manipulation

Manipulation ist kein verwerfliches Wort! Sie spielt eine zentrale Rolle, wenn es darum geht, im Klassenzimmer für Disziplin zu sorgen und das Verhalten von Schülern positiv zu beeinflussen. Zwar geschieht sie sehr subtil und im positiven Sinne, aber es ist immer noch Manipulation. Die Fähigkeit, Kinder zu angemessenem Verhalten zu führen oder mit viel Verhandlungsgeschick Konflikte abzuwenden, ist letztendlich nichts anderes als die Fähigkeit der positiven Manipulation.

Wenn Kinder älter werden und Ihr Handeln durchschauen, passiert die Manipulation unterschwelliger. Manchmal geht sie mit der Erwartung einer Belohnung einher. Während die meisten jüngeren Kinder „Frau Williams braucht deine Hilfe“ ohne Gegenfrage hinnehmen, wird ein pragmatischer Fünftklässler auf eine solche Bitte mit Misstrauen reagieren, „Wo soll ich also hingehen? Zu wem? Wozu? Und was geben Sie mir? Mmh, kann ich dazu später noch was fragen?“

Positive Manipulation ist ungemein effektiv bei Kindern, die dazu geneigt sind, die Regeln zu befolgen. Ein wesentlich höheres Manipulationsgeschick bedarf es bei den Kindern, die mit einem schlechten Selbstbild zu Ihnen kommen und von vornherein dazu neigen, Grenzen des angemessenen Verhaltens zu überschreiten. Wie immer rate ich als ersten Schritt, das Schülerverhalten von Ihren Emotionen zu entkoppeln. Danach sollten Sie das Schülerverhalten völlig von der Person entkoppeln, die es an den Tag legt. So können Sie sichergehen, dass keine missverständlichen Botschaften beim Schüler ankommen. Eine Aussage wie „Ich finde dich nett, aber dein Verhalten heute finde ich nicht nett“ macht Schülern klar, dass es nur angemessenes oder unangemessenes Verhalten gibt und keine angemessenen oder unangemessenen Personen. Wenn wir einem Kind oft genug sagen, dass es frech ist, wird es uns irgendwann glauben. Wenn wir einem Kind sagen, dass es klug/nett/hilfsbereit/rücksichtsvoll ist, fängt es an, an sich selbst zu glauben.

Für Kinder mit einem schlechten Selbstbild kann Ihre unablässige Betonung ihrer positiven Eigenschaften aus einem richtig miesen Tag einen erträglichen Tag machen. „Moment, Moment, wo sind denn meine Aufkleber? Ich spüre, dass das eine tolle Stunde wird.“ Wenn Sie Ihre Begeisterung glaubwürdig vermitteln, treten die schlechten Angewohnheiten und die negativen Erwartungen an sich selbst für diese Schüler plötzlich in den Hintergrund. Setzen Sie diese Methode bei Problemschülern Tag für Tag ganz gezielt ein und es wird Ihnen gelingen, den negativen inneren Monolog der Kinder zu unterbrechen, den andere Menschen bis dahin haben entstehen lassen.

Bewusste Entscheidungen

Es ist sehr hilfreich, Schüler in Gesprächen über ihr Verhalten darauf hinzuweisen, dass Sie bewusste Entscheidungen in Bezug auf ihr Verhalten treffen. Wenn die Schüler Regeln, Rituale und Erwartungen ganz genau kennen, können sie sich frei entscheiden, ob sie die Regeln einhalten wollen oder nicht. Jeder Mensch trifft jeden Tag unzählige Entscheidungen hinsichtlich seines Verhaltens. Als Lehrer können Sie Ihren Schülern diese Entscheidungsbefugnis und damit die Verantwortung für ihr Verhalten vermitteln. Durch gezieltes Hinweisen der Schüler auf ihre Verhaltensentscheidungen können Sie:

» das Verhalten losgelöst vom Charakter des Schülers kritisieren;
» dem Schüler die Verantwortung für sein Verhalten auferlegen;
» Gespräche führen, die sich allein auf das Verhalten beziehen;
» den Fokus auf die bewussten Entscheidungen des Schülers lenken und unabhängig vom Verhalten anderer Schüler behandeln;
» die Interaktion entpersonalisieren: „Das ist kein persönlicher Angriff, du hast dich dafür entschieden, dich nicht an die Regeln zu halten und deshalb erteile ich eine angemessene Sanktion“.

Weisen Sie den Schüler auf seine richtigen oder falschen Entscheidungen in Bezug auf sein Verhalten hin, z. B. „Du hast heute ein paar ungünstige Entscheidungen getroffen was dein Verhalten angeht, besonders als du auf dem Stuhl gestanden und den Stift fallengelassen hast. Ich hätte gerne, dass du deine Entscheidung überdenkst. Mir fällt gerade ein, dass du mir letzte Woche beim Aufräumen geholfen hast, das war eine gute Entscheidung." Machen Sie den Schülern klar, dass all ihre Entscheidungen Konsequenzen haben und stellen Sie den Schüler immer wieder vor ganz klare Entscheidungen: „Du kannst weiterhin auf deinem iPod Musik hören und ihn konfiszieren lassen oder du kannst ihn wegtun und weiterarbeiten. Entscheide dich."

Wenn Schüler gegen Sanktionen protestieren oder über Belohnungen diskutieren wollen, ist es das Beste, wenn Sie ihnen kurz erklären, dass Sie das nicht während der „Lernzeit" besprechen wollen, es aber gerne nach der Stunde ausdiskutieren. Sie haben dann möglicherweise mehr Zeit, um gemeinsam mit dem Schüler genauer nachzuforschen und ihm dabei zu helfen, seine eigene Entscheidung zu verstehen. Zum Beispiel, „Warum denkst du, bin ich auf dich aufmerksam geworden?" und „Was denkst du, kannst du tun, damit das in der nächsten Stunde nicht mehr passiert?"

Positive Erwartungen

Ich möchte hier eine Gesprächstechnik vorstellen, mit der Sie Schüler dazu bringen können, unbeliebte Bitten zu erfüllen und Vereinbarungen einzuhalten. Das Prinzip besteht darin, an den Schüler klare positive Erwartungen heranzutragen. Sie geben ihm damit zu verstehen, dass Sie ihm vertrauen und unterstellen ihm Verlässlichkeit. Unter diesen Voraussetzungen wird der Schüler sich schwertun, Ihnen zu widersprechen, weil Sie ihm dafür keine Angriffsfläche bieten.

Unter Handelsvertretern würde man diese Technik „vorausgesetzter Geschäftsabschluss" nennen.

> *„Wenn du heute kommst, versuch doch bitte, möglichst pünktlich um halb vier zu kommen, damit wir die Sache schnell erledigen und beide zeitig nach Hause gehen können."*

> *„Wenn du deine Kursarbeit nächsten Montag abgibst, warte beim Lehrerzimmer auf mich, dann kann ich dafür sorgen, dass sie am richtigen Platz landet."*

Mit Ihrer Aussage setzen Sie eine Zusage voraus und der Schüler würde sich seltsam fühlen, der Aufforderung zu widersprechen.

Versuchen Sie es damit

Versuchen Sie, mit den nachfolgenden Formulierungen die Absage eines Schülers in eine Zusage umzuwandeln. Die Formulierungen sind an Verkaufstechniken angelehnt. Vielleicht passen ja einige davon zu Ihrem Stil und Ihren Schülern. Sie können sich als besonders wertvoll erweisen, wenn es darum geht, Konfliktgespräche geschickt umzulenken oder schwierige Situationen mit Schülern zu Ihren Gunsten zu entscheiden.

Erste Absage

„Ich erwarte natürlich keine sofortige Entscheidung …"

„Alles, worum ich dich im Moment bitte, ist …"

„Nach dem, was ich gesehen habe und so wie ich die Lage einschätze, muss ich dir sagen, dass …"

Zweite Absage

„Du musst nicht auf der Stelle eine Entscheidung treffen."

„Aus diesem Gespräch schließe ich also, dass du meinst, dass …"

„Denk bitte daran, dies ist lediglich …"

Ich bitte dich um 5 % deines Vertrauens und die restlichen 95 % verdiene ich mir …" (ziemlich platt, aber es funktioniert!)

Dritte Absage

„Es gibt gute Gründe für meine Beharrlichkeit …"

„Sieh mal, was für mich auf dem Spiel steht …"

"Bring mir jetzt nur ein ganz kleines bisschen Vertrauen entgegen, dann werde ich …"

„Das mache ich normalerweise nicht, aber …"

„Ich verspreche dir drei Dinge …"

Als letzter Versuch, eine Zusage zu bekommen, versuchen Sie Folgendes:

„Du triffst keine vorschnellen Entscheidungen und das ist gut so. Ich treffe auch keine vorschnellen Entscheidungen …"

„Hör mal, wenn ich in einer solchen Situation bin …"

Souveränität

Viele Lehrer wissen, dass sie in der Regel wesentlich länger nett und nachgiebig sind als sie es eigentlich wollen. Irgendwann kommen sie dann an den Punkt, an dem sie sich nicht mehr beherrschen können und verlieren schließlich die Fassung vor den Augen der ganzen Klasse. Aus Sicht der Schüler kann das so wirken, dass ihr Lehrer nur auf zwei Arten reagieren kann

– nett oder fies. Alle Abstufungen dieser Eigenschaften, zu denen auch die Souveränität gehört, gehen völlig verloren.

Einen souveränen Lehrer macht nicht aus, dass er stets auf seiner Meinung beharrt, immer nur „Nein“ sagt und seine Aufforderungen in unendlichen Schleifen wiederholt (die so genannte „Broken-Record-Technik“). Genauso wie die Schüler Entscheidungen treffen können, so können auch Sie über Ihr Verhalten entscheiden. Sie haben viele Optionen, wie Sie auf unangemessenes Verhalten reagieren können und alle Reaktionen können souveräne Reaktionen sein. Ob Sie sich nun dazu entscheiden, die Verhaltensweise eines Schülers zu notieren und sie bei einer günstigeren Gelegenheit anzusprechen, sie einfach zu ignorieren, sie sofort anzusprechen oder zunächst wegzugehen und über Ihre Reaktion nachzudenken, Sie können dabei immer souverän sein. Das einzige, was Sie sich vor Augen führen müssen, ist die Tatsache, dass Sie Ihr eigenes Verhalten kontrollieren und über Ihre Reaktionen gegenüber Schülern entscheiden können. Sagen Sie ruhig manchmal „Nein“ und wenn es sein muss, auch mit Nachdruck. Es empfiehlt sich allerdings, vom „Nein“ nicht allzu häufig Gebrauch zu machen, denn seine Wirkung droht schnell nachzulassen und das schadet der guten Atmosphäre im Klassenzimmer. Es besteht die Gefahr, dass Sie von den Schülern ignoriert werden, wenn Ihr verbales Repertoire zu vorhersehbar ist.

Beispiele für souveräne Formulierungen

„Du musst/sollst“ – nach der Stunde zu mir kommen;

„Ich muss“ – nach dem Ritual mit dir sprechen;

„Ich erwarte“ – 10 Minuten konzentriertes Arbeiten bis zum Ende der Stunde;

„Ich weiß, dass du …“ auf das Unterrichtsritual schaust, bevor du mit der Aufgabe beginnst;

„Bitte” – heb das Papier auf;

„Ich habe dir zugehört und jetzt musst du …“ (um das Gespräch umzulenken);

„Wir werden …“ (um gemeinsame Verantwortung zu betonen).

Für alle Schüler, aber insbesondere für jene, die viele Vertretungslehrer hatten oder viele Probleme zu Hause haben, ist es wichtig, von Ihnen zu hören, dass Sie sich für sie, ihren Lernprozess und ihr Verhalten interessieren. Ich habe meinen Schülern oft Folgendes gesagt: „Ich bin langfristig für dich da, dein Verhalten ist mir nicht egal und helfe dir dabei zu bestehen.“ Und eine Sanktion erscheint manchmal nicht mehr ganz so hart, wenn Sie Folgendes hinzufügen: „Mein Interesse an deinem Lernerfolg ist zu groß, als dass ich Verhaltensweisen dulden könnte, die dich vom Lernen abhalten.“

Guter Tipp

„Du siehst nicht wie jemand aus, der im Unterricht ein Handy rausholt" ist intelligenter formuliert als „Warum, warum hast du bloß das Handy schon wieder rausgeholt?" In brenzligeren Situationen kann genau diese Unterstellung des guten Willens dazu beitragen, dass Kinder von unangemessenem Verhalten abgebracht werden: „Clive, dein Verhalten ließ heute wiederholte Male zu wünschen übrig (u. a. hast du Sandras Haare abgeschnitten); ich weiß, dass du beim Aufräumen häufig sehr hilfsbereit bist. Wenn ich dir diese Bücher gebe, stellst du sie doch sicherlich schön säuberlich ins Regal zurück."

Was die richtige Sprachebene für das Klassenzimmer angeht, hat es sich meiner Erfahrung nach immer als sehr effektiv erwiesen, alle Interaktionen im Klassezimmer in formelle und informelle Interaktionen einzuteilen und zwei verschiedene Sprachebenen anzuwenden. Eine formellere Sprachebene kommt zum Einsatz, wenn Sie sich an die ganze Klasse oder eine größere Gruppen wenden, etwa bei der Anwesenheitskontrolle, beim Etablieren von Routinen, beim Umgang mit Konflikten und Unstimmigkeiten und bei der Vergabe von Sanktionen. Wenn Sie Ihre verbale Sprache für das Klassenzimmer in Zukunft genau planen wollen, müssen Sie sich also womöglich verstärkt der Entwicklung Ihrer formellen Sprachebene widmen.

Folgende Aspekte sind für die formelle Sprachebene wichtig:

» Sprechen Sie in einem beherrschten, respektvollen und gleichmäßigen Ton.

» Bleiben Sie mit Ihrer Stimmlage im „normalen" Bereich. Eine zu hohe Stimme signalisiert Gereiztheit oder sogar Kontrollverlust, eine zu tiefe Stimme Müdigkeit oder Desinteresse.

» Sprechen Sie nicht zu laut.

» Atmen Sie gleichmäßig, aber nicht hörbar!

» Behalten Sie eine gleichmäßige Sprechgeschwindigkeit bei.

Die informelle Sprachebene kommt zum Einsatz, wenn Sie mit einzelnen Schülern oder kleinen Gruppen über die Unterrichtsinhalte reden, wenn Sie Lob unter vier Augen aussprechen, sich mit Schülern über gemeinsame Interessen unterhalten oder sie im Klassenzimmer begrüßen. Sie ist genauso wichtig, muss aber nicht ganz so genau bedacht werden wie die formelle Sprachebene. Sie sollte sich hörbar von der informellen Sprachebene unterscheiden und entspricht der Sprachebene, die Sie mit Freunden und Kollegen verwenden: locker im Ton und abwechslungsreich im Hinblick auf Sprechtempo, Stimmlage und Lautstärke. Die Schüler mögen es, in einem lockeren Ton angesprochen zu werden, aber nicht zu jeder Gelegenheit. Sie sollten ein ausgewogenes Verhältnis für den Einsatz Ihrer beiden Sprachebenen finden. Lehrer, die beide Sprachebenen fest im Klassenzimmer etabliert haben, können gezielt zwischen Phasen konzentrierten Arbeitens zu entspannten und humorvollen Momenten umschalten und umgekehrt. Sie können der Klasse gezielt zu verstehen geben, wann sie eine lockere Atmosphäre dulden und wann ihre Informationen für alle Schüler relevant und verbindlich sind. Eine Differenzierung des Lehrers zwischen Sprachebenen hilft letztendlich den Schülern dabei, ihre eigenen Sprachebenen zu finden und zu formen, wenn ihnen mit gutem Beispiel vorangegangen wird.

Aus der Praxis

Was wir von Schauspielern über das Schreien lernen können

Gute Schauspieler wissen, dass es keine sehr effektive Methode ist, die volle Wucht ihrer Stimme einzusetzen. Es ist gerade die Spannung, die noch vor dem Schreien entsteht, die das Publikum fesselt. Wenn der Schauspieler einmal seine geballte Wut nach außen getragen hat, bleibt dem Publikum kein Raum zur Spekulation mehr. Der Auftritt wird vorhersehbar und die Figur verliert an Reiz. Anthony Hopkins führt uns dieses Phänomen bei seinem Auftritt als Hannibal Lecter sehr anschaulich vor. Ein Lehrer kann sich von ihm noch einiges abschauen (natürlich was die Beherrschung der Stimme und nicht was Kannibalismus und Weinkennertum angeht!).

Lehrer, die ihre Stimme bis zum Anschlag ausreizen, haben all ihre Möglichkeiten schon erschöpft. Lehrer, die häufig schreien und brüllen, werden leicht ignoriert. Das „Publikum" ist von dem Auftritt gelangweilt, denn er ist vorhersehbar und reizlos.

10 Gründe, nicht mehr zu schreien

1. Schüler mögen es nicht, angeschrien zu werden. Sie empfinden es als Machtmissbrauch.
2. Schüler sehen in lauten Lehrern Menschen, die sich nicht beherrschen können. Entweder sie fürchten sie oder sie lachen sie aus.
3. Sie würden einen Schüler nie vor seinen Eltern anschreien.
4. Wenn Sie kein vorbildliches Verhalten demonstrieren, wirkt sich das auch auf den Umgang der Schüler untereinander aus.
5. Unverhältnismäßig emotionale Reaktionen auf unangemessenes Verhalten machen vielen Schülern Angst. Andere fühlen sich dazu eingeladen, Sie erst recht zu reizen.
6. Schreien schadet Ihrer Beziehung zum Schüler; gegenseitiges Vertrauen erfordert, dass man sich auf Augenhöhe begegnet.
7. Kollegen hören Ihre Stimme durch den Gang schallen und werden sich fragen, ob Sie Ihre Klasse im Griff haben.
8. Schreien ist keine akzeptable Verhaltensweise für den Arbeitsplatz; das gilt genauso für Schulen.
9. Durch Einschüchterung lässt sich keine nachhaltige Disziplin in der Klasse herstellen.
10. Unverhältnismäßige Reaktionen auf unangemessenes Verhalten verleiten zu unfairen Sanktionen: „Also gut, das war's. Du sitzt nach ... BIS AN DEIN LEBENSENDE!"

Einerseits müssen wir vor der Klasse die richtigen Worte finden, andererseits müssen wir natürlich auf unsere Stimme und unsere Körpersprache achten. Die Worte können noch so sorgfältig gewählt sein, aber wenn die ausgesendeten nonverbalen Signale nicht mit der sprachlichen Botschaft übereinstimmen, wird sie bei den Schülern nicht ankommen.

Von der Sekunde an, in der Sie das Klassenzimmer betreten, wird Ihre Körpersprache von den Schülern gedeutet (oder missdeutet) und spiegelt sich auch in ihrem Verhalten wider. Ein Bewusstsein für die eigene Körpersprache zu entwickeln, um souverän mit der Klasse zu kommunizieren, ist enorm hilfreich. Dieses Bewusstsein zu erlangen, braucht Zeit. Als Erstes empfehle ich zu überprüfen, inwieweit Sie jetzt schon eine für einen Lernort angemessene Körpersprache einsetzen.

Wichtig für eine angemessene Körpersprache:

- Zeigen Sie nie mit dem Finger auf Schüler oder auf die Tür, „Raus!" usw.
- Verdrehen Sie nie Ihre Augen.
- Drehen Sie nie einem Schüler den Rücken zu, während er mit Ihnen spricht.
- Sehen Sie einem Schüler nie von hinten über die Schulter.
- Verletzen Sie nicht die Privatsphäre des Schülers.
- Halten Sie keinen langgedehnten Blickkontakt (in vielen Kulturen wird das als aggressive Verhaltensweise gedeutet).
- Machen Sie keine aggressiven Berührungen oder Gesten.
- Machen Sie keine abwertenden Handbewegungen.
- Konfiszieren Sie Gegenstände nicht, indem Sie sie einfach wegschnappen.
- Vermeiden Sie eine starke Anspannung der Gesichtsmuskeln, insbesondere der Augenbrauen.
- Verdeutlichen Sie keine körperliche Überlegenheit mithilfe Ihrer Körpergröße.
- Machen Sie keine hektischen oder überraschenden Bewegungen.

Stattdessen:

- Gestikulieren Sie mit der ganzen Hand statt mit dem Finger (oder lassen Sie die Hände ganz unten).
- Zeigen Sie eine klare und offene Mimik.
- Treten Sie von einem schwierigen Gespräch zurück, um in sich zu gehen.
- Bewegen Sie sich souverän durchs Klassenzimmer.
- Nähern Sie sich dem Arbeitsbereich eines Schülers langsam.
- Sprechen Sie mit Schülern auf Augenhöhe und stellen Sie Blickkontakt her.
- Nehmen Sie eine entspannte Körperhaltung ein, die Arme lässig an der Seite herabhängend und die Fäuste geöffnet.

Während es recht einfach ist, den Einsatz von Formulierungen, Worten, Sprachebenen und Körpersprache zu planen, ist es hingegen sehr schwierig, ihre Wirkung nach außen zu beobachten und zu beurteilen. Hier empfehle ich, Kollegen, die im Rahmen von Unterrichtsbesuchen in Ihre Klasse kommen, darum zu bitten, Ihren Einsatz verbaler sowie nonverbaler

Sprache beobachten und zu kommentieren. Geben Sie ihnen eine Checkliste mit verbalen und nonverbalen Kommunikationsstrategien, die Sie versuchen, in Ihrem Unterricht umzusetzen und bitten Sie sie, folgende Punkte zu beobachten und zu beurteilen:

- » zu oft verwendete Wörter und Formulierungen;
- » Reaktionen und Erwiderungen der Schüler auf neue Sprache;
- » Tonfall, Lautstärke, Sprechtempo und Stimmlage.

Vorsicht Falle

- Achten Sie darauf, nicht in Ihre „alte Sprache“ zurückzufallen, wenn die Stunde schwierig wird und die Emotionen sich melden. Üben Sie die Verwendung neuer Worte und Ausdrücke auf dem Weg zur Arbeit ein, so dass sie ganz natürlich in Ihren Sprachgebrauch übergehen.
- Kommunizieren Sie keine missverständlichen Botschaften an die Schüler durch einen Widerspruch zwischen verbaler und nonverbaler Sprache, z. B. durch Lächeln bei Vergabe einer Sanktion oder durch die Vergabe einer Belohnung ohne Herstellung von Blickkontakt.
- Stellen Sie keine offenen Fragen und verleiten damit die Schüler zu abweisenden Reaktionen, wie in der folgenden Abbildung dargestellt.

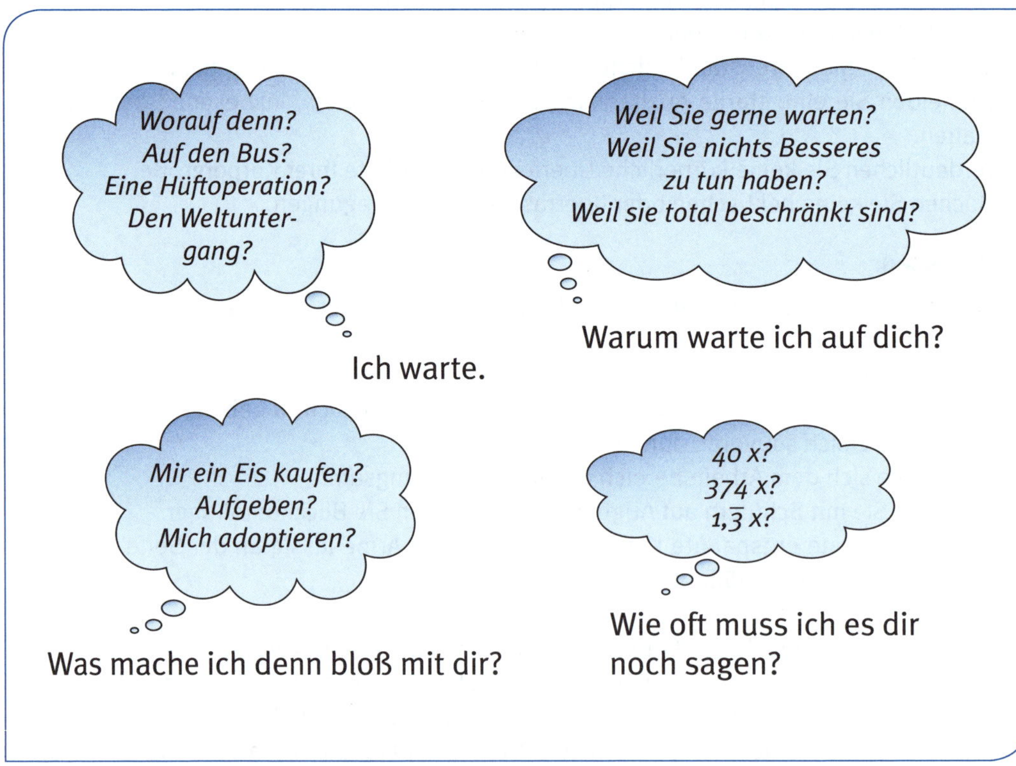

Aus der Praxis

Ruhe!

Es mag vielleicht sehr altbacken klingen, aber ich bringe Schülern gerne bei, in Stille zu arbeiten. Viele Schüler kennen Stille weder von zu Hause noch aus der Schule und wenn sie einmal Blut geleckt haben, werden sie nicht selten süchtig danach.

Es herrschte selten Ruhe in den Klassenräumen der „Forest School“: Die Lehrer, die noch für Ruhe sorgen konnten, taten dies durch hartes Durchgreifen, aber die meisten hatten schon seit geraumer Zeit aufgegeben. Ich war an der Schule Unterstufenkoordinator und verordnete für die fünften, sechsten und siebten Klassen zweimal pro Woche „stilles Lesen“ mit ihren Klassenlehrern. Die Schüler reagierten ungläubig auf diesen Schritt, aber innerhalb des Kollegiums waren wir entschlossen genug, einen Versuch zu wagen. Wir waren uns alle einig, dass alle Klassenlehrer gleichzeitig mit den Schülern lesen und das Verhalten, das von den Schülern erwartet wurde, vorbildlich demonstrieren mussten. Außerdem wurde ein Unterrichtsritual für das stille Lesen eingeführt, das die Schüler an ihre Eigenverantwortung erinnerte und Sanktionen für jene bereithielt, die sich entschlossen, die Regeln zu verletzen. Ich unterstützte meine Kollegen und entwarf ein Verweissystem, im Rahmen dessen Schüler, die mehrfach die Regeln verletzten, mit mir lesen mussten und jene, die in Stille lasen, die Bücher mit nach Hause nehmen durften. Wir hatten glücklicherweise ein wenig Geld zur Verfügung und konnten Bücher anschaffen, die dem Alter und den Interessen der Schüler entsprachen – von Romanen über Sachbücher bis hin zu Comics.

Zwei Wochen lang hatten wir alle Hände voll zu tun: Wir trainierten mit den Schülern die neuen Rituale, setzten Sanktionen durch, gingen unbeirrt mit gutem Beispiel voran (zur Belustigung der Schüler bestand ich darauf, dass sie zur Schonung der Wirbelsäule das Buch korrekt hielten), belohnten diejenigen, welche die Regeln befolgten und machten allen klar, dass das Stören während der Lesezeit auch bedeutete, den Lehrer zu stören. Nach zwei Wochen änderte sich etwas. Die Schüler fingen an, das Lesen in absoluter Stille zu genießen; sie verstanden, dass es keine Ausweichmöglichkeit gab, und schätzten die Tatsache, dass alle, einschließlich des Klassenlehrers, lasen. Lehrer und Besucher, die an einem Klassenzimmer vorbeiliefen, in dem 35 Schüler saßen und lasen, waren überrascht und beeindruckt. Über ganze Gänge der Schule legte sich nach der Mittagspause die Stille und es dauerte nicht lange, bis das Konzept auf die achte und neunte Klasse ausgeweitet wurde. Eine langfristig positive Entwicklung der Lesekultur in der Schule und damit einhergehend der Noten und Prüfungsergebnisse war somit eingeleitet.

Schüler können ruhig sein, wenn sie wissen, dass es nur für eine begrenzte Zeit ist, die Ruhe einen klar definierten Zweck hat und im Vorfeld geplant und angekündigt wird. Verlangt man von Schülern jedoch immer wieder unangekündigt Ruhe über einen längeren Zeitraum hinweg, stellt man sich selbst ein Bein. Wenn Sie Ruhe in der Klasse wollen, sorgen Sie dafür mithilfe eines Rituals, setzen Sie

▶▶

die in Kapitel 4 erklärte Countdown-Technik ein oder geben Sie eine souveräne Anweisung „Augen auf mich" oder „Ihr müsst kurz hersehen und mir zuhören"; erklären Sie, warum Sie Ruhe brauchen und wie lange: „Ihr müsst kurz für eine Minute unterbrechen und zu mir sehen; was ich gleich sage, wird euch allen bei dieser Aufgabe helfen." ◀

Versuchen Sie es damit

Vergleichen Sie bei der folgenden Übung die Sprache, mit der Sie aufgewachsen sind, mit der, die Sie selbst bisher verwendet haben und der Sprache, die Sie in Zukunft verwenden wollen. Beginnen Sie mit der Einführung der neuen Sprache in dieser Woche, so dass Sie bis zum Ende der Woche die Formulierungen ausgesiebt haben, die Ihnen nicht dabei helfen, das positive Verhalten Ihrer Schüler zu unterstützen. Überlegen Sie sich gut, woher die Sprache, die Sie bisher verwendet haben, stammt – von Ihren eigenen Lehrern, Eltern, Kollegen – und stellen Sie sie auf den Prüfstand.

Was haben Sie gesagt?

Vorfall – Ein Schüler wirft ein Stück Papier durch den Raum.

Was hätte wohl Ihr Lehrer zu Ihnen gesagt?

....

Was würden Sie zu einem Schüler sagen?

....

Und in Zukunft?

....

Vorfall – Ein Schüler ruft laut dazwischen.

Was hätte wohl Ihr Lehrer zu Ihnen gesagt?

....

Was würden Sie zu einem Schüler sagen?

....

Und in Zukunft?

....

Vorfall – Ein Schüler befolgt Ihre Anweisung nicht.

Was hätte wohl Ihr Lehrer zu Ihnen gesagt?

....

Was würden Sie zu einem Schüler sagen?

....

Und in Zukunft?

....

Auf einen Blick

Das ist zu tun	Nutzen für den Lehrer	Nutzen für den Schüler
Die verbale und nonverbale Sprache des Lehrers ist nicht improvisiert, sondern muss sorgfältig geplant und einstudiert werden.	Sie wählen Ihre Worte und Formulierungen bewusst. Sie können Ihre verbale und nonverbale Sprache auch in Stresssituationen konsequent beibehalten.	Die verbale und nonverbale Sprache des Lehrers ist vorhersehbar. Das sorgt für weniger Spannungen und eine sichere Umgebung im Klassenzimmer.
Der Lehrer tritt vor der Klasse souverän auf.	Der Lehrer kann seine Ziele leichter umsetzen und Verhaltensweisen schneller und effektiver korrigieren.	Die Schüler wissen genau, wer für die Führung der Klasse verantwortlich ist. Verbale und nonverbale Sprache sind leicht verständlich.
Sprechen Sie über Verhalten im Zusammenhang mit „Entscheidungen" und beziehen Sie sich somit auf das Verhalten statt auf den Charakter der Schüler.	Der Lehrer kann Gespräche über Verhalten „entpersonalisieren" und so Konfliktpotential reduzieren.	Die Schüler wissen, dass sie für ihre Entscheidungen verantwortlich sind. Sie entwickeln ein Bewusstsein dafür, dass die Sanktionen, die sie für unangemessenes Verhalten bekommen, kein persönlicher Angriff sind.
Differenzieren Sie zwischen einer formellen und einer informellen Sprachebene und demonstrieren Sie deren angemessenen Einsatz vor der Klasse.	Der Lehrer kann formelle und informelle Rituale in der Klasse etablieren.	Die Schüler imitieren das Vorbild und verstehen, dass in verschiedenen Situationen verschiedene Sprachebenen angebracht sind.
Demonstrieren und definieren Sie angemessene Körpersprache für das Klassenzimmer.	Der Lehrer etabliert klare Erwartungen für Bewegung, Berührung, Privatsphäre usw.	Die Schüler fühlen sich sicher und haben ein klares Vorbild für angemessenes Verhalten im Klassenzimmer.
Vermeiden Sie Standardfloskeln, die sich nicht positiv auf das Schülerverhalten auswirken.	Der Lehrer entwickelt seine eigene, auf die Bedürfnisse der Schüler zugeschnittene Sprache.	Die Schüler haben weniger Angriffsfläche, den Lehrer öffentlich zu untergraben.

Tipps für die Primarstufe, Sekundarstufe I und Sekundarstufe II

Primarstufe

Bei Kindern, die gerne widersprechen und sich ihrer Widerworte in einem einzigen Schwall entledigen, ist es manchmal schwer, zu Wort zu kommen. Ein kurzes und knappes „Hör mir bitte zu“, während sie gerade Luft holen, kann sie ein paar Sekunden aus der Bahn werfen und Ihnen gerade so viel Zeit verschaffen, dass Sie Ihr Anliegen loswerden und mit gewahrter Würde den Rückzug antreten können. Ähnlich verhält es sich bei Kindern, die absichtlich gegen Regeln verstoßen, weil sie eine Diskussion vom Zaun brechen wollen. Durch eine überraschende Reaktion Ihrerseits können Sie sich einen frühen Vorteil verschaffen. Unsere Eingangsworte in Konfliktsituationen sind meist die gleichen. Ein Kind, das seinen Namen in den Tisch ritzt, erwartet: „Warum ritzt du deinen Namen in den Tisch?“ Es ist bereit für die Interaktion, es hat diese Unterhaltung wahrscheinlich schon öfter geführt. Das Gespräch zu eröffnen mit „Hast du den Hamster an deinen Füßen vorbeihuschen sehen?“ kann Ihnen womöglich gerade so viel Spielraum verschaffen, um die Verhaltensweise zu beenden („Nein, ich habe ihn auch nicht gesehen, aber ich habe dich auf dem Tisch malen sehen ...“) und das Kind, durch Ihr Ablenkungsmanöver geschlagen, in der Defensive zurückzulassen.

Sekundarstufe I

Formulierungen, die darauf abzielen, immer wieder die Eigenverantwortung der Schüler für ihr Verhalten hervorzuheben, helfen allen dabei, ihre Emotionen besser zu kontrollieren. Hier bietet sich folgende Bemerkung besonders gut an: „Es tut mir leid, dass du einen schlechten Tag hast“. Diese Aussage ist empathisch, zugleich direkt und impliziert in keiner Form eine Drohung.

Die meisten von uns kennen die Situation, dass sie einem Schüler bei der Lösung einer Aufgabe helfen und Antworten geben, die der Schüler eigentlich selbst hätte finden sollen. Die Verständnislücken des Schülers zu füllen, kann zwar dem Lehrer manchmal das Leben leichter machen, es kann aber auch dazu führen, dass der Lehrer statt als Hilfestellung plötzlich als wandelnder Lösungsschlüssel wahrgenommen wird. Hier das richtige Gleichgewicht zu finden ist schwierig, besonders, wenn Ihr neuer „Freund“ denkt, dass sich alle Antworten soeben neben ihn gesetzt haben. Wenn Sie bei sich selbst zunehmend feststellen, dass Sie anstelle des Schülers Fragen beantworten, ist es Zeit, das Ruder herumzureißen.

Oft deckt sich in solchen Situationen Ihre Rolle mit der eines „Coachs“. Geben Sie gezielt Denkanstöße statt die Antwort zu servieren, wenn Sie mit Fragen gelöchert werden. Sie bringen die Unterhaltung somit bewusst auf eine andere Ebene.

„Mein Schaubild ist schlecht, machen Sie es für mich?“	*„Was könntest du tun, um es zu ändern?“*
„Was kommt hier hin ...?“	*„Kannst du mir zeigen, was du denkst ...?“*

„Sagen Sie mir die Antwort?“	*Ich brauche dazu vielleicht deine Hilfe. Kannst du vergleichen ...?“*
„Warum muss ich das tun?“	*„Kannst du mir beschreiben, was ...?“*
„Mir ist langweilig/ich bin müde/ich leide unter Managerstress, können Sie das für mich machen?“	*„Wie wäre es, wenn du deine Ideen neben meine schreibst?“*
„Ich kapier gar nichts!”	*„Kannst du mir ein Beispiel nennen für ...?”*
„Können Sie mir das vorlesen?”	*„Vielleicht kannst du mir das Wort sagen, das du erkennst ...?“*

Sie geben den Kindern so eine Hilfestellung, ihre metakognitiven Fähigkeiten auszubilden. Mithilfe genau dieser Fähigkeiten werden sie mit der Zeit in der Lage sein, die Frustration des Lernprozesses selbst in den Griff zu bekommen und zu überwinden. Zuerst müssen Sie noch soufflieren, aber mit der Zeit werden die Schüler ihre eigenen Fragestellungen und Strategien entwickeln. Die wahre Leistung des Lehrers besteht dabei darin, genau zu wissen, wann er den Spiegel vorhalten muss, wann den Weg weisen und wann die Kissen für eine weiche Landung bereithalten.

Sekundarstufe II

Durch den Einsatz von „wir“ können Sie den Schülern klarmachen, dass die Erwartungen für alle Schüler und Lehrer die gleichen sind. „Wir haben gemeinsam beschlossen ...“, „Unser Lernvertrag besagt ...“.

Schüler mit einem sehr negativen Bild ihrer eigenen Fähigkeiten haben ihre Selbstwahrnehmung in einem jahrelangen Prozess entwickelt. Ihr negatives Selbstbild, das sich auch in ihrer Sprache spiegelt, muss subtil und beharrlich widerlegt werden. Probieren Sie Folgendes:

„Was dumm ist, ist, dass du denkst, du bist dumm!“
„Wo hast du gelernt, dass etwas schwierig zu finden bedeutet, dass man dumm ist?“
„Wieso solltest du dumm sein, nur weil du Bruchrechnen schwer findest?“
„Bis jetzt klappt es mit Chemie doch ganz gut, bald wirst du auch das hier verstehen.“
“Nimm doch mal kurz an, dass ...”
“Stufe dein Verständnis auf einer Skala von eins bis zehn ein.”
„Ich weiß, dass du es noch nicht kannst ...“
„Hör auf und stell dir vor, dass du es ganz einfach hinkriegst.“

Der 30-Tage-Test

Was möchten Sie beim Einsatz von Sprache und Körpersprache in Zukunft anders machen? Die Neuerungen können sich auf einen einzelnen Schüler oder eine ganze Lerngruppe beziehen. Setzen Sie einige der in diesem Kapitel vorgeschlagenen Tipps 30 Tage lang konsequent um, damit Sie genügend Zeit haben, die Neuerungen in den Unterrichtsalltag zu integrieren.

In 30 Tagen komme ich zur Arbeit und ....
....
....
....
....

Meine persönlichen Vorsätze sind:

1. .... Geprüft am ....
2. .... Geprüft am ....
3. .... Geprüft am ....

Kapitel
6

Schüler motivieren:
Effektiver Einsatz von Lob und Belohnung

„Die Leute kümmern sich nicht darum, wie viel Sie wissen, bis sie wissen, wie sehr Sie sich kümmern."

(Anon)

In diesem Kapitel erfahren Sie etwas über

- Das Prinzip
- Die Umsetzung

Neben zahlreichen konkreten Beispielen erhalten Sie

- Tipps für die Primarstufe, die Sekundarstufe I und die Sekundarstufe II

Das Prinzip

Anerkennung, Lob und Belohnung wirken auf alle Menschen motivierend. Auch in der Schule ist positive Verstärkung das beste Mittel, die Motivation der Schüler zu wecken. Durch Lob und Belohnung können Sie ihnen außerdem Ihre Wertschätzung zeigen. Wenn Sie gezielt loben und belohnen, wissen die Schüler, dass sie Ihre Aufmerksamkeit leichter mit positivem Verhalten bekommen als mit störendem.

Die Umsetzung

Lob wirkt sich positiv auf Beziehungen aus, stärkt das Selbstwertgefühl, erhöht die Motivation und verbessert die Einstellung zu Lehrer, Fach und Schule.

Ganz gleich, welches „Zuckerbrot“ Sie einsetzen, es geht dabei nie um die eigentliche Belohnung, sondern sie ist ein Symbol für etwas viel Entscheidenderes. Materielle Belohnungen verschaffen kurzes Vergnügen, aber keine nachhaltige Genugtuung. Die Belohnungen, die Schüler am allermeisten schätzen, sind zwischenmenschlicher Art: Freundlichkeit, Herzlichkeit, Akzeptanz, Anerkennung, Ermutigung, ein gutes Ansehen bei ihren Mitschülern, Lehrern und Eltern, ein anerkennendes Lächeln; einige freuen sich über ein Lob unter vier Augen, andere über ein öffentliches. Solche Belohnungen sind die Basis für eine positive Lehrer-Schüler-Beziehung, in der sich Schüler auf lange Sicht geborgen fühlen. Unsere Umfragen bei Schülern der Sekundarstufe II haben ergeben, dass sogar die meisten älteren Schüler eine positive Rückmeldung des Lehrers an ihre Eltern als die erstrebenswerteste Belohnung empfinden.

Es ist wichtig, Lob sehr bedacht einzusetzen, da es auf alle Empfänger ganz unterschiedlich wirkt. Nicht alle Menschen schätzen es, öffentlich gelobt zu werden, und viele empfinden es sogar als genauso unangenehm wie eine öffentliche Zurechtweisung. Die Präsentation einer Schülerarbeit als vorbildliches Beispiel vor der ganzen Klasse ruft vielleicht bei einigen ein stolzes Grinsen hervor; andere wiederum empfinden so eine Behandlung als demütigend und werden vielleicht sogar davor zurückschrecken, in der Zukunft ähnliche Ergebnisse anzustreben.

Zeigen Sie den Schülern, die Ihre Anweisungen und Rituale befolgen, Ihre Anerkennung durch ein „Danke“ oder durch ein nonverbales Signal (Daumen hoch, Nicken) und stellen Sie Blickkontakt her. Diese Verstärkung von positivem und diszipliniertem Verhalten fördert eine positive Atmosphäre im Klassenzimmer. Ich kann mir nicht vorstellen, einen Raum voller Erwachsener auszubilden, ohne mich bei ihnen zu bedanken, und das Gleiche gilt auch für Schüler. Je besser die Beziehung zum Schüler, desto direkter und effektiver wird die Verstärkung sein. Viele Schüler empfinden regelmäßige und aufrichtige positive Verstärkung und mündliches Lob als große Genugtuung. Ihre Belohnung ist ihre Freude und das Gefühl von Stolz, das Sie damit fördern.

Guter Tipp

Ein Lächeln beim Betreten des Klassenzimmers ist ein einfacher, jedoch höchst effektiver Motivator. In nur wenigen Sekunden können Sie die motivationsraubenden Erlebnisse der Fahrt zur Schule, der Streitereien am Frühstückstisch und der unvermeidlichen Konflikte eines turbulenten Morgens („Nein, du kannst deinen Fernseher nicht mit in die Schule nehmen, usw.") abfedern. Mit einem Lächeln, einer freundlichen Bemerkung oder einem Handschlag machen Sie Ihre Schüler nicht nur glücklich, sondern geben ihnen auch Energie für die Stunde und gehen ihnen mit gutem Beispiel voran. Geben Sie ihnen das Gefühl, dass Sie das ganze Wochenende darauf gewartet haben, sie wiederzusehen! Zeigen Sie ihnen, wie begeistert Sie von den Plänen für die Stunde sind und stecken Sie sie mit Ihrer Begeisterung an. Lehrer, die sich hinter Pult und Laptop vergraben, die Schüler ganz allein ankommen lassen und in die Stunde mit der Bemerkung „Was ihr zu tun habt, steht an der Tafel" einsteigen, haben es schwer, sowohl sich selbst als auch die Klasse zu motivieren.

Schüler schätzen nichtöffentliches und faires Lob. Sie sollten spüren, dass Ihr Lob ehrlich gemeint und gerechtfertigt ist. Es sollte auf Schüler und Situation passen. Das wiederholte Abspulen von lobenden Floskeln überzeugt keinen Schüler davon, dass Sie seine Arbeit und seine Einhaltung der Regeln wirklich zu schätzen wissen. Ich empfehle, sich zum Loben mit dem Schüler auf Augenhöhe zu begeben und neben seinem Tisch in die Hocke zu gehen oder mit einem Stuhl neben ihn zu rücken. Nehmen Sie eine Position ein, in welcher der Schüler auf Sie herunterschaut (schwierig für Grundschullehrer, ich weiß), das bringt Ruhe in die Interaktion. Sehr sinnvoll ist es auch, den Schüler danach zu fragen, ob er sich denken kann, warum Sie so erfreut sind und ihm einen Sticker/Stempel/ein Lächeln/eine gute Note geben. Wenn Sie den Schüler dazu bewegen, seine eigene gute Leistung zu reflektieren, dann erscheint ihm das Lob dafür meistens gerechtfertigt. Auch das Lob in einen Kontext einzubetten, kann sich als sehr effektiv erweisen: „Das würde gut in eine professionelle Ausstellung passen", „Das ist die intelligenteste Frage, die ich diese Woche gehört habe". Lehrer, die mit Schülern mit niedrigem Selbstwertgefühl arbeiten, setzen das kontextbezogene Lob ganz selbstverständlich ein. Sie wissen, wie wichtig es ist, dass der Schüler weiß, warum er gelobt wird. Es stärkt das Selbstwertgefühl. Blindes Lob, „Super", persönliches Lob, „Du bist brillant" und spezifisches Lob, „Toll, du hast die Routine befolgt", bleibt Schülern nicht im Gedächtnis. Eine solche flüchtige Verstärkung ist nicht sehr effektiv. Eine Verstärkung, die Schüler nach Hause begleiten soll, muss mit einem Anreiz zur Reflexion und/oder der Einbettung in einen Kontext kombiniert werden.

Aus der Praxis

Kann man Schülern zu viel Zuckerbrot geben?

In allen Debatten, die sich um den Einsatz von Belohnung ranken, stellen viele Lehrer die Frage, ob man zu viel belohnen kann – ob der übermäßige Einsatz ▶▶

von Lob und Belohnung auch negative Auswirkungen hat. Es kann sicherlich passieren, dass wir unaufrichtig und unfair erscheinen, wenn unsere Belohnung unverhältnismäßig ist: „Kyle, wie du es geschafft hast, Chloe in den letzten fünf Minuten nicht zu sehr zu piken, ist bemerkenswert. Du bekommst eine All-Inclusive-Reise nach Florida für deine Anstrengungen." Oder wenn wir Schüler für Fertigkeiten loben, die sie schon längst beherrschen: „Luqman, du hast deinen Namen so schön sauber auf dein Buch geschrieben, deine Buchstaben sind toll und du hast ihn sogar richtig geschrieben." „Danke, Miss, aber ich habe in Rechtschreibung eine Eins … und außerdem bin ich in der vierten Klasse." Dennoch glaube ich, dass wir uns erst dann ernsthaft Gedanken darüber machen müssen, ob wir zu viel aufrichtiges und sinnvolles Lob geben, wenn uns zu Ohren kommt, dass Schüler sich über positive Lehrer genauso abwertend äußern wie über strenge: „Ich habe die Nase voll von Mrs. Jackson, sie lobt mich ständig und gibt mir Belohnungen. Gestern hat sie mir direkt ins Gesicht gesagt, wie toll ich doch bin!" ◀

Es wird viel darüber diskutiert, wie viel mündliches Lob angemessen ist. Lehrer sind oft besorgt, dass das Lob durch inflationären Gebrauch an Wert verliert und dass sie möglicherweise Verhaltensweisen loben könnten, die eigentlich selbstverständlich sein sollten. Viele sind besorgt, dass manche Schüler beim Loben zu kurz kommen könnten und heben es sich deshalb für besondere Gelegenheiten auf. Hinter den Vorbehalten dieser Lehrer verbirgt sich oft ein tief sitzendes Unbehagen darüber, Lob und positive Verstärkung fest in ihre Unterrichtspraxis zu integrieren. Ich glaube, dass unterschwellig Angst im Spiel ist; die Angst davor, zu lasch, zu offen oder sogar zu schwach zu wirken. Dabei freuen sich Schüler in der Regel über Lob. Sie sehen Sie als souveränen, interessierten und im schlimmsten Fall als etwas zu überschwänglichen Lehrer. In den 20 Jahren, die ich mittlerweile im Schulbetrieb bin, habe ich nie einen Schüler gehört, der sich darüber beschwert hat, dass ein Lehrer zu viel lobt. Ich höre hingegen viele Beschwerden darüber, dass Lehrer die Anstrengungen der Schüler, die jede Stunde hart arbeiten, nicht ausreichend würdigen.

Lehrer, die mit stark verhaltensauffälligen Schülern oder Kindern im Kindergartenalter arbeiten, werden Ihnen berichten, dass sie sehr viel Lob und positive Verstärkung einsetzen. Sie denken nicht, dass diese Schüler mehr Lob verdienen als andere, sondern sie wissen schlicht und einfach, dass sie damit an die Schüler herankommen. Sie machen sich keine Sorgen darum, dass sie vielleicht zu viel loben könnten, weil sie wissen, dass das Lob nachhaltig wirkt und ein weitaus effektiveres Mittel zur Herstellung von Ruhe und Disziplin ist als Sanktionen. Schüler mit niedrigem Selbstwertgefühl, schlechter emotionaler Kontrolle oder Konzentrationsproblemen brauchen einfach sehr viel positive Rückmeldung.

Anerkennung und Lob sollte grundsätzlich nicht nur den engagiertesten Schülern vergönnt sein. Auch die Schüler, die still und fleißig vor sich hin arbeiten, jene, die nur ganz langsam lernen und jene, deren Konzentration leicht nachlässt, wissen Lob und Belohnung ganz sicher sehr zu schätzen.

Ich empfehle, das Lob in jedem Fall differenziert einzusetzen: Der Schüler, der Probleme damit hat, einen Text zu verfassen und gerade erst den ersten Abschnitt beendet, braucht vielleicht genauso viel Lob wie der talentierte Schüler, der schon die fertiggestellte Geschichte abliefert. Schärfen Sie Ihren Blick für die Schüler, die sich an die Regeln halten. Ein versierter Grundschullehrer, der Ordnung in seiner ersten Klasse herstellt, indem er den Fokus stets auf jene lenkt, die die Regeln einhalten, ist hier ein sehr gutes Vorbild: „Schaut euch nur den Samuel an: Er sitzt aufrecht an seinem aufgeräumten Tisch und ist bereit, in die Pause aufzubrechen. Gut gemacht, Samuel: Du darfst als Erster gehen." Die gleiche Technik mit altersgemäßer Sprache funktioniert mit Achtjährigen oder mit Achtzehnjährigen: „Vielen Dank an diesen Tisch, ihr habt genau das gemacht, was wir vereinbart hatten. Sehr gut." Sie können mit positiver Verstärkung und Anerkennung erwünschten Verhaltens abgelenkte Schüler wieder ins Unterrichtsgeschehen zurückholen, ganz ohne ihnen Beachtung zu schenken. Lenken Sie ihren Fokus wieder auf den Unterricht zurück, indem Sie durch ein Lob auf den fleißig mitarbeitenden Nachbarn aufmerksam machen. Auch während der Gruppenarbeit können Sie abgelenkte Gruppen mit dieser Methode zurückholen, indem Sie andere Gruppen lobend erwähnen. Dies ist eine sehr subtile und unaufdringliche Methode, um eine deutliche Botschaft an Schüler zu senden, das unerwünschte Verhalten aber nicht explizit anzusprechen.

Guter Tipp

Wir alle werden durch Lob und Belohnung motiviert. Unser Selbstwertgefühl steigt, wir spüren, dass unsere Anstrengungen gewürdigt werden und dass wir zu einem Gesamtergebnis beitragen konnten. Es kommt nicht auf die Größe oder die Art der Belohnung auf an, sondern auf die Art und Weise, wie wir sie bekommen. Verschiedene Schüler schätzen verschiedene Belohnungen: ein lobender Kommentar unter einer Aufgabe, ein positiver Elternbrief, Sticker, Urkunden, Lob per Überweisung („Bitte geh und zeig das Mr. Glover, er wird beeindruckt sein von der Kreativität deiner Geschichte"), telefonische Benachrichtigung der Eltern, Besuche zu Hause, Lob-Notizen für Schüler, die öffentliches Lob scheuen. Ich empfehle auch, Lob an neue Schüler über einen Kollegen umzuleiten, zu dem die Schüler bereits eine Vertrauensbeziehung haben. Sie können gar nicht genug dafür tun, dass lobenswerte Situationen sich bei Schülern nachhaltig im Gedächtnis einprägen. Es stärkt ihr Selbstwertgefühl und Sie können den Schüler immer wieder darauf verweisen, wenn es mal nicht so gut läuft.

Wenn Sie Charlene dafür loben, dass sie während der gesamten Stunde gut mitarbeitet, dann tun Sie das nicht, weil Sie sich danach fühlen oder es als fair erachten, sondern weil Charlene es braucht. Davon auszugehen, dass Schüler kein Lob brauchen, solange sie nur tun, was „selbstverständlich" ist, ist genauso gefährlich, wie davon auszugehen, dass sie wissen, wie sie sich verhalten sollen. Wie lange wird Charlene gut mitarbeiten, wenn ihre Anstrengungen ignoriert werden? Rechnen Sie dieses einzelne Beispiel auf Ihre ganze Klasse hoch und Sie können sich sicher lebhaft vorstellen, wie das Verhalten und die Mitarbeit von Klassen je nach Lehrer und dessen Praxis der positiven Verstärkung sehr unterschiedlich ausfallen können. Ich rate Ihnen, immer daran zu denken, dass bei weitem nicht alle Schüler zu Hause Lob bekommen und auch in der Schule nicht alle Schüler gelobt werden. Wenn Sie ein Lob vergeben, mag das vielleicht in Ihrem Tagesablauf kein einschneidendes Erlebnis darstellen, aber für den Schüler könnte das durchaus so sein.

Differenziert belohnen

Richtig belohnen bedeutet differenziert zu belohnen. Jüngere Schüler brauchen unmittelbare Belohnung, ältere Schüler können Belohnungen im Auge behalten, die auf das Ende des Schultags, der Woche oder des Schuljahrs verlegt werden. Schüler, die notorisch Regeln verletzen oder den Unterricht stören, müssen vielleicht öfter und in kleineren Schritten belohnt werden, um eine neue Verhaltensweise zu erlernen. Statt direkt eine materielle Belohnung zu vergeben ist es sinnvoll, solche Schüler die Belohnung in kleineren Portionen erarbeiten zu lassen. Beispielsweise können Sie sie in fünf Striche aufteilen oder ein Post-It in fünf Streifen schneiden. So wird Ihr differenziertes Vorgehen auf den Rest der Klasse nicht unfair wirken. Für Schüler mit sehr schlechtem Selbstbild kann es eine Herausforderung darstellen, Lob anzunehmen, sei es öffentlich oder unter vier Augen. Mithilfe Ihrer schrittweisen und konsequenten Verstärkung wird sich das Selbstbild des Schülers (nach einer Woche, einem Monat oder sogar erst nach einem Jahr) verbessern. Wenn der Schüler fragt, warum Sie ihm eigentlich ständig sagen, dass er intelligent/fähig/begabt ist, ist der Grundstein dafür gelegt, dass Ihre beharrlich positiven Erwartungen sich erfüllen. Ein neues Verhaltensmuster bildet sich heraus, das alte wird abgehakt, neue Erwartungen sind etabliert und der Weg für eine bessere Beziehung ist geebnet.

Vorsicht Falle

- Verbrauchen Sie nicht all Ihre positive Energie am ersten Tag. Positiv aufzutreten und über den ganzen Tag konsequent und fair Lob zu verteilen kann sehr anstrengend sein. Loben ist am Anfang harte Arbeit, besonders am Ende eines langen Schultages mit schwierigen Klassen, wird sich aber ganz sicher auf kurze wie auch auf lange Sicht auszahlen.
- Widerrufen Sie Ihr Lob oder Ihre Belohnung nicht. Wenn Sie Schüler aufrichtig loben und für ihre gute Arbeit belohnen, sollte dies nicht widerrufen werden. Wenn sie sich danach nicht angemessen verhalten, ermahnen Sie sie und wenden Sie danach Sanktionen an. Es besteht kein Widerspruch darin, wenn ein Schüler beides erhält.
- Setzen Sie Lob und Belohnung nicht als Bestechung ein: Sie sollten wirklich nur als Folge guten Benehmens vergeben werden.

▶▶

- Fallen Sie nicht ins alte Muster zurück, falls es mit dem Lob nicht beim ersten Mal klappt. Die Schüler müssen erst begreifen, dass das Klassenzimmer eine konsequent positive Umgebung ist. Das kann nicht in einem Tag erreicht werden und Ihre positiven Reaktionen müssen dazu ein fester Bestandteil Ihres Unterrichts werden.
- Übersehen Sie nicht die Schüler, die beständig und unauffällig in Ihren Stunden mitarbeiten. Sie verdienen und brauchen Ihre Anerkennung und Ihr Lob. Bekommen sie keine, werden sie sich vielleicht nach anderen Methoden umsehen, auf weniger unauffällige Weise Aufmerksamkeit zu erregen. Warten Sie neben der Tür, wenn die Schüler gehen und fangen Sie die ab, die Sie vielleicht während der Stunde vergessen haben.

Aus der Praxis

Shaun war mit 14 ein sehr schwieriger Schüler. Er fehlte oft und wenn er mal zum Unterricht erschien, war er sehr darauf bedacht, vorzuführen, wie wenig er von seinen eigenen Fähigkeiten und von denen der Lehrer überzeugt war. In meinen eigenen Stunden blieb er meistens ein außenstehender Beobachter und beteiligte sich so gut wie nie. Ganz selten blitzte ein Funken Begeisterung in ihm auf, der aber immer ganz schnell wieder erlosch. Er zeigte weder im Fach „Darstellen und Gestalten" noch in anderen Fächern gute Leistungen.

Seine Mutter tat mir leid, als sie beim Elternabend ihre Runde von Lehrer zu Lehrer drehte und bei jeder Station neue Hiobsbotschaften erfuhr. Shauns gesamte Sünden wurden von Lehrern ausgebreitet, die es kaum erwarten konnten, ihrem Frust über seine permanenten Unterrichtsstörungen Luft zu machen. Als sie dann gegen Ende der Veranstaltung zu meinem Tisch kam, war sie völlig niedergeschlagen und rechnete schon damit, eine weitere Litanei von Regelverstoß und Fehlverhalten zu hören. Ich beschloss, mich auf die Situationen zu beschränken, in denen Shaun sich am Unterricht beteiligte und gab ihr das Gefühl, dass nicht alles verloren war und er in „Darstellen und Gestalten" durchaus noch Chancen hatte.

Am Tag darauf kam Shaun zu mir und dankte mir für das, was ich seiner Mutter gesagt hatte. Er war sich der Tatsache bewusst, dass es nicht ganz verdient gewesen war, aber interessierte sich durchaus dafür, warum ich dachte, dass er in diesem Fach Potential habe. Ich erklärte es ihm bereitwillig und er hörte zu.

Shauns Jahrgangskoordinator kam in der darauffolgenden Woche zu mir, um über Shauns Stundenplan zu sprechen und erzählte mir, dass er auf jeden Fall „Darstellen und Gestalten" darin aufnehmen wollte. Shaun erschien zwei Jahre lang fast zu jeder Stunde, hatte aufgrund seiner Schwierigkeiten zu lesen und zu schreiben zwar Mühe mit den Kursinhalten, beteiligte sich aber an den praktischen Aktivitäten mit Engagement und Begeisterung. Er kam regelmäßig mit zu Theaterbesuchen und begeisterte sich sehr für Maskenbildnerei. Shaun nahm am Ende der neunten Klasse nur an einer einzigen Prüfung teil, bestand sie aber mit einem „Befriedigend“; ich werde nie sein stolzes Gesicht vergessen, als er sein Ergebnis abholte.

Er hatte nach dem Elternabend angefangen, an sich selbst zu glauben. ◀

Versuchen Sie es damit

Vermerken Sie in der ersten Woche Ihre positiven und negativen Bemerkungen im Unterricht in der Tabelle (bitten Sie gegebenenfalls einen Kollegen um Hilfe). Setzen Sie sich zum Ziel, pro negative Bemerkung drei positive einzubringen (Verhältnis 1:3). Versuchen Sie, auch Zurechtweisungen positiv zu formulieren. Z. B. „Das ist nett, dass du dich so schnell gesetzt hast; du wirst die Hand, die gerade in Olivers Tasche steckt, dazu brauchen, das erste Stichwort zu notieren“ statt „Hör auf damit, du sollst mir zuhören, wie oft habe ich dir schon gesagt ...“ Schreiben Sie nach der Stunde alle Wörter und Formulierungen auf, mit denen Sie eine positive Wirkung erzielen konnten und auch die, die Sie lieber nicht gesagt hätten.

Positive Bemerkungen	**Negative Bemerkungen**
Gesamtanzahl	Gesamtanzahl ....
Achtung bei diesen Wörtern/ Formulierungen	**Achtung bei diesen Wörtern/ Formulierungen**

Auf einen Blick

Das ist zu tun	Nutzen für den Lehrer	Nutzen für den Schüler
Die Schüler schätzen ideelle Belohnung mehr als materielle.	Der Lehrer muss keine Zeit und kein Geld für materielle Belohnungen aufwenden.	Es kommt zu positiven Interaktionen zwischen Schüler und Lehrern, die aufrichtig loben und ermutigen.

▶▶

Auf einen Blick ***(Fortsetzung)***

Das ist zu tun	Nutzen für den Lehrer	Nutzen für den Schüler
Anerkennung und positive Verstärkung schaffen eine positive Atmosphäre im Klassenzimmer.	Weniger Zeit wird Sanktionen und Störverhalten gewidmet. Eine positive Grundeinstellung des Lehrers fördert eine positive Dynamik in der Klasse.	Die Schüler können die Aufmerksamkeit des Lehrers eher mit positivem Verhalten als mit störendem auf sich ziehen!
Lob ist am effektivsten, wenn es nichtöffentlich vergeben wird.	Der Lehrer kann positives Verhalten verstärken, ohne Schüler bloßzustellen.	Die Kommunikation der Schüler mit dem Lehrer ist persönlicher und effektiver.
Lob sollte aufrichtig und personenbezogen sein.	Sie bauen eine Beziehung zu Ihren Schülern auf und zeigen ihnen Ihren Stolz auf ihre Leistung.	Die Schüler schätzen Ihr Lob; sie spüren es, wenn Sie Ihr Lob maßschneidern.
Lob ist ein effektiveres Mittel zur Herstellung von Disziplin als Sanktionen.	Sanktionen durchzusetzen kostet viel Zeit und ist kompliziert. Lehrer können durch Lob und Belohnung das Verhalten nachhaltig beeinflussen.	Die Schüler werden durch Lob mehr motiviert als durch Sanktionen.

Tipps für die Primarstufe, Sekundarstufe I und Sekundarstufe II

Primarstufe

Dringend gesucht: Lobenswerte Schüler

Nennen Sie bei der Lehrerbesprechung die Namen von ein oder zwei Schülern, die in der vorangegangenen Woche deutlich auf eine Besserung ihres Verhaltens hingearbeitet haben. Zeigen Sie Fotos von ihnen, damit jeder sie erkennen kann und bitten Sie Ihre Kollegen, die Schüler anzuhalten, wenn sie sie auf dem Schulgelände sehen, und ihnen zu gratulieren. So viel persönliches und aufrichtiges Lob kann bei Schülern tiefen und nachhaltigen Eindruck hinterlassen und einer negativen Selbstwahrnehmung erheblich entgegenwirken. Und die Lehrer können damit demonstrieren, dass auch im Lehrerzimmer über das Verhalten von Schülern geredet wird!

Sekundarstufe I

Elternbriefe, E-Mails und Anrufe

Der Auslöser dafür, dass ich wirklich verstand, wie effektiv Belohnungen sein können, war die schriftliche und telefonische Benachrichtigung der Eltern. Durch Elternbriefe kann eine Beziehung zwischen Eltern und Schule hergestellt werden, die sich gleich in mehrfacher Hinsicht positiv auswirkt: Eltern sehen, dass angemessenes Verhalten belohnt werden sollte, dass der Lehrer positives Verhalten aktiv ermutigt und dass ihr Kind in der Lage ist, sein Verhalten zu kontrollieren. Der Wortlaut eines Elternbriefs ist wichtig. Sie können die Verantwortung für materielle Belohnung dahin delegieren, wo sie eigentlich stattfinden soll – nach Hause:

> *„Alfie hat sich heute in der Schule sehr positiv betragen. Ich bin sehr erfreut über seine positive Einstellung zur Schule.* ***Eine zusätzliche Belohnung von Ihrer Seite wäre angebracht.“***

Für Schüler sind Ihre Belohnungen gleich in mehrfacher Hinsicht nützlich: Erstens sind sie ein Verhandlungseinsatz, „Bitte kann ich ins Kino gehen/ein Buch kaufen/Computer spielen/meinen kleinen Bruder hauen? Schau, diese Nachricht von meinem Lehrer beweist, dass ich mich in der Schule gut benehme“, zweitens sind sie ein Gegengewicht zu den weniger erfreulichen Briefen, die so beginnen, „Sehr geehrte Mrs. XY, ich muss Ihnen leider mitteilen, dass Alfie in Vandalismus/Mobbing/Organisiertes Verbrechen/Handel mit Kleinwaffen verwickelt war usw.“, und drittens können sie sie einfach unters Kopfkissen legen, hin und wieder einen Blick darauf werfen und lächeln.

Beim Elternabend wurde ich oft gescholten: „Sie sind der Typ, der unseren Kühlschrank mit lila Zetteln bedeckt hat. Das kostet mich ein Vermögen an Spiderman-Zubehör“. Dann lachten sie und sagten mir, wie sehr sie es zu schätzen wissen, wenn sie davon erfahren, dass es in der Schule gut läuft, wie sehr sie sich über einen Anruf am Freitagabend freuen (ein guter Start ins Wochenende) und wie sie beobachten können, dass sich die Einstellung ihres Kindes mir, der Arbeit und der Schule gegenüber zunehmend verbessert. Sie wussten durchaus zu schätzen, dass ihr Kind ein geschickter Verhandlungsführer geworden war und der gute Kontakt zu Hause einen Wert hatte.

Sekundarstufe II

Menschen in jedem Alter werden durch positive Verstärkung, Lob und Belohnung motiviert. Gehen Sie nicht davon aus, dass Ihre Schüler zu alt oder zu unabhängig geworden sind, um Lob zu schätzen zu wissen. Denken Sie daran, es zählt nicht so sehr, welche Belohnung Sie vergeben, sondern wie Sie sie vergeben. Immer wenn ich an meinem Pult saß und die Arbeiten meiner Fünftklässler korrigierte, beschwerten sich meine Abiturienten, weil sie ebenfalls Gorilla-Aufkleber und Elefanten-Stempel wollten. Als ich ihnen erklärte, dass sie zu alt für so etwas seien, war die Antwort nur: „Nein, sind wir nicht!“ Es folgten Diskussionen darüber, welches lustige Tier am meisten Wert haben sollte. Ihre Schüler schätzen auch Verstärkung in schriftlicher Form: Unter einer schriftlichen Arbeit, auf einer Karte, als kurze Notiz oder als

E-Mail. Sie lesen sie mehrmals, denken darüber nach und wissen sie zu schätzen. Wenn Sie sich darum Sorgen machen, dass Sie Ihre älteren Schüler zu viel loben, denken Sie mal darüber nach, wann Sie dem Schüler, der immer da ist und fleißig mitarbeitet, das letzte Mal ein schriftliches Lob gegeben haben.

Der 30-Tage-Test

Was möchten Sie beim Einsatz von Lob und Belohnung in Zukunft anders machen? Die Neuerungen können sich auf einen einzelnen Schüler oder eine ganze Lerngruppe beziehen. Setzen Sie einige der in diesem Kapitel vorgeschlagenen Tipps 30 Tage lang konsequent um, damit Sie genügend Zeit haben, die Neuerungen in den Unterrichtsalltag zu integrieren.

In 30 Tagen komme ich zur Arbeit und ....
....
....
....
....

Meine persönlichen Vorsätze sind:

1. .... Geprüft am ....
2. .... Geprüft am ....
3. .... Geprüft am ....

Kapitel

7

Versöhnung vs. Vergeltung:

Effektiver Einsatz von Sanktionen

„Ins Große gerechnet, härtet und kältet die Strafe ab; sie konzentriert; sie verschärft das Gefühl der Entfremdung; sie stärkt die Widerstandskraft.“

(Friedrich Wilhelm Nietzsche)

In diesem Kapitel erfahren Sie

- Das Prinzip
- Die Umsetzung

Zahlreiche konkrete Beispiele werden abgerundet durch

- Strategien für die Primarstufe, die Sekundarstufe I und die Sekundarstufe II

Das Prinzip

Sanktionen sollten abgestuft sein, konsequent und fair angewandt werden und das Selbstwertgefühl der Schüler nicht angreifen. Sie sollten sie möglichst nicht öffentlich erteilen und dem Schüler dabei auf Augenhöhe begegnen. Sanktionen sollten sich immer auf das Verhalten des Schülers und nicht auf seine Person beziehen. Wenn Schüler gegen Regeln verstoßen, die im Vorfeld eindeutig geklärt und ausgehängt wurden, muss dieses Verhalten konsequent sanktioniert werden. Effektive Sanktionen sind Konsequenzen und keine Vergeltungs- oder Strafmaßnahmen.

Die Umsetzung

Falls Strafen in der Lage wären, das Verhalten von Menschen zu ändern, gäbe es keine Wiederholungstäter; die Polizei würde Kaffee trinken, Sie würden dieses Buch nicht gerade lesen und ich wäre arbeitslos. Werden Sanktionen dazu herangezogen, um die Grenzen erwünschten Verhaltens nachzuziehen, um Vertrauen wiederherzustellen und um Vereinbarungen für zukünftige Verhaltensweisen zu treffen, können sie eine nachhaltige Wirkung haben. Werden sie hingegen als persönliche Vergeltungsmaßnahme missbraucht oder aus einer emotionalen Reaktion heraus erteilt, bleiben sie aus dem falschen Grund in Erinnerung.

Es ist das Beste, es gar nicht erst als außergewöhnlich zu betrachten, dass Schüler gegen Regeln verstoßen oder Rituale brechen. Ich empfehle vielmehr, es von vornherein einzuplanen und als Gelegenheit zu sehen, angemessenes Verhalten zu demonstrieren und zu ermutigen.

Vor anderen Leuten auf das eigene Verhalten aufmerksam gemacht zu werden, ist im besten Fall unangenehm und im schlimmsten Fall traumatisierend. Achten Sie doch einmal auf Ihre eigene Reaktion, wenn Sie das nächste Mal wegen einer ungeschickten Fahrweise angehupt werden oder wenn Ihr Partner Sie beim Essen vor Freunden zurechtweist. In der Öffentlichkeit auf das eigene Verhalten angesprochen zu werden ist beschämend; es durch einen Raum voller Leute zugerufen zu bekommen, kann demütigend sein und Abwehrreaktionen in uns hervorrufen. Ihren Schülern geht es da nicht anders.

Wenn Sie Sanktionen diskret und nichtöffentlich handhaben, können Sie die Wahrscheinlichkeit verringern, dass sich der Schüler dagegen zur Wehr setzt. Erstens fällt sein Publikum weg und zweitens findet das Gespräch in einem entspannteren Rahmen statt.

Nonverbale Kommunikation

Es gibt viele Möglichkeiten, wie Sie mit den Schülern nonverbal über ihr Verhalten kommunizieren können, ohne direkt einzugreifen. Von einer neuen Lerngruppe werden Ihre nonverbalen Signale vielleicht nicht unmittelbar verstanden; Sie müssen sie zunächst etablieren. Zum Beispiel: „Wenn ich zur Klasse spreche und mich neben deinen Tisch stelle, bedeutet das, dass du dein Verhalten überprüfen kannst, bevor ich dich ermahne." Wenn die Klasse in der

Lage ist, Ihre nonverbalen Signale zu deuten, kann ein erster nonverbaler Hinweis sehr diskret und gleichzeitig sehr effektiv sein. Sie können so kleine Regelverstöße in den Griff bekommen, ohne zu unterbrechen, was Sie gerade sagen.

Bei vielen Lehrern fangen die abgestuften Sanktionen mit einer Ermahnung an; andere haben Methoden entwickelt, um sie schon im Vorfeld durch nonverbale Signale anzukündigen. Genauso wie Sie Ihre Sticker/Lob-Notizen/Sterne einsetzen, um positives Verhalten zu ermutigen, können Sie Layla subtil auf ihr Fehlverhalten hinweisen, indem Sie beispielsweise in der Nähe ihres Tischs mit dem „Verwarnungskärtchen" wedeln, sie fragen, wie man ihren Nachnamen buchstabiert, während Sie nach einer „Sanktionskarte" greifen oder sich über ihr Benehmen überrascht zeigen. Lehrer, die beim ersten Anflug von unangemessenem Verhalten schon Sanktionen vergeben, sind ganz schnell am oberen Ende ihrer Sanktionen-Liste angelangt und haben damit ihr Handlungsrepertoire erschöpft. Es ist keine Kunst, ein System zu konzipieren, bei dem alle Sanktionen schnell erschöpft sind, das schnell zum Unterrichtsausschluss führt und bei dem sogar Achtjährige die Sanktionsleiter bis ganz nach oben klettern. Die wahre Kunst der Anwendung von Sanktionen liegt darin, die Schüler die Leiter nur ganz langsam aufsteigen und sie jeden Tag von neuem ganz unten beginnen zu lassen.

Effektive Sanktionen für notorische Regelbrecher sind solche, die eine Gelegenheit bieten, Erwartungen neu auszuhandeln, Grenzen in Erinnerung zu rufen, Vertrauen wiederherzustellen und Absprachen für die nahe Zukunft zu treffen (die nächste Stunde/den nächsten Tag/die nächsten 10 Minuten). Sind Sanktionen nicht an den ursprünglichen Regelverstoß gekoppelt, sind sie nicht nur sinnlos, sondern werden von den Schülern übel genommen. Sanktionen, die keine Zeit dafür einräumen, das Verhalten zu diskutieren, beschneiden die Freizeit der Schüler, setzen jedoch nicht das richtige Zeichen und wirken sich schon gar nicht positiv auf das Verhalten der Schüler aus.

In vielen Klassen sind Sanktionen schon regelrecht Verhandlungsgrundlagen geworden, „Wenn ich die nächsten 10 Minuten brav bin, kann ich dann raus zum Spielen gehen?" ist ein verlockender Deal, insbesondere dann, wenn Sie schon seit ihrer Ankunft versuchen, Kylie unter dem Tisch hervorzuholen. Wenn Sie aber den Schülern zugestehen, dass sie sich 30 Minuten daneben benehmen und dieses Verhalten in 10 Minuten wieder gutmachen können, werden sie den gleichen Deal noch öfter abschließen wollen. Ähnlich verhält es sich, wenn Sie damit drohen, eine Belohnung rückgängig zu machen, wenn darauf ein unmittelbarer Regelverstoß folgt. Hiermit signalisieren Sie, dass sogar Belohnungen verhandelbar sind. Zweitklässler, die gut im verhandeln sind und Inkonsequenz vielleicht schon von zu Hause kennen, haben kein Problem damit, morgens lautstark gegen die Inkonsequenz zu protestieren und sie am Nachmittag zu ihrem Vorteil auszunutzen.

Manche Kinder wollen sehen, wie Ihre Verärgerung steigt, je weiter sie sich auf der Sanktionsleiter nach oben bewegen. Sie sind es gewohnt, eine Sanktion immer zusammen mit einer Wut-Beilage oder mit einem Dressing aus Gereiztheit serviert zu bekommen. Die Anwendung von Sanktionen von der emotionalen Reaktion zu entkoppeln ist im Trubel des

Schulalltags zwar eine wahre Herausforderung, den zusätzlichen Aufwand ist es jedoch allemal wert. Wenn Riana durch Ihr wutverzerrtes Gesicht und den Nervenkitzel erhobener Stimmen ständig in ihrem Fehlverhalten bestätigt wird und auch noch von ihren Mitschülern Bewunderung dafür einheimst, dass sie einen Erwachsenen zum Erröten bringen kann, ist für sie die Verbindung zwischen ihrem Verhalten und Ihrer emotionalen Verfassung nur allzu offensichtlich. Bleiben Sie beim Erteilen von Sanktionen stets kühl, gleichgültig und emotionslos. Die Sanktion sollte ein Anlass dazu sein, Ihre Emotionen herunterzukühlen und nicht anzuheizen. In Schulen, wo man konsequent darum bemüht ist, Sanktionen von emotionalen Reaktionen zu entkoppeln, nehmen Schüler eine Sanktion in der Regel bereitwilliger hin und tendieren weniger dazu, sich gegen sie zu wehren.

Guter Tipp

Sechs Tipps für den effektiven Einsatz von Sanktionen

- Konzipieren Sie Sanktionen so, dass sie so bald wie möglich nach dem Vorfall umgesetzt werden können. Es zählt nicht die Härte der Sanktion, sondern ihre Unmittelbarkeit.
- Machen Sie Sanktionen nicht rückgängig. Die Schüler könnten sonst annehmen, sie seien verhandelbar.
- Reagieren Sie gefasst; Indifferenz ist besser als offene Verärgerung.
- Delegieren Sie die Umsetzung von Sanktionen möglichst nicht an andere. Nutzen Sie die Situation aus, um zu schlichten, die Beziehung zum Schüler wiederherzustellen und neue Erwartungen zu vereinbaren.
- Erteilen Sie Sanktionen möglichst nicht öffentlich.
- Halten Sie sich nicht zu lange beim Schüler auf: Erteilen Sie die Sanktion und geben Sie dem Schüler dann Zeit, darüber nachzudenken.

Ich empfehle Ihnen, mit der Zeit eine Reihe nonverbaler Signale zu entwickeln, mit denen Sie im Unterrichtsfluss die Schüler ganz subtil auf ihr Verhalten hinweisen können. Genau diese präventiven Strategien sind bei effektiven Lehrern kaum wahrnehmbar, weil sie sie so unauffällig in ihren Unterricht einfließen lassen.

Versuchen Sie es damit

» Stellen oder setzen Sie sich neben den Schüler, während Sie weiter zur Klasse sprechen. So weiß er, dass er sein Verhalten überprüfen muss.

» Stellen Sie Blickkontakt her, mit dem Sie zu verstehen geben: „Geh bitte zurück an die Arbeit“, oder geben Sie mit einem eindringlicheren Blick zu verstehen, dass Sie den Schüler im Auge haben und nicht mit seinem Verhalten zufrieden sind.

▸▸

- Sprechen Sie den Namen eines unaufmerksamen Schülers aus, um seine Aufmerksamkeit zu bekommen.
- Täuschen Sie Erschrockenheit und Überraschung angesichts des Verhaltens des Schülers vor.
- Verweisen Sie auf eine frühere Gelegenheit, als der Schüler sich durch positives Verhalten ausgezeichnet hat, um ihn zum Unterrichtsgegenstand zurückzuholen.
- Etablieren Sie nonverbale Signale, z. B. eine schreibende Handbewegung in der Luft oder das Zusammenführen der Handflächen als Zeichen, dass die Bücher geschlossen werden sollen.
- Deuten Sie als Aufforderung zum Setzen mit einer einladenden Handbewegung auf den Stuhl.
- Stellen Sie sich neben die Aushänge, auf denen Unterrichtsrituale und Regeln festgehalten sind und kombinieren Sie Blickkontakt mit einer Handgeste Richtung Aushang, um eine klare Botschaft zu senden. ◀

Außer wenn es sich um ernste Vorfälle handelt, z. B., wenn ein Schüler Ihnen gegenüber beleidigend oder sogar handgreiflich wird, empfehle ich, als erste Sanktion eine mündliche Verwarnung einzusetzen. Nehmen Sie sich kurz Zeit und legen Sie sich zurecht, was Sie dem Schüler sagen werden. Gehen Sie langsam und gefasst zu dem Schüler hin und begeben Sie sich mit ihm auf Augenhöhe. Erklären Sie, dass das an den Tag gelegte Verhalten gegen die Regeln verstößt und dass Sie hiermit eine mündliche Verwarnung erteilen. Wenden Sie dann die Aufmerksamkeit dem Unterrichtsstoff zu, mit dem der Schüler sich befassen soll.

Wenn der Schüler versucht, vom Thema abzulenken oder einen anderen Schüler in die Diskussion hineinzuziehen, schlage ich vor, folgendermaßen zu reagieren: „Ich verstehe, was du sagen willst: Wir sprechen über …“, oder „Ich höre, was du sagst: Ich spreche über dein Verhalten.“ Sie gehen auf ihn ein, aber lenken das Gespräch wieder zurück auf seine unerwünschte Verhaltensweise.

Das Gespräch zurück aufs Thema lenken

Wenn Schüler versuchen, zu diskutieren, die Verantwortung anderen zuzuschieben oder vom Thema abzulenken, können Sie Folgendes tun:

Sie wiederholen ganz ruhig den Satz, bei dem Sie unterbrochen wurden.

Hiermit geben Sie dem Schüler zu verstehen, dass Sie sich nicht vom Thema ablenken lassen. Je bestimmter Sie den Satz wiederholen, desto mehr Wirkung wird er zeigen. Versuchen Sie, ihn beim zweiten Mal noch langsamer zu wiederholen und verleihen Sie dem ganzen Vorgang durch Blickkontakt Nachdruck.

Oder:

Setzen Sie Formulierungen ein, mit denen Sie das Gespräch zurück aufs Thema lenken.

Hiermit hat der Schüler das Gefühl, dass Sie ihm zuhören und Sie verhindern, dass das Gespräch in einer Sackgasse landet.

Schüler	Lehrer
„Ich war es nicht."	„Ich höre, was du sagst, aber …"
„Aber sie haben doch genau das Gleiche gemacht."	„Ich verstehe dich, aber …"
„Ich hab doch nur …"	„Vielleicht hast du nur … und trotzdem …"
„Sie sind nicht fair."	„Ja, manchmal sieht es aus als sei ich unfair …"
„Das ist langweilig."	„Ja, mag sein, dass es langweilig ist … und trotzdem …"
„Sie sind ein …" (Beschimpfung)	„Da ist vielleicht etwas dran …" (die Sanktion wird später kalt serviert) oder „Es tut mir leid, dass du einen schlechten Tag hast."

Der Gesprächsausstieg

Wenn das Gespräch unproduktiv verläuft, empfehle ich Folgendes:

„Ich beende dieses Gespräch jetzt. Ich gehe jetzt und lasse dir Zeit, über dein Verhalten nachzudenken. Ich bin sicher, dass wir ein höfliches und produktives Gespräch führen können, wenn ich zurückkomme."

Beschließen Sie Ihre Diskussion mit einem Hinweis auf früheres positives Verhalten des Schülers. „Deine detaillierte Ausarbeitung letzte Stunde war das Ergebnis harter Arbeit, knüpf doch lieber wieder dort an", und lassen Sie den Schüler mit einem guten Gefühl für den Rest der Stunde zurück. Eine andere Möglichkeit wäre, dass Sie sich überrascht über sein negatives Verhalten zeigen, „Dan, du hast es doch gar nicht nötig, die Sanktionsleiter hinaufzusteigen. So ein Verhalten sieht dir gar nicht ähnlich …". Dann wenden Sie sich von ihm ab. Wenden Sie sich wieder der Klasse zu und konzentrieren Sie sich auf die Schüler, die die Regeln befolgen. Geben Sie dem Schüler Zeit, sich zu beruhigen und zu überlegen, wie er sich weiter verhalten will. Nach ein paar Minuten sehen Sie wieder nach, ob er mittlerweile mitarbeitet und geben ihm zu verstehen, dass Sie sein positiveres Verhalten zu schätzen wissen. Wenn er jedoch nach wie vor gegen die Regeln verstößt, gehen Sie zu ihm zurück und erteilen die nächste Sanktion genauso konsequent und ruhig wie die erste (oftmals eine Aufforderung, nach der Stunde zu Ihnen zu kommen, um sein Verhalten zu besprechen).

Vorsicht Falle

- Halten Sie sich nicht zu lange bei einem Schüler auf, dem Sie eine Sanktion erteilt haben. Der Schüler braucht Zeit, um über sein Verhalten nachzudenken und Ihre Nähe macht ihm das wesentlich schwerer. Ich habe schon Lehrer beobachtet, die über den Schüler gebeugt dastehen und ihm innerhalb von 30 Sekunden alle fünf abgestuften Sanktionen auf ihrer Liste vergeben. So fühlt sich der Schüler gedemütigt und wird wütend. Seine Privatsphäre wird verletzt und er hatte keine faire Chance, sein Verhalten zu ändern. Ein minimaler Regelverstoß mündet so in einen ausgewachsenen Konflikt, der weder dem Schüler noch dem Lehrer nutzt.
- Seien Sie nicht voreingenommen. Jede Stunde sollte für alle Schüler ohne Vorbelastung beginnen. Regelverstöße aus der letzten Stunde sollten bis dahin schon abgehakt sein. Die Schüler brauchen die Gewissheit, dass das Erteilen einer Sanktion nicht von Verhaltensweisen vergangener Stunden beeinflusst wird.
- Machen Sie Sanktionen nicht rückgängig. Egal wie positiv das Schülerverhalten sich nach Erteilen einer Sanktion entwickelt, sollten Sie eine Sanktion nicht rückgängig machen. Die Schüler sollten verstehen, dass bestimmte Verhaltensweisen bestimmte Konsequenzen nach sich ziehen und dass diese nicht verhandelbar sind. Sie sollten auf positives Verhalten eine Belohnung folgen lassen, auch wenn es zuvor negativ war. Es ist nicht unüblich, dass Schüler sowohl mit Sanktionen als auch mit Belohnungen nach Hause gehen.

Aus der Praxis

Sofortige Sanktionen mit größerer Wirkung

Da ich viel mit Schülern gearbeitet habe, denen es schwerfällt, ihr eigenes Verhalten zu kontrollieren, hatte ich beim Mittagessen ziemlich oft Gesellschaft. Ich hatte herausgefunden, dass es eine sehr effektive Sanktion war, mir „Gäste“ in die Mittagspause einzuladen. Anerkennung, Lob und Strategien der positiven Verstärkung hatten sich als am effektivsten erwiesen, wenn sie unmittelbar erfolgten. Bei Sanktionen war es nicht anders.

Je später Sanktionen bei diesen Schülern ankamen, desto weniger brachten sie sie mit ihrem unangemessenen Verhalten in Verbindung. Sie waren nicht mehr als eine lästige Unannehmlichkeit, die sie recht schnell in ihren Schulalltag zu integrieren lernten. Ich erinnere mich, dass es in meiner Schulzeit nicht anders war und dass ich Nachsitzen bereits als Teil meines Stundenplans akzeptiert hatte, statt es in irgendeiner Weise mit meinem Verhalten in Verbindung zu ▶▶

bringen. Für mich (und einige meiner Freunde) war der Schultag eben erst um 16.30 Uhr statt um 15.30 Uhr zu Ende und statt mein Verhalten zu ändern, akzeptierte ich den verspäteten Feierabend als Berufsrisiko.

Damit Sanktionen effektiv sind, müssen sie direkt erteilt werden und einen unerwarteten Einschnitt im Tagesablauf des Schülers verursachen. Nacharbeit ist am effektivsten, wenn sie direkt zu Beginn der Freizeit stattfindet. Die Sanktion wird direkt mit dem Verhalten in Verbindung gebracht und wenn die wohlbehütete und fest geplante freie Zeit plötzlich wegfällt, werden Schüler ihr Verhalten in Zukunft sorgfältiger prüfen.

Der konsequente Einsatz von zusätzlichen Hausaufgaben (die mit Unterschrift der Eltern am nächsten Morgen vor dem Unterricht abgegeben werden müssen) kann ähnlich effektiv sein; aber „Ab Mittwoch sitzt du eine Woche nach“ ist so weit entfernt vom ursprünglichen Verhalten, dass es fraglich ist, ob diese Maßnahme irgendeinen Einfluss auf das zukünftige Verhalten des Schülers hat. Bei Schülern, die notorisch gegen Regeln verstoßen, empfehle ich, mit den Eltern zu vereinbaren, dass Sie Sanktionen erteilen können, die noch am Tag des Vorfalls greifen. Wenn Schüler Sie daran erinnern, dass Nacharbeit im Voraus angekündigt werden muss, können Sie im Gegenzug darauf aufmerksam machen, dass Sie mit den Eltern Anderweitiges abgesprochen haben. Ein Anruf genügt dann, um grünes Licht zu erhalten. ◀

Versuchen Sie es damit

Gehen Sie den Beispielablauf für Interventionen durch und füllen Sie die Lücken mit Formulierungen, mit denen Sie sich gut fühlen. Lernen und üben Sie den Ablauf für das Erteilen von Sanktionen, bis Sie damit zufrieden sind. Lassen Sie nicht Abschnitt C aus, da das beste Vorbild für die Schüler ihr eigenes früheres positives Verhalten ist. Dieser Ablauf ist ebenso nützlich, wenn Sie Lob aussprechen (hier kursiv). Für beide Fälle ist es sehr sinnvoll, einen geplanten Ablauf dafür parat zu haben, wie Sie die Interaktion effektiv eröffnen, weiterführen und beenden, ohne dabei das Selbstwertgefühl der Beteiligten anzugreifen.

Ablauf für Interventionen im Unterricht

Ermahnen/eine Sanktion erteilen

Lob erteilen

(a) langsam zum Schüler hingehen, das Einzelgespräch suchen, Schüler soll sich nicht eingeschüchtert fühlen, Augenhöhe, Blickkontakt.

(b) Nennen Sie das beobachtete Verhalten und die Regel/das Ritual, gegen die es verstößt.

(b) Nennen Sie genau, was Sie loben und warum.

Beispiel ....

▶▶

(c) Nennen Sie dem Schüler die Sanktion. Weisen Sie ihn auf früheres positives Verhalten/eine frühere positive Lernleistung als Vorbild für erwünschtes Verhalten hin.

(c) Nennen Sie dem Schüler seine Belohnung.

Beispiel ....

(d) Sagen Sie dem Schüler, was passieren wird, wenn er diese Einstellung zum Unterricht beibehält.

Beispiel ....

(e) Sagen Sie dem Schüler, dass er sich für das falsche Verhalten entschieden hat und dass er seine Entscheidung überdenken muss.

(e) Loben Sie ihn für seine kluge Entscheidung.

Beispiel ....

(f) Gehen Sie von dem Schüler weg; geben Sie ihm Zeit, sein Verhalten zu überdenken. Wenn er wieder mitarbeitet, loben Sie ihn oder zeigen ihm Ihre Anerkennung.

(g) Loben Sie anschließend einen Schüler, der die Regeln befolgt.

Lassen Sie sich nicht während der Unterrichtszeit auf Diskussionen über Sanktionen oder Belohnungen ein. Sagen Sie „Ich verstehe dich“ oder „Ich höre, was du sagst“ und kommen Sie auf Ihr eigentliches Anliegen zurück.

Lassen Sie sich nicht von dem Gespräch ablenken, das Sie führen wollen.

Identifizieren Sie Folgeverhalten als solches und vermeiden Sie, es zu „verfolgen“ (siehe Kapitel 8 zum Thema „Konfliktlösung“) ◀

Auf einen Blick

Das ist zu tun	**Nutzen für den Lehrer**	**Nutzen für den Schüler**
Nutzen Sie Regelverstöße als Gelegenheit, dem Schüler erwünschtes Verhalten beizubringen.	Der Fokus der Interaktion liegt darauf, dass der Schüler lernt, wie er sein Verhalten ändern kann, statt das Verhalten nur kurzfristig zu behandeln.	Die Schüler werden in die Verhandlung zukünftiger Erwartungen einbezogen und nicht nur das aktuelle Verhalten wird thematisiert.
Erteilen Sie Sanktionen möglichst unter vier Augen.	Öffentliche Konflikte werden vermieden.	Die Schüler haben kein Publikum, vor dem sie spielen oder auf das sie reagieren können.

▶▶

Auf einen Blick *(Fortsetzung)*

Das ist zu tun	Nutzen für den Lehrer	Nutzen für den Schüler
Entwickeln Sie eine Reihe nonverbaler Signale als präventive Strategie gegen unangemessenes Verhalten.	Der Lehrer kann die Aufmerksamkeit der Schüler auf sich ziehen, ohne den Unterricht ständig zu unterbrechen.	Die Schüler werden ohne großes Aufheben zur Aktivität zurückgeführt und ihr Verhalten wird nicht vor dem Rest der Klasse öffentlich gemacht.
Befolgen Sie einen geplanten Ablauf für Interventionen und das Erteilen von Sanktionen.	Der Lehrer kann die Richtung des Gesprächs bestimmen, ohne Konflikte zu schüren.	Die Schüler wissen, was sie zu erwarten haben, kennen den Ablauf der Intervention und meiden somit möglicherweise den Konflikt.
Weisen Sie Schüler auf früheres positives Verhalten als Beispiel für erwünschtes Verhalten hin.	Die Sanktion erscheint im Nachhinein weniger hart. Das Gespräch endet mit einem positiven Schlusswort.	Die Schüler bekommen konkrete Beispiele für erwünschtes Verhalten.
Erteilen Sie Sanktionen möglichst unmittelbar.	Der Lehrer kann die Zeit, solange der Vorfall aktuell ist, nutzen, um seine Beziehung zum Schüler wiederherzustellen und erwünschtes Verhalten zu verstärken. Weniger Zeit wird darauf verwendet, alte, noch ausstehende Sanktionen durchzusetzen, denen Schüler aus dem Weg gehen wollen.	Die Schüler haben ein Interesse daran, Sanktionen zu vermeiden, die überraschend ihre Freizeit beschneiden.

Strategien für die Primarstufe, Sekundarstufe I und Sekundarstufe II

Primarstufe

Wenn Sie einen Schüler im Rahmen einer „Auszeit" von der restlichen Gruppe trennen wollen, empfehle ich, die Zeit in Minuten gemäß dem Alter des Kindes zu bestimmen, z. B. fünf Minuten für ein fünfjähriges Kind und zehn Minuten für ein zehnjähriges Kind. Es zählt tatsächlich vielmehr der Überraschungseffekt der Trennung als die Dauer. Wenn Sie den Schüler in die Klasse zurückholen, machen Sie ihm deutlich, was passieren wird, wenn die Verhaltensweise erneut auftritt. Führen Sie diese Gespräche immer nach dem gleichen einfachen und vorhersagbaren Muster. Ich empfehle zu überprüfen, ob vom Schüler alles verstanden wurde: „Nachdem wir zu Ende gesprochen haben, sagst du mir genau, was du nun tun wirst".

Sekundarstufe I

Das Anschreiben von Namen auf der Tafel macht das Schülerverhalten zu einer öffentlichen Angelegenheit. Dies kann zuweilen bei älteren Schülern sogar ein Auslöser für Unterrichtsstörungen sein: Schüler, die während der Gruppenarbeit heimlich versuchen, ihre Namen von der Tafel zu wischen, Schüler, die ihre Schadenfreude hinausposaunen, öffentliche Diskussionen über die Angemessenheit der erteilten Sanktionen usw. Ich weiß, dass es in großen Klassen schwierig ist, Schüler unter vier Augen zu sprechen, aber dennoch sollte eine Sanktion nach Möglichkeit eine Sache zwischen Ihnen und dem Schüler bleiben. Es ist wichtig, dass die Schüler darüber informiert werden, wo sie sich auf der Sanktionsleiter befinden, aber es kann zu Konflikten führen, wenn andere darüber Bescheid wissen.

Sekundarstufe II

Selbst wenn es an Ihrer Institution schon ein System für Sanktionen gibt, sollten Sie zusätzlich ein klares Sanktionssystem für Ihre Klassen konzipieren. Wenn Sie als härteste Sanktion lediglich einen schriftlichen Verweis an den Klassenlehrer einsetzen, entgeht Ihnen etwas. Auch wenn Ihre Schüler erwachsen sind, sollte ihnen klar sein, dass sie mit Konsequenzen rechnen müssen, wenn sie die Arbeit der anderen stören. Drei Sanktionen reichen aus, z. B.: 1. Ermahnung, 2. kurzes Gespräch nach der Stunde, 3. 15-Minuten-Gespräch nach Unterrichtsschluss.

Der 30-Tage-Test

Was möchten Sie beim Einsatz von Sanktionen in Zukunft anders machen? Die Neuerungen können sich auf einen einzelnen Schüler oder eine ganze Lerngruppe beziehen. Setzen Sie einige der in diesem Kapitel vorgeschlagenen Tipps 30 Tage lang konsequent um, damit Sie genügend Zeit haben, die Neuerungen in den Unterrichtsalltag zu integrieren.

In 30 Tagen komme ich zur Arbeit und ....
....
....
....
....

Meine persönlichen Vorsätze sind:

1. .... Geprüft am ....
2. .... Geprüft am ....
3. .... Geprüft am ....

Teil

2

Konfliktbewältigung und Beziehungsgestaltung

Kapitel

8

Konflikte konstruktiv lösen:

Das „Win-Win“-Prinzip

„Das wirklich Bedrohliche daran, mit einem Fünfjährigen zu sprechen, ist, dass man sich nach kurzer Zeit selbst wie ein Fünfjähriger anhört.“

(Jean Kerr)

In diesem Kapitel erfahren Sie etwas über

- Das Prinzip
- Die Umsetzung

Außerdem gibt es

- Tipps für die Primarstufe, die Sekundarstufe I und die Sekundarstufe II

Das Prinzip

Manchmal können Sie noch so selbstbeherrscht und fair Ihre Sanktionen einsetzen und es kommt trotzdem zum Konflikt mit einem Schüler. Manchmal sucht ein Schüler auch den Konflikt mit Ihnen, völlig ohne Vorwarnung und ohne ersichtlichen Grund.

Wenn Sie sich Ihre Reaktionen im Vorfeld genau zurechtlegen, können Sie Konflikte mit Schülern geschickt entschärfen und sie selbst dann noch konstruktiv lösen, wenn es nicht zu einer unmittelbaren Lösung kommt. Vor allem sollten Sie immer im Hinterkopf behalten, dass Sie der Erwachsene sind und sich stets so verhalten, wie Sie es von anderen erwarten.

Die Umsetzung

Konflikte können ganz plötzlich auftreten und oft gerade dann, wenn man gar nicht damit rechnet. In einer Konfliktsituation mit einem Schüler kommt es vor allem darauf an, dass Sie Ihre Emotionen stets sehr eingehend im Auge behalten. Ich habe mir schon ganze Wochenenden mit Schuldgefühlen vermiest, nachdem ich freitags kurz vor Unterrichtsschluss zum falschen Schüler das Falsche gesagt hatte. Wenn Sie solche Fehler vermeiden wollen, dann ist das Beste, was Sie in einer Konfliktsituation tun können, zunächst einen großen Schritt zurückzutreten und sich die Zeit zu nehmen, eine angemessene Reaktion abzuwägen.

Ihr Verhalten ist von dem Moment an, in dem sich ein Konflikt zusammenbraut, entscheidend für den weiteren Verlauf des Gesprächs. Schlüpfen Sie zunächst von der Rolle des Redners in die Rolle des Zuhörers. Während Sie zuhören, sollten Sie genau auf Ihre eigene Körpersprache achten und sich entspannen. Treten Sie einen Schritt zurück, setzen Sie sich auf einen Tisch, nehmen Sie Ihre Hände nach unten, gestikulieren Sie mit der ganzen Hand statt mit erhobenem Finger, entspannen Sie die Gesichtsmuskeln und bereiten Sie sich darauf vor, was Sie sagen möchten. Befreien Sie Ihren Tonfall von unterschwelliger Wut, Sarkasmus und Gereiztheit und ersetzen Sie sie durch Interesse, Freundlichkeit und aufrichtige Empathie.

Den Satz, mit dem wir bei einem Konflikt das Gespräch eröffnen, kennen wir in der Regel. Für das weitere Vorgehen haben wir jedoch selten Vorkehrungen getroffen. Um eine Konfliktsituation erfolgreich zu meistern, ist es nötig, dass Sie sich im Vorfeld genau zurechtlegen, was Sie sagen, wie Sie es sagen und vor allem wie Sie das Gespräch beenden. An diesen Plan sollten Sie sich ganz genau halten. Genau wie beim Erteilen von Sanktionen sollten die Schüler das Gefühl haben, dass Sie ihnen zuhören. Mit Formulierungen wie „Ich höre, was du sagst“, „Ich verstehe dich“ oder „Es tut mir leid, dass du einen schlechten Tag hast“ können Sie dies dem Schüler zu verstehen geben. Sie werden feststellen, dass ein Konflikt, um richtig zu eskalieren, einer genauso konfrontativen Gegenreaktion bedarf. Wenn Sie aber lediglich mit Zuhören reagieren und weiter gar nichts tun (falls das möglich ist), bis der Schüler zu Ende gesprochen hat und dann sofort durch geeignete Wortwahl und Körpersprache die Situation deeskalieren, können Sie Aggressionen erfolgreich eindämmen. Die meisten gewalttätigen und aggressiven Konflikte sind tatsächlich abwendbar. Durch ein bedachtes und geplantes Vorgehen können Sie die Situation entschärfen und am Ende bleiben sowohl Ihre Würde als auch die des Schülers gewahrt.

Einige Schüler haben die Erfahrung gemacht, dass sie der Verantwortung für ihr ursprüngliches Fehlverhalten aus dem Weg gehen können, indem sie eine ganz normale Intervention des Lehrers blitzschnell zu einem waschechten Konflikt ausweiten. So eine Reaktion kann sehr überraschend passieren und scheint oft keiner Logik zu folgen, aber für den Schüler ist sie absolut sinnvoll. Die Erfahrung der Schüler zeigt, je schneller und unmittelbarer es zur Eskalation kommt, desto weniger Verantwortung müssen sie für den ursprünglichen Regelverstoß übernehmen. Der Schüler läuft so schnell es geht vor seiner Verantwortung davon, spekuliert womöglich darauf, Ihnen eine emotionale Reaktion zu entlocken und im Idealfall Ihnen die Schuld für den Vorfall in die Schuhe schieben zu können. Wenn es Ihnen jedoch gelingt, sein Ablenkungsmanöver als solches zu deuten, fällt es Ihnen leichter, einen kühlen Kopf zu bewahren und sich ganz auf die ursprüngliche Verhaltensweise des Schülers zu konzentrieren. Egal wie stark die Situation eskaliert, ist es sehr wichtig, dass der Schüler für diesen ursprünglichen Regelverstoß zur Verantwortung gezogen wird. Wenn ein Schüler beispielsweise einen Konflikt zum Eskalieren bringt und dann im wahrsten Sinne des Wortes einfach davonläuft, schreiben Sie sich am besten auf, was genau gesagt wurde und sprechen Sie mit dem Schüler über den ursprünglichen Regelverstoß, wenn sich die Wogen geglättet haben.

Sie müssen nicht alle Konflikte auf der Stelle lösen. Manchmal ist es das Beste, wenn Sie sich dem Konflikt direkt entziehen, sich Zeit nehmen und Rat von anderen holen, um einschätzen zu können, wie Sie die Situation am besten lösen. In anderen Situationen kann es das Beste sein, dem Schüler zunächst zuzuhören und Notizen zu machen, bevor sie sich dann Rat von einem Kollegen holen. Wenn Schüler vor mir geflucht, mich bedroht oder mich körperlich angegriffen haben, habe ich die Situation durch aggressive oder emotionale Reaktionen jedenfalls nie besser gemacht.

Guter Tipp

Halten Sie so bald wie möglich nach dem Vorfall chronologisch den Hergang der Ereignisse und das Gesagte schriftlich fest. Das ist nicht nur eine sehr gute Methode zur Selbstreflexion (und zum Abreagieren), sondern sie ermöglicht Ihnen auch, den Vorfall gegebenenfalls Kollegen und Eltern zu schildern. Wenn häufiger Konflikte auftreten, tragen Sie ein Diktiergerät bei sich oder benutzen Sie das Aufnahmegerät Ihres Handys und sprechen Sie einen genauen Bericht des Vorfalls unmittelbar danach auf Band. Es bietet sich an, den Schüler seine eigene Version des Vorfalls ebenfalls schriftlich festhalten zu lassen. Auf einem „Reflexionsbogen" können Sie dem Schüler ein paar Fragen mitgeben: „Was war der Grund für deine Wut? Was hast du dagegen gemacht? Was denkst du, solltest

▶▶

du beim nächsten Mal machen?" Vergleichen Sie Ihre Version und die des Schülers, nachdem etwas Zeit verstrichen ist. Sie werden so sehr aufschlussreiche Erkenntnisse über die Wirkung Ihres Handelns und Ihre Reaktionen auf Schülerverhalten gewinnen. ◀

Es gibt Schüler, die es regelrecht genießen, einen Konflikt mit dem Lehrer auszutragen. Es ist eine Gelegenheit für sie, den ansonsten ereignislosen Tag mit etwas Nervenkitzel zu würzen. Solche Schüler vergessen den Konflikt in der Regel wieder ganz schnell. Für andere Schüler sind Konflikte eine sehr unangenehme Erfahrung. Es kann zu einer nachhaltigen Beschädigung der Lehrer-Schüler-Beziehung kommen. Schon allein um solche Folgen von vornherein auszuschließen, lohnt es sich für einen Lehrer, einen konstruktiven und geschickten Umgang mit Konflikten zu erlernen.

Guter Tipp

Schüler statten sich genau wie ihre Lehrer mit den verschiedensten ausgeklügelten Abwehrstrategien für den Konfliktfall aus. Eine sehr beliebte Schülerstrategie ist das Nachwürzen des ursprünglichen Verhaltens durch eine zusätzliche Provokation, die nicht mehr direkt etwas mit dem eigentlichen Streitpunkt zu tun hat. Ein solches Folgeverhalten ist beispielsweise das Grinsen, das über das Gesicht des Schülers huscht, die Tür, die nach einem Rauswurf zugeknallt wird oder das unzufriedene Murmeln, während sich der Lehrer vom Ort des Geschehens entfernt. So ein Verhalten kann manchmal deutlich provozierender sein als das ursprüngliche Verhalten. Der Schüler signalisiert damit: „Fang mich doch!" Er bezweckt im Grunde damit, dem Lehrer eine emotionale Reaktion zu entlocken. Ignorieren Sie solche Verhaltensweisen nicht, aber sprechen Sie sie zu einem angemessenen Zeitpunkt an, wenn der Schüler sich beruhigt hat.

Vorsicht Falle

- Lassen Sie sich nicht vom Thema ablenken. Es gibt gängige Ablenkungsstrategien, die einen 10-Sekunden-Konflikt in eine einstündige Diskussion verwandeln können. Der Schüler beginnt in der Regel ungefähr so: „Ich finde die Klasse doof und mein Vater sagt, es ist sowieso Zeitverschwendung" oder „Wozu braucht man denn Geschichte?" In diesem Fall können Sie durch Ansagen wie „Ich verstehe ..." oder „Ich höre, was du sagst ..." das Gespräch wieder in gewünschte Bahnen lenken.
- Bringen Sie kein vergangenes Fehlverhalten oder Vergleiche mit Geschwistern oder anderen Schülern ins Spiel: „Dein Bruder hat sich nicht so benommen."

▶▶

- Verletzen Sie die Privatsphäre des Schülers nicht. Er könnte sich bedroht fühlen und aggressiv reagieren.
- Äußern Sie nicht unaufgefordert Ratschläge oder Kritik, wenn Sie das Verhalten des Schülers diskutieren: „An deiner Stelle würde ich …“ oder „Bist du weiterhin unvernünftig oder bist du jetzt endlich erwachsen geworden?“ ◀

Aus der Praxis

Raufereien im Unterricht

Wenn Sie Ihre Klasse effektiv führen und Ihre Schüler gut einschätzen können, sollte die Wahrscheinlichkeit für körperliche Auseinandersetzungen während des Unterrichts recht gering sein. Wenn Sie in Ihrer Klasse eine positive, von Vertrauen und Wertschätzung geprägte Atmosphäre schaffen, haben Aggressionen normalerweise keinen Nährboden mehr. Falls Sie mit sehr impulsiven Schülern arbeiten, kann es nützlich sein, ein Signalwort zu etablieren (z. B. „Hände weg“) für den Fall, dass sich Handgreiflichkeiten andeuten. So können Sie zu verstehen geben, dass unerlaubte Berührungen nicht gestattet sind. So ein Signalwort ist gleich in zweierlei Hinsicht nützlich: Es unterbindet Handgreiflichkeiten und schreckt gleichzeitig die Schüler ab, die andere scheinbar nur aus Spaß schubsen und damit aggressive Reaktionen provozieren. Wenn Schüler solche verbalen Signale gewohnt sind, können Sie aggressives Verhalten mit einem deutlichen „Daniel, Hände weg“ oft schon erfolgreich im Keim ersticken.

Manchmal kommt es natürlich trotz allem zu Raufereien. Völlig unabhängig von Ihrer Körpergröße sollten Sie es sich zum ersten Gebot machen, in solchen Situation nie sofort körperlich einzugreifen, sondern zuerst einen Schüler loszuschicken, um Hilfe zu holen. Gleichzeitig können Sie verbal eingreifen, indem Sie den Beteiligten klare Handlungsanweisungen geben. An diesem Punkt ist es meist schon zu spät, Schülern Konsequenzen anzudrohen, „Ich lasse Mr. Hopkins kommen “ oder „Gleich werfe ich dich hinaus“. Ihre Anweisungen sollten klar und unanfechtbar sein, „Rizwan, nimm deine Hände runter und geh zurück“ oder „Julie McManon, stell dich neben mein Pult“. Wenn die Schüler jung genug sind, dass Sie sicher körperlich eingreifen können, bevor ein Kollege zu Hilfe kommt, dann sollten Sie das tun. Wenn Sie die raufenden Schüler voneinander trennen, halten Sie sie an der Schulter fest oder drücken Sie vorsichtig den Oberarm eines der Kinder nach unten. Sie sollten Ihre Emotionen immer unter Kontrolle behalten und wirklich nur so viel Kraft aufwenden wie nötig. Reden Sie mit den Schülern, während Sie sie voneinander trennen, erklären Sie, was Sie gerade tun und was Sie als Nächstes tun wollen: „Bei mir wird nicht gerauft“, „Ich halte deine Arme nach unten, damit du niemandem wehtust“, „Setz dich auf den Stuhl“.

Bei älteren oder stärkeren Schülern oder jenen, die jegliche Kontrolle über ihre Emotionen verloren haben, kann eine körperliche Intervention ein beträchtliches Risiko darstellen. ▶▶

Im Zweifel ist es das Beste, einfach auf Unterstützung zu warten statt sich einzumischen. Schicken Sie die anderen Schüler aus dem Raum und lassen Sie die Tür offen. Ich bin schon Zeuge von einigen hässlichen Raufereien zwischen älteren Jugendlichen geworden und musste warten, bis fünf oder sechs weitere Kollegen da waren, bevor ein sicheres Eingreifen möglich war. Ohne Unterstützung kann man nur zu leicht in das Gerangel verwickelt werden und beim Versuch, einen Schüler daraus zu entfernen, im Eifer des Gefechts gut und gerne mal einen Schlag einstecken. ◀

Versuchen Sie es damit

Planen Sie Ihre Reaktionen in Konfliktsituationen mit dieser Vorlage. Halten Sie sich die ganze Woche daran und ändern Sie sie gegebenenfalls. Beobachten und analysieren Sie genau, wie die Schüler auf Ihr Vorgehen reagieren.

Reaktionen bei Konflikten

Ihre erste Reaktion in einer Konfliktsituation:

....

Während der Schüler redet, werden Sie:

....

Wenn Sie aus dem Gespräch aussteigen wollen, sagen Sie:

....

Wenn der Konflikt beendet ist, werden Sie sofort:

....

Wenn ausreichend Zeit verstrichen ist, werden Sie:

....

Auf einen Blick

Das ist zu tun	Nutzen für den Lehrer	Nutzen für den Schüler
Treten Sie einen Schritt zurück und hören Sie zu statt zu sprechen.	Der Lehrer hat mehr Zeit, überlegt zu reagieren; der Konflikt wird nicht von zwei Seiten her geschürt.	Die Schüler lernen, dass der Lehrer sich nicht auf aggressive Konflikte einlässt; es wird ihnen vorbildliches Verhalten demonstriert.

▶▶

Auf einen Blick *(Fortsetzung)*

Das ist zu tun	Nutzen für den Lehrer	Nutzen für den Schüler
Legen Sie sich genau zurecht, was Sie sagen wollen und wie Sie es sagen wollen.	Mit einer überlegten Wortwahl kann der Lehrer Aggressionen besser eindämmen und Konflikte entschärfen.	Die Schüler hören klare, unparteiische Anweisungen und auch auf nonverbaler Ebene wird Ruhe vermittelt.
Suchen Sie nicht nach unmittelbaren Lösungen.	Der Lehrer steht nicht unter Druck, sofort eine Lösung parat haben zu müssen und kann die Diskussion auf einen angemessenen Zeitpunkt und an einen angemessenen Ort verschieben.	Die Schüler haben Zeit, über ihr Verhalten nachzudenken; sie wissen, dass impulsive oder unfaire Reaktionen des Lehrers unwahrscheinlich sind.
Schreiben Sie so bald wie möglich einen detaillierten und genauen Bericht.	Der Lehrer kann genau belegen, was gesagt wurde, was passiert ist und wer beteiligt war.	Die Schüler haben Zeit, über den Vorfall nachzudenken, bevor darüber gesprochen wird.

◀

Tipps für die Primarstufe, Sekundarstufe I und Sekundarstufe II

Primarstufe

Bei jüngeren Kindern entstehen Konflikte meist durch Trotzreaktionen oder direkte Beleidigungen. In solchen Situationen ist es wichtig, zurückzutreten. Bringen Sie den Kindern bei, dass sie Ihre Beachtung nicht durch Schreien oder lautstarken Protest bekommen. Gehen Sie weg, warten Sie kurz, bis sie sich beruhigt haben und schreiben Sie sich die Zeit auf, die der Schüler Ihnen für seinen Wutausbruch schuldet. Die Botschaft muss klar sein: „Mit diesem Verhalten kommst du woanders durch, aber niemals bei mir“.

Sekundarstufe I

Sie können einen Konflikt konstruktiv lösen, auch wenn Sie das erste Wortgefecht nicht gewinnen. Durch Ihre Reaktion können Sie angemessenes Verhalten demonstrieren. Ihr eigenes Verhalten steht die ganze Zeit sehr stark im Fokus der Aufmerksamkeit; Ihr Verhalten gegenüber dem Angreifer ist dabei genauso wichtig wie Ihr Verhalten gegenüber den Zuschauern. Proben Sie Ihren Gesprächsausstieg, so dass Sie sich dem Konflikt entziehen können, bevor er weiter eskaliert, „Ich sehe, dass du wütend bist, ich gehe jetzt weg und wir können darüber sprechen, wenn wir uns beide beruhigt haben“.

Sekundarstufe II

Konflikte treten in dieser Altersgruppe häufiger zwischen Schülern auf als zwischen Lehrer und Schüler. Wenn Sie mit besonders impulsiven Gruppen arbeiten, sollten Sie einen eingeübten Ablauf dafür parat haben, wie Sie im Konfliktfall Unterstützung holen können.

Der 30-Tage-Test

Was möchten Sie beim Umgang mit Konflikten in Zukunft anders machen? Die Neuerungen können sich auf einen einzelnen Schüler oder eine ganze Lerngruppe beziehen. Setzen Sie einige der in diesem Kapitel vorgeschlagenen Tipps 30 Tage lang konsequent um, damit Sie genügend Zeit haben, die Neuerungen in den Unterrichtsalltag zu integrieren.

In 30 Tagen komme ich zur Arbeit und ....
....
....
....
....

Meine persönlichen Vorsätze sind:

1. .... Geprüft am ....
2. .... Geprüft am ....
3. .... Geprüft am ....

Kapitel

9

Der richtige Draht zu Problemschülern

„Ich weiß nicht, ob ich die richtige Einstellung zur Arbeit habe.“

(Bill Hicks)

In diesem Kapitel erfahren Sie etwas über

- Das Prinzip
- Die Umsetzung

Neben Strategien zum Aufbau einer Lehrer-Schüler-Beziehung geht es um Tipps für die Primarstufe, die Sekundarstufe I und die Sekundarstufe II

Das Prinzip

Verhaltensauffällige Schüler suchen sich die Stunden, in denen sie stören und die Lehrer, denen sie das Leben schwer machen, genau aus. Es fällt ihnen schwerer, aggressiv zu reagieren oder sich daneben zu benehmen, wenn zwischen Schüler und Lehrer eine vertrauensvolle Beziehung besteht. Durch den gezielten Aufbau einer solchen Beziehung können Sie das Konfliktpotential in Ihren Stunden erheblich verringern. Um das Verhalten von Schülern in den Griff zu bekommen, die notorisch Ihren Unterricht stören und bei denen selbst Sanktionen nicht mehr helfen, ist der Aufbau einer vertrauensvollen Lehrer-Schüler-Beziehung sogar der einzige Weg.

Die Umsetzung

Es geht hier nicht darum dazuzugehören. Schlagen Sie sich die Vorstellung eines Lehrers mit Baseballkappe aus dem Kopf, der auf eine Gruppe verschwörerisch dreinblickender Fünftklässler zuschlurft und sagt „Hey, was geht, Alter, dieser Phil Collins is echt korrekt, Alter". Dazu will ich wirklich nicht raten, auch wenn es sicherlich lustig anzusehen wäre.

Guter Tipp

Es geht nicht darum, dass Sie sich den Respekt Ihrer Schüler verschaffen oder sich mit ihnen anfreunden. Es geht allein darum, dass Sie das Vertrauen der Schüler gewinnen. Vertrauen entsteht, wenn zwei Menschen einander mögen. Es ist ganz sicher hilfreich, wenn man gut miteinander klarkommt, aber Vertrauen kann durchaus zwischen Menschen entstehen, die keine wirkliche persönliche Verbindung zueinander haben. Ganz gleich, ob Sie Ihre Schüler mögen oder nicht, ich rate Ihnen, zu jedem Einzelnen von ihnen eine vertrauensvolle Beziehung aufzubauen und zu pflegen. Fangen Sie von sich aus an, an dieser Beziehung zu arbeiten und warten Sie nicht darauf, dass die Schüler von selbst zu Ihnen Vertrauen fassen. Es gibt Kollegen, die ständig darüber jammern, wie respektlos Kinder doch geworden sind. Leider sind solche Gespräche meist ziemlich unproduktiv und werden von Lehrern angestoßen, die Kinder nicht wirklich mögen. Sie führen zu rein gar nichts und es ist besser, einfach wegzuhören.

Ich empfehle Ihnen, zunächst zu überlegen, welche Situationen sich dazu eignen, um die Arbeit an der Beziehung aufzunehmen. Das kann beispielsweise ein Zeitpunkt sein, zu dem der Schüler gerade nicht in der Nähe seiner Clique ist oder wenn er gerade einen entspannten und zugänglichen Eindruck macht. Oder Sie passen einfach irgendeine ungezwungene Situation ab, in der kein Zeitdruck besteht. Ich empfehle in jedem Fall, auf den Schüler lieber öfter und dann mit kürzeren Gesprächen zuzugehen als ihn gleich beim ersten Mal in eine ausgedehnte Unterhaltung zu verwickeln.

Es kann natürlich sehr gut passieren, dass Ihr Vorstoß am Anfang alles andere als begrüßt wird. Sie sollten sich zum Ziel setzen, den Schüler ganz behutsam davon zu überzeugen, dass Sie wirklich Vertrauen aufbauen wollen. Sie sollten allerdings damit rechnen, dass Ihre Bemühungen zurückgewiesen werden. Vielleicht testet Sie der Schüler und will sehen, wie sehr Sie wirklich daran interessiert sind, eine Beziehung zu ihm zu pflegen. Vielleicht ist es ihm generell nicht recht, eine private Unterhaltung zu führen, da er sich in der Konfliktsituation mehr zu Hause fühlt als in einer Vertrauensbeziehung. Oder vielleicht hat er ganz einfach für sich entschieden, dass man um Lehrer besser grundsätzlich einen großen Bogen macht.

Wenn Sie die erste Hürde überwunden haben, beginnt die harte Beziehungsarbeit; es kann gut sein, dass Sie von da an noch einen recht weiten und steinigen Weg zurücklegen müssen. Als Nächstes sollten Sie damit beginnen, dem Schüler über die Eltern oder den Klassenlehrer positive Botschaften zukommen zu lassen. Geben Sie ihm neben schlechten Nachrichten immer wieder gute mit, rufen Sie zu Hause an, schreiben Sie positive Elternbriefe, hängen Sie sie auf, fragen Sie die Eltern, ob Sie auf eine Tasse Tee vorbeikommen können. Bauen Sie gleichzeitig eine Beziehung zum Elternhaus und zum Schüler auf. Geben Sie nicht auf und geben Sie nicht nach. Ihre Kollegen werden wahrscheinlich den Kopf schütteln und Ihnen sagen, dass Sie doch kein Sozialarbeiter seien. Schenken Sie solchem Gerede kein Gehör und bauen Sie gezielt Beziehungen genau zu den Schülern auf, um die andere Lehrer einen großen Bogen machen. Schaffen Sie ganz langsam eine Basis dafür, dass die Schüler beginnen können, Sie zu mögen, Vertrauen zu fassen und sich auf Sie zu verlassen.

Eine nachhaltig positive Beziehung mit einem Schüler auf Augenhöhe aufzubauen kommt einem Drahtseilakt gleich. Jede Pappnase kann sich auf Kosten der eigenen Würde einen Schüler zum Freund machen: „Nenn mich Bob“. Oder auf Kosten anderer Lehrer: „Ich kann den auch nicht leiden“. Oder auf Kosten des eigenen Geldbeutels: „Nimm den goldenen iPod als Belohnung/Geschenk/Bestechung“. Eine Beziehung, die auf einer Pseudofreundschaft beruht, kann fröhlich vor sich hinlaufen bis zu dem Punkt, wo das „Vertrauen“ ins Wanken kommt und es darum geht, die Frustration des Lernens anzusprechen oder Abgabefristen einzuhalten. Die meisten von uns akzeptieren ihre Freunde, wie sie sind, und versuchen nicht, ihnen Grenzen zu setzen. In einer Lernumgebung aber müssen genau dort Grenzen gezogen werden, wo sie bei einer Freundschaft verschwimmen.

Gegenseitiges Vertrauen und gegenseitigen Respekt bekommt man nicht geschenkt, sondern man muss sie sich verdienen. Sie setzen bestimmte Grenzen, was das Verhalten und den Unterricht angeht, und erwarten von den Schülern, dass sie diese nicht überschreiten. Genau das Gleiche gilt auch für die Lehrer-Schüler-Beziehung.

Für manche Schüler müssen die Grenzen und Erwartungen ganz genau definiert werden. Das ist ganz besonders wichtig auf Klassenfahrten und Ausflügen, wo plötzlich andere Erwartungen ins Spiel kommen können und Sie mehr von Ihrem Privatleben preisgeben. Im Internet, wo viel private Kommunikation stattfindet, müssen Grenzen sogar noch konsequenter gezogen werden. MySpace, SchülerVZ, Twitter oder Facebook sind für Freunde und nicht für Lehrer und aktuelle Schüler.

Der Aufbau einer vertrauensvollen Beziehung zu seinen Schülern gehört nicht nur zu den Hauptaufgaben eines Lehrers, sondern ist die Grundlage für ein funktionierendes zwischenmenschliches Klima in der Klasse. Erfahrene Lehrer wissen, dass der Schlüssel zum Erfolg darin liegt, freundlich, aber nicht befreundet zu sein, ehrlich zu sein, aber nicht das Privatleben zu offenbaren, offen, aber nicht durchschaubar zu sein.

Um die Beziehung zu Ihren Schülern weiterzuentwickeln, empfehle ich, dass Sie nach und nach versuchen, etwas über ihre Interessen zu erfahren: Vielleicht genügt es schon, ihnen zuzuhören, aber es kann auch sehr effektiv sein, gemeinsame Interessengebiete oder Erfahrungen auszukundschaften. Trotz einer entstehenden Vertrauensbeziehung kann es natürlich vorkommen, dass Sie dem Schüler im Unterricht eine Sanktion erteilen oder zu anderer Gelegenheit mit ihm über sein Fehlverhalten sprechen müssen. Ich rate dazu, dass Sie in der Anfangsphase Ihrer Beziehungsarbeit solche Gelegenheiten nicht dazu nutzen, die Beziehung zu dem Schüler weiterzuentwickeln und sich auf eine persönliche Ebene zu begeben: Sie laufen Gefahr, missverständliche Botschaften zu senden. Wenn sich die Beziehung weiterentwickelt und Sie sich gegenseitig besser kennen, gelingt es Ihnen vielleicht, zwischen formeller und vertrauter Ebene gezielt umzuschalten und eine ganz klare Botschaft zu senden.

Elternabende können Sie gut als Gelegenheit nutzen, um mehr über das Leben, die Interessen und die Beweggründe des Schülers herauszufinden. In diesem Zusammenhang lohnt es sich, die Vorteile von Klassenfahrten gegenüber den offensichtlichen Nachteilen wie die verlorene Freizeit abzuwägen.

Wenn Lehrer Klassenfahrten oder Ausflüge begleiten, müssen sie ihre offizielle „Maske“ ablegen und sind gezwungen, der Gruppe etwas mehr von sich preiszugeben. Schwierige Schüler haben genau das gleiche Problem; es wird ihnen erheblich schwerer fallen, die nette Seite ihres Charakters zu verbergen. Lehrer kommen oft von Klassenfahrten zurück und berichten, dass sich ihre Beziehung zu einzelnen Schülern weiterentwickelt hat. Sie hatten außerhalb der Schule die Gelegenheit, einen persönlicheren und vertrauteren Umgang miteinander zu finden. Durch gemeinsame Erlebnisse wurde eine Basis geschaffen, auf der sie von da an ihre Beziehung kontinuierlich weiterentwickeln können – auch in der Schule. Die Schüler werden Sie vielleicht nicht gleich in ihre Arme schließen, wenn Sie sich in außerschulischen Aktivitäten engagieren, aber sie können auf jeden Fall sehen, dass Sie sich um sie bemühen und werden Ihnen bereitwilliger ihr Vertrauen schenken.

Ich habe solche Fahrten immer mit Begeisterung begleitet und mich freiwillig zur Teilnahme an der Skifreizeit in Italien, am Pfadfinderlager usw. bereit erklärt. In meinen Augen überwiegen die Vorteile solcher Fahrten deutlich gegenüber Unannehmlichkeiten wie Papierkram, Zeit weg von zu Hause, Vorbereitung von Vertretungsstunden, verlorene Wochenenden usw.

Ich sehe die Schüler dort, wie sie wirklich sind – junge Menschen, die etwas über eine Welt erfahren, die viel größer und aufregender ist als das, was die Räume der Schule zu bieten haben.

Vorsicht Falle

- Sprechen Sie nicht öffentlich über Unterhaltungen, die Sie privat mit Schülern geführt haben. Mit nichts kann man leichter eine Vertrauensbeziehung beschädigen als mit dem Ausschwatzen von Details privater Gespräche in der Öffentlichkeit.
- Treffen Sie sich nicht mit einem Schüler in einem geschlossenen Klassenraum. Selbst wenn Sie den Schüler gut kennen und einschätzen können, ist es immer besser, sich mit ihm an einem öffentlichen Ort zu verabreden – in der Bibliothek, der Cafeteria oder in der Eingangshalle.

Aus der Praxis

Zwei Gesichter

Karen war sieben Jahre alt und bereits in diesem jungen Alter eilte ihr ein übler Ruf voraus. Sie war immer auf alle Welt wütend, sie war ungepflegt, unordentlich und unorganisiert. Sie kam jeden Tag zu spät zur Schule und manchmal erschien sie gar nicht. Während des Unterrichts lag sie entweder schlafend in ihrer Jacke hinten im Klassenzimmer oder sie hatte Wutausbrüche und ließ Fäuste und Möbel fliegen. Sie war eine der Schülerinnen, die dem Lehrer das Leben viel einfacher macht, wenn sie nicht da ist.

Beschwerden von Kollegen trafen massenhaft ein und ich hinterließ Nachrichten bei den Eltern, gab Karen Ratschläge, sanktionierte sie und wies mehrere Anfragen ab, sie von der Schule zu verweisen. Sie war vor kurzem von der örtlichen Grundschule zu uns gekommen, von wo wir die Information erhielten, dass sich ihr Verhalten und ihre Körperhygiene gegen Ende des vergangenen Schuljahres plötzlich verschlechtert hatten. In meinen zahlreichen Gesprächen mit Karen tat ich wirklich alles dafür, um eine Beziehung zu ihr aufzubauen, aber sie blockte ab. Sie hatte eine Mauer um sich herum errichtet gegen alles, was von der Schule kam und war um keinen Preis bereit, sich helfen zu lassen.

Einige drängendere Nachrichten gingen an die Eltern, die per Brief beantwortet wurden: Karen beteuerte, dass ihre Eltern rund um die Uhr arbeiteten und einfach keine Zeit hatten, in die Schule zu kommen. Dieser Briefwechsel verbesserte die Situation keineswegs und Telefonanrufe im Elternhaus wurden von der Großmutter

▶▶

angenommen, die nicht weiterhelfen konnte. Ich beschloss, nach der Arbeit persönlich hinzufahren, auch wenn mein Besuch unerbeten war.

Als ich vor dem Haus stand, öffnete Karen die Tür; sie war nicht wütend, beteuerte aber, dass sie mir etwas sagen müsse. Weil ihre Eltern nicht zu Hause waren, verabredeten wir uns für den nächsten Tag zur Klassenlehrersprechstunde. Es stellte sich schließlich heraus, dass Karens Eltern vor ungefähr fünf Monaten von zu Hause weggegangen waren. Sie kümmerte sich rund um die Uhr um ihre kranke Großmutter und nachts bekam sie wenig bis gar keinen Schlaf. Sie machte den Haushalt, kochte, kaufte ein und putzte, wenn Zeit dafür war. Sie war wütend, weil ihre Eltern gegangen waren, aber vor allem war sie erschöpft. Mit einer so großen Verantwortung auf ihren Schultern war es nicht verwunderlich, dass die Schule auf ihrer Prioritätenliste ziemlich weit unten stand. Nichtsdestotrotz war die Tatsache, dass sie überhaupt zur Schule kam, schon ein Erfolg. Mit zusätzlicher Unterstützung im Haushalt bekam Karen mehr Schlaf und die Gratwanderung zwischen Haushalt und Schule gelang ihr besser. Als ihre Lehrer ihre Beweggründe nun kannten, brachten sie ihr mehr Empathie und Zuwendung entgegen. Im Gegenzug war sie besser in der Lage, ihr Verhalten zu kontrollieren und kanalisierte ihre negative Energie über Sport (obwohl, wenn ich mich richtig erinnere, Korbball für einige Zeit ein Kontaktsport war). Was alle Beteiligten so sehr überraschte war, dass sie, abgesehen von der Tatsache, dass sie ihre wahre Situation verschwiegen hatte, eine sehr stark ausgeprägte fürsorgliche Seite an sich hatte. Diese Seite stand im scharfen Kontrast zu den Aggressionen, die sie gegenüber Lehrern und Mitschülern an den Tag gelegt hatte. Sie beschwerte sich nie darüber, dass sie zu Hause die unangenehmsten und unwürdigsten Aufgaben erledigen musste, aber in der Schule hatte sie Probleme damit, ihre Jacke auszuziehen.

Schüler genau wie Lehrer geben sich in ihrem privaten Umfeld anders als in der Schule. Um zu den Schülern eine Beziehung aufzubauen, ist es oft nützlich, die strikte Trennung dieser beiden aufzuheben. Versuchen Sie ruhig, die Beziehung zu Ihren Schülern auf eine persönliche Ebene zu bringen. Empathie ist eine Stärke und keine Schwäche. ◀

Versuchen Sie es damit

Strategien zum Aufbau einer Lehrer-Schüler-Beziehung

Gehen Sie die Checkliste durch und kreuzen Sie die Strategien an, die Sie schon umsetzen; wählen Sie drei Ideen aus, die Sie sofort umsetzen wollen, und drei, die Sie in den nächsten Wochen ausprobieren wollen.

	Setze ich schon ein	**Will ich sofort umsetzen**	**Will ich bald umsetzen**
Machen Sie eine freundliche Bemerkung, wenn der Schüler ins Klassenzimmer kommt.			

▶▶

Versuchen Sie es damit *(Fortsetzung)*

	Setze ich schon ein	Will ich sofort umsetzen	Will ich bald umsetzen
Machen Sie eine freundliche Bemerkung, wenn der Schüler das Klassenzimmer verlässt.			
Suchen Sie sich Lehrer, die eine gute Beziehung zu dem Schüler haben, und fragen Sie sie um Rat.			
Geben Sie dem Schüler etwas, das ihn interessieren könnte – einen Zeitungsartikel, einen Internetlink, leihen Sie ihm ein Buch.			
Leiten Sie Ihr Lob über die erwähnten Kollegen um, um sicherzugehen, dass Ihre Botschaft wirklich ankommt.			
Finden Sie spezifische Bereiche Ihrer Arbeit mit dem Schüler, in denen Sie ihn loben und ermutigen – „Deine Designentwürfe sind klasse; meinst du, du hast Zeit, welche für dieses Poster entwickeln?“			
Unterhalten Sie sich während Ihrer Pausenaufsicht mit dem Schüler.			
Erkundigen Sie sich bei dem Schüler nach seinem Befinden, seiner Familie, seiner Fußballmannschaft.			
Grüßen Sie den Schüler, wenn Sie ihm auf dem Gang begegnen.			
Wenn der Schüler sich gut benimmt, sagen Sie das Ihren Kollegen (gerne laut im Lehrerzimmer).			
Halten Sie Ihren Kontakt zu den Eltern ausgewogen; geben Sie beim ersten Kontakt eine positive Rückmeldung und nennen Sie beim nächsten Mal nur ein oder zwei Problembereiche, bei denen sofortiger Handlungsbedarf besteht.			
Benachrichtigen Sie die Eltern telefonisch über Fortschritte des Schülers hinsichtlich seines Verhaltens.			
Stellen Sie regelmäßig Blickkontakt zu dem Schüler her.			
Machen Sie deutlich, dass Sie den Schüler nur nach seinem derzeitigen Verhalten beurteilen; vergangenes Fehlverhalten beeinflusst Ihre Erwartungen nicht negativ.			

▶▶

Versuchen Sie es damit *(Fortsetzung)*

	Setze ich schon ein	Will ich sofort umsetzen	Will ich bald umsetzen
Reagieren Sie positiv auf eine Besserung des Verhaltens.			
Geben Sie dem Schüler eine verantwortliche Aufgabe im Klassenzimmer – Verteilen von Unterrichtsmaterial, Bedienung der Jalousien, Einteilung von Gruppen usw.			
Schreiben Sie eine detaillierte Rückmeldung unter Arbeiten des Schülers.			

◀

Auf einen Blick

Das ist zu tun	Nutzen für den Lehrer	Nutzen für den Schüler
Schwierige Schüler haben weniger Anreiz zu stören, wenn sie eine vertrauensvolle Beziehung zum Lehrer haben.	Schüler, die zuvor den Unterricht störten und das Lernen behinderten, sind eher gewillt, zuzuhören und die Regeln zu befolgen.	Die Schüler spüren durch seine Bemühungen, dass sie dem Lehrer wichtig sind. Sie können Erwachsenen nicht aus dem Weg gehen.
Arbeiten Sie von sich aus an der Beziehung zu Schülern, aber gehen Sie es bei schwierigen Schülern ganz langsam an.	Der Lehrer ist hinsichtlich der Zeit, die der Aufbau einer Beziehung erfordert, realistisch und respektiert das Recht des Schülers auf Privatsphäre.	Der Lehrer drängt sich dem Schüler nicht auf.
Nutzen Sie die Gelegenheit, auf Klassenfahrten/Ausflügen Beziehungen zu Schülern weiterzuentwickeln.	Beziehungen werden durch gemeinsame Erlebnisse gefestigt; Gespräche finden in einem ungezwungenen Rahmen statt.	Die Schüler erfahren mehr über ihre Lehrer und können so ungezwungener mit ihnen umgehen.
Senden Sie keine missverständlichen Botschaften. Nutzen Sie die Situationen, in denen Sie eine Sanktion erteilen, nicht als Gelegenheit, an der Beziehung zu arbeiten.	Der Lehrer hält Sanktionen strikt von privaten Gesprächen getrennt. Die entstehende Beziehung wird nicht missbraucht.	Die Schüler wissen, dass die hohen Erwartungen des Lehrers an das Verhalten unverändert bleiben.

▶▶

Auf einen Blick ***(Fortsetzung)***

Das ist zu tun	Nutzen für den Lehrer	Nutzen für den Schüler
Verbringen Sie außerhalb des Unterrichts in den Aufenthaltsbereichen Zeit mit Schülern. Das erleichtert den Aufbau einer positiven Beziehung.	Es bieten sich mehr Gelegenheiten für private Gespräche; Sie lernen Schüler in einem ungezwungenen Rahmen kennen.	Die Schüler können mit ihren Lehrern Gespräche führen, die sich nicht nur um den Unterrichtsstoff drehen.

Tipps für die Primarstufe, Sekundarstufe I und Sekundarstufe II

Primarstufe

Die „Eltern-schauen-zu"-Technik: Stellen Sie sich vor, dass die Eltern des Schülers mithören, wann immer Sie sich mit ihm unterhalten. Das ist eine gute Methode, um zu prüfen, ob die Unterhaltung mit dem Schüler auf einer professionellen Ebene geführt wird. Wenn Sie Ihr eigenes Verhalten stets auf diese Weise reflektieren, können Sie eigentlich nichts falsch machen. Gleichzeitig können Sie abschätzen, ob Sie zu viel von sich preisgeben. Einige Schüler akzeptieren in dieser Hinsicht Grenzen nur schwer. Einige wollen Sie einfach gerne besser kennenlernen, andere wiederum wollen gezielt an Informationen kommen, die sie zu ihrem Vorteil ausspielen können. Dinge aus Ihrem Privatleben preiszugeben, kann Ihnen zwar einige Coolness-Punkte einbringen, sie können aber genauso gut falsch interpretiert und falsch wiedergegeben werden.

Sekundarstufe I und II

Fragebögen

Entwerfen Sie einen Fragebogen für Ihre Schüler oder bitten Sie die Schüler, einen für ihren Partner zu entwerfen; verwenden Sie dabei die folgenden Beispielfragen als Vorlage. Schüler geben oft mehr von sich preis, wenn sie es aufschreiben dürfen, als im Klassenplenum. Sie versuchen damit nicht, das Leben Ihrer Schüler auszuspionieren, sondern Sie wollen etwas über ihre Beweggründe, über ihre Interessen sowie darüber erfahren, wie Sie den Unterricht für sie interessanter gestalten können.

Nenne etwas, das nicht viele Leute über dich wissen.

Apfelsaft oder Orangensaft?

Bist du nacht- oder tagaktiv?

Isst du lieber süß oder salzig?

Ninjas oder Piraten?

Sammelst du etwas?

Wenn du ein Tier wärst, welches wärst du gerne?

Wenn du übermenschliche Fähigkeiten haben könntest, welche würdest du dir aussuchen?

Was ist normalerweise dein erster Gedanke, wenn du aufwachst?

Was ist normalerweise dein letzter Gedanke, bevor du einschläfst?

Was ist deine Lieblingsfarbe?

Was ist dein Lieblingstier?

Glaubst du an Außerirdische oder Leben auf anderen Planeten?

Glaubst du an Geister?

Warst du schon einmal nach einem Computerspiel süchtig? Nach welchem/welchen?

Was würdest du mit einer Million Euro machen?

Hast du schlechte Angewohnheiten?

Welche deiner schlechten Angewohnheiten nerven dich?

Nenne drei deiner guten Eigenschaften.

Nenne drei deiner schlechten Eigenschaften.

Schwärmst du für einen Star?

Nenne eine Sache, die du gerne an dir ändern würdest.

Welche Charaktereigenschaften magst du an anderen Leuten nicht?

Bist du eher ordentlich oder eher unordentlich?

An welchem Ort der Welt würdest du gerne leben?

Welchen Ort der Welt würdest du gerne besuchen?

Nenne fünf Dinge, die du im Leben vorhast.

Nenne etwas, das du bereust.

Was ist im Moment dein Lieblingssong?

Nenne einen Grund, warum du es magst, ein Kind zu sein.

Was ist deiner Meinung nach der beste Song aller Zeiten?

Was machst du am liebsten am Samstagabend?

Was machst du am liebsten am Sonntagnachmittag?

Hast du verborgene Talente?

Was wäre dein Traumberuf?

Wenn du drei Wünsche frei hättest, was würdest du dir wünschen?

Wenn du deinen Namen ändern müsstest, wie würdest du dich nennen?

Glaubst du an das Leben nach dem Tod?

Hast du Geschwister? Wenn ja, wie viele?

Was ist deine Lieblingsbeschäftigung?

Was ist die Beschäftigung, die du am wenigsten magst?

Was ist dein Lieblingsfach?

Hast du bei Aktivitäten in der Schule mitgemacht (oder hoffst du, mitmachen zu können) – z.B. Clubs, Sport-AGs? Wenn ja, bei welchen?

Was ist deine Lieblingsmusikrichtung?

Am Wochenende gehe/mache ich gerne ...

Ich bewundere ..., weil er/sie ...

Wenn ich einen Tag an einem Ort meiner Wahl verbringen könnte, dann wäre das ...

Ich lerne am meisten, wenn der Lehrer ...

Ich lerne am meisten, wenn ich ...

Ich finde es nicht gut, wenn Lehrer ...

Ich finde es nicht gut, wenn ich ... muss.

Nach der Schule werde ich wahrscheinlich ...

Mein idealer Job wäre ...

Wann hast du dich in der Schule besonders erfolgreich gefühlt?

Wann warst du in der Schule besonders stolz?

Was ist das Einfachste in der Schule?

Was ist das Schwerste in der Schule?

Welche drei Dinge kann ich als Lehrer tun, um dich dabei zu unterstützen, in dieser Klasse erfolgreicher zu werden?

Welche drei Dinge kannst du tun, um dich selbst dabei zu unterstützen, in diesem Schuljahr erfolgreicher zu werden?

Welches ist deine Lieblingssportmannschaft?

Wer ist dein Lieblingsspieler?

Wer ist dein Lieblingskünstler?

Was ist dein Lieblingsfilm?

Wer ist dein Lieblingsschauspieler?

Was machst du gerne, wenn du Spaß haben willst?

Der 30-Tage-Test

Was möchten Sie beim Aufbau von Lehrer-Schüler-Beziehungen in Zukunft anders machen? Die Neuerungen können sich auf einen einzelnen Schüler oder eine ganze Lerngruppe beziehen. Setzen Sie einige der in diesem Kapitel vorgeschlagenen Tipps 30 Tage lang konsequent um, damit Sie genügend Zeit haben, die Neuerungen in den Unterrichtsalltag zu integrieren.

In 30 Tagen komme ich zur Arbeit und ....
....
....
....
....

Meine persönlichen Vorsätze sind:

1. .... Geprüft am ....
2. .... Geprüft am ....
3. .... Geprüft am ....

Kapitel

10

Vertrauensbildung in der Klasse

„Beim Spiel kann man einen Menschen in einer Stunde besser kennenlernen als im Gespräch in einem Jahr.“

(Platon)

In diesem Kapitel erfahren Sie etwas über

- Das Prinzip
- Die Umsetzung

Es gibt zahlreiche Anregungen und Übungen zum Aufbau von Vertrauen sowie

- Tipps für die Primarstufe, die Sekundarstufe I und die Sekundarstufe II

Das Prinzip

Gegenseitiges Vertrauen zwischen Schülern und zwischen Lehrern und Schülern ist viel verlangt und dennoch kein unerreichbares Ideal. In einer Klasse, in der die Schüler sich gegenseitig vertrauen, können Risiken eingegangen und Gedanken öffentlich ausgeführt werden. Es herrscht keine Angst vor öffentlichem Versagen und Schüler sind in der Lage, komplexe Denkprozesse zu meistern. Vertrauensbildung sollte ein integraler Bestandteil Ihrer Arbeit mit den Schülern sein. Eine vertrauensfördernde Umgebung muss Schülern Gelegenheiten bieten, Konflikte konstruktiv zu lösen, sich im Fall eines Vertrauensbruchs zu beschweren und im Rahmen spezieller Unterrichtsaktivitäten zu lernen, Vertrauen zu fassen und anzunehmen.

Die Umsetzung

Um innerhalb einer Klasse ein Klima gegenseitigen Vertrauens zu schaffen, ist es zunächst sehr hilfreich, gemeinsam mit den Schülern eine Definition für Vertrauen zu entwickeln. Schüler verwenden ein breites Repertoire an Begriffen, um Vertrauen auszudrücken. Auch wenn sich ihre Sprache von Ihrer unterscheidet, gibt es im Wortschatz der Schüler etablierte Definitionen aus ihrem Freundeskreis und dem familiären Umfeld. Verwerfen Sie diese Definitionen nicht, sondern kombinieren Sie sie mit Ihren eigenen Vorstellungen und arbeiten Sie in der Klasse eine gemeinsame Definition von Vertrauen aus. Hängen Sie diese Definition für alle gut sichtbar aus. Als Nächstes sollten Sie dann die Vertrauensbildung gezielt unterstützen. Sie können ganz konkrete Schritte unternehmen, um gegenseitiges Vertrauen zwischen Schülern zu fördern.

Zunächst ist es sehr hilfreich, den Schülern eine Gelegenheit zur Mitsprache zu geben und ihre Meinung zu Ihrem Unterricht einzuholen. Sprechen Sie ganz offen mit den Schülern darüber, was ihnen gefällt und was nicht und schaffen Sie durch diesen offenen und aufrichtigen Dialog eine solide Grundlage für gegenseitiges Vertrauen. Rückmeldung von Schülern können Sie sich z. B. folgendermaßen holen:

» Bringen Sie drei beschriftete Boxen neben der Tür des Klassenzimmers an und geben Sie allen Schülern ein Kärtchen, das sie in die jeweilige Box werfen, um Ihren Unterricht zu bewerten und Ihnen damit mitzuteilen, wie viel sie gelernt haben oder wie sehr ihnen die Stunde gefallen hat.

» Es besteht außerdem die Möglichkeit, allen Schülern eine Karte zu geben, auf der sie während des Unterrichts in Fünf-Minuten-Intervallen festhalten, wie motiviert sie sich fühlen.

» Interviews, bei denen sich die Schüler in kleinen Gruppen zur Organisation des Unterrichts befragen, sind eine Methode, die Meinung der Schüler einzuholen.

Ich empfehle, ein besonderes Auge darauf zu haben, dass Schüler nie öffentlich bloßgestellt werden, ganz gleich, wie sie sich verhalten. Wenn Sie Bloßstellung hinnehmen, indem Sie beispielsweise Kommentare von Mitschülern ignorieren, gehen Sie den Schülern nicht mit gutem Beispiel voran. Dazu gehört natürlich, dass Sie selbst Schüler nicht lächerlich machen, sie nicht voreingenommen behandeln und ihnen keine abwertenden Spitznamen geben. Sanktionieren Sie konsequent die Schüler, die andere beschimpfen oder schlecht machen. Es gibt viele Lehrer, die sich einen Spaß daraus machen, ihren Schülern ironische oder abwertende Spitznamen zu geben. Sie denken, dass sie so einen guten Draht zu den Schülern finden oder ihren Unterricht mit etwas Humor auflockern können. Ein solches Verhalten des Lehrers kann Schüler sehr leicht verwirren und sie werden Spitznamen wie „Flitzer", „Clown" oder „Zottel" ganz schnell überdrüssig. Lachen Sie mit Ihren Schülern regelmäßig, aber nicht auf deren Kosten, und achten Sie besonders darauf, dass Sie angemessen reagieren, wenn ein Schüler vor der ganzen Klasse einen Fehler macht.

Aus der Praxis

An einer großen Gesamtschule in London wurde schulweit die Wiedergutmachung als Sanktion anstelle von Nacharbeit eingeführt. Das bedeutete, dass von da an jeder Lehrer die Zeit für ein kurzes Lehrer-Schüler-Gespräch aufbringen musste, nachdem er die Sanktion erteilt hatte. Der Zeitaufwand der Lehrer erhöhte sich zunächst durch diese Neuerung erheblich, die Schüler begriffen jedoch recht schnell, dass die Regelung nachhaltig und konsequent beibehalten wurde.
Schüler, die zur Wiedergutmachung müssen, treffen ihren Lehrer an einem zentralen Treffpunkt und können sich dann auf dem Gang unterhalten oder sich an einen ruhigeren Ort zurückziehen. Die Gesprächszeit ist begrenzt (auf 15 Minuten) und das Thema ist klar. Schüler und Lehrer sprechen über das Verhalten des Schülers und nicht über seinen Charakter. Es ist im Vorfeld festgelegt, was genau im Gespräch geklärt wird: Was ist vorgefallen? Welche Erwartungen müssen erneut betont werden? Auf welche Verhaltensziele einigt man sich für die nächste Stunde? Nach anfänglichen Vorbehalten sahen die Schüler die Vorteile, die die Wiedergutmachung im Vergleich zur Nacharbeit hatte, es entwickelten sich Beziehungen, es entstand gegenseitiges Vertrauen und es wurden insgesamt deutlich weniger hohe Sanktionen vergeben.

Folgende Grundsätze können im Klassenzimmer ausgehängt werden und Schülern wie Lehrern dabei helfen, zu verstehen, was Vertrauen bedeutet und wie es gefördert werden kann:

Lehrer	**Schüler**
Ich handle konsequent und vorhersagbar.	Ich tue, was ich sage und halte meine Versprechen.
Ich kommuniziere offen, klar und verständlich.	Ich spreche offen über Probleme.
Ich beziehe meine Schüler in die Klassenorganisation ein.	Wenn ich Vertrauen fassen kann, wird es mir auch entgegengebracht.
Ich demonstriere Empathie und Verständnis.	Ich kümmere mich um andere.
Ich erfülle meine Aufgaben gewissenhaft.	Ich strenge mich an, besonders dann, wenn andere sich auf mich verlassen.

Außerdem können Sie:

» Den Klassenzusammenhalt fördern. Sprechen Sie z. B. in der „Wir"-Perspektive statt in der „Ich"-Perspektive.
» Verschiedene Versionen der Sitzordnung für verschiedene Aktivitäten erarbeiten, so dass Schüler immer wieder durchgemischt werden.
» Mit den Schülern gemeinsame Ziele erarbeiten, die klar definiert, bekannt gemacht und ausgehängt werden.
» Aktives Zuhören demonstrieren und beibringen: Demonstration angemessener Sprache und Körpersprache eines Zuhörers sowie angemessener Reaktionen.
» Den Schülern Ihre Anerkennung zeigen, indem Sie ihre Arbeiten aushängen und sie in Entwurf und Gestaltung von Aushängen einbeziehen – Sie können z. B. ein Schüler-Team ernennen, das darin geschult wird, Aushänge zu gestalten, und das in der Pause eine Runde durch die Schule macht, um Aushänge zu aktualisieren und zu ersetzen.

Aus der Praxis

In der Grundschule wird gegenseitiges Vertrauen gefördert, indem man den Schülern gemeinsame Aufgaben in der Organisation des Klassenzimmers zuweist. Ein gut organisierter Lehrer einer dritten Klasse hat seine Schüler, die das Arbeitsmaterial austeilen, den Raum aufräumen und putzen, Bereiche des Raums für verschiedene Aktivitäten herrichten, sich um Aushänge kümmern usw. Die Schüler lernen, sowohl gemeinsam mit anderen als auch selbstständig Verantwortung zu übernehmen. Man sagt, dass Grundschulen den Schülern Selbstständigkeit beibringen und weiterführende Schulen dies nicht mehr tun. Wenn Schüler nach der Grundschule in die neue Schule kommen, wundern sie sich oft, dass sie plötzlich keine Verantwortung mehr haben: „Ok, ich zähle die Scheren ab und teile

▶▶

sie aus; ihr fasst sie nicht an, bis ich es euch erlaube". Die Aufgaben und Verantwortungsbereiche, die Sie den Schülern übertragen, mögen vielleicht öde und trivial erscheinen, schaffen aber ein ausgeprägtes Bewusstsein für gemeinsame Verantwortung. ◀

Vertrauensbrüche wirken sich negativ auf Verhalten, Unterrichtsleistung und Noten aus. Es sinkt die Bereitschaft zur gegenseitigen Unterstützung und deshalb müssen sie so schnell wie möglich behoben werden. Da die Schüler den konstruktiven Umgang mit Konflikten erst noch erlernen müssen, fällt Ihnen bei schlichtenden Gesprächen zwischen Schülern die Vermittlerrolle zu. Bevor Sie die beiden Parteien zusammenbringen, sollten Sie genaue schriftliche Aufzeichnungen vorliegen haben oder mündliche Berichte über den Vorfall einholen. Bestehen Sie auf eine offene und höfliche Verständigung zwischen den Schülern und rechnen Sie damit, ein weiteres Treffen vereinbaren zu müssen, wenn es nicht zu einer unmittelbaren Verständigung kommt. Verhandeln Sie mit den Schülern, machen Sie ihnen konkrete Vorschläge zur Entschädigung und/oder Wiedergutmachung und unterstützen Sie sie dabei, ihre Erwartungen für die Zukunft neu auszuhandeln. Sie sollten die Schüler dazu ermutigen, sich in Zukunft wieder um eine vertrauensvolle Beziehung zueinander zu bemühen.

Vorsicht Falle

- Ignorieren Sie Vertrauensbrüche nicht. Sie riskieren dadurch, dass ein Problem sich verschleppt, sich weiterentwickelt und als verschärfter Konflikt erneut auftritt.
- Achten Sie auf Schüler, die regelmäßig Vertrauensbrüche begehen und/oder nicht in der Lage zu sein scheinen, anderen zu vertrauen. Diese Schüler brauchen zusätzliche Unterstützung und ihr Verhalten kann ein Zeichen für komplexere Probleme außerhalb der Schule sein.

Aus der Praxis

Das Scheingericht von Richter Dix

Alistair war ein hochintelligenter Schüler mit einer kauzigen Art und einem leicht exzentrischen Erscheinungsbild. Den anderen Schülern war er nicht richtig geheuer, er hatte keine Freunde und war vom sozialen Miteinander der Klasse ausgeschlossen. Seine Mitschüler suchten zwar nicht die direkte Auseinandersetzung mit ihm, ignorierten jedoch seine Beiträge zum Unterricht, lachten über ihn und zogen ihn am laufenden Band auf, wenn auch nicht auf bösartige Weise. Sein Ansehen in der Gruppe war auf einem Tiefpunkt angelangt, seine Leistung im ▶▶

Unterricht rutschte langsam von seinem sonst so hohen Niveau ab und es war definitiv Zeit, dass ich ihm gegenüber der Klasse ein wenig mehr Rückhalt bot.

Der Unterricht in der Klasse lief in einer konstruktiven und freundlichen Atmosphäre ab. Wir hatten Spaß an der Arbeit, die Stunden waren intensiv und herausfordernd und ich fühlte mich wohl dabei, Risiken einzugehen. Ich etablierte zu der Zeit gerade ein System zur Wiedergutmachung von „Straftaten", die die Schüler im Laufe der Woche begangen hatten. Es handelte sich dabei nicht um Regelbrüche, die gegen Klassenregeln verstießen oder sich direkt auf den Unterricht bezogen, sondern um kleinere Vergehen (oft ausgedacht), die ich mir notierte und für die ich für die letzte Stunde am Freitag kleine Wiedergutmachungsdienste von den Schülern einforderte.

Eines Tages nahm ich Alistair zur Seite und schlug ihm vor, dem ganzen Spiel etwas mehr Struktur zu geben und ein provisorisches Gericht mit mir als Richter und mit Alistair als Staatsanwalt daraus zu machen. Das passte gut zu unserer Arbeit zu „Wer die Nachtigall stört" und würde obendrein für Unterhaltung sorgen. Am nächsten Tag erschien er in der in Großbritannien für Staatsanwälte üblichen Montur mit Perücke und Umhang. Er verkörperte seine neue Rolle sehr gelassen, drückte sich treffsicher im Juristenjargon aus und entwickelte eloquent seine Plädoyers.

Wir spielten Prozesse wie „The Crown vs. Kirsty Appleton – der Prozess des zerbrochenen Füllers" oder „The Crown vs. Mark T. – Plagiat aus dem Internet oder eigenes Gedankengut?" Es gab nie wahre Gerechtigkeit, da ich den Urteilsspruch immer mit originellen und unerwarteten Wendungen verkündete; die Schüler hatten ihren Spaß daran. Die Schlange von Bewerbern für die Rolle der Angeklagten, Verteidiger, Jury-Mitglieder und Zeugen auf beiden Seiten nahm kein Ende. Jeder wollte dabei sein und Alistairs Schauspielleistung verbesserte sich wöchentlich, gemeinsam mit seinem Ansehen in der Klasse. Die anderen Schüler verstanden langsam, wie er tickte, und waren nun auch gewillter, ihm Vertrauen entgegenzubringen. Seine Begabung und seine Begeisterungsfähigkeit kamen endlich zum Vorschein und blieben nicht mehr in seinen langen Aufsätzen verborgen.

Langsam hörte das Aufziehen und Auslachen auf, die anderen Schüler wandten sich mit Fragen zu anstehenden Prozessen an ihn und lernten von ihm nützliche sprachliche Wendungen für ihre eigenen Reden. Letztendlich überredeten sie ihn (durchaus berechtigt), einen Coup d'État auf die Beine zu stellen, mich am Ende des Schuljahres vor Gericht zu bringen und dabei selbst den Richterstuhl zu besteigen. Die Schüler verstanden nun Alistair und auch mich selbst ein bisschen besser: Dadurch, dass ich Alistair mein Vertrauen geschenkt hatte, war ich der ganzen Klasse mit gutem Beispiel vorangegangen. Die anderen Schüler vertrauten ihm ebenfalls und waren bereit, mehr Zeit und Mühe aufzuwenden, um ihn besser zu verstehen. ◀

Versuchen Sie es damit

Vertrauensübungen werden im Theater bei Schauspielern eingesetzt, damit sie sich aufeinander einstellen und Vertrauen zueinander entwickeln können.

Diese Übungen:

» machen ersichtlich, ob Schüler Probleme haben, entweder zu vertrauen oder Vertrauen anzunehmen;

» bringen Schülern bei, wie Vertrauen gefördert werden kann;

» bringen die Schüler dazu, sich mit Selbstdisziplin auseinanderzusetzen;

» ermöglichen Schülern, die selten zusammenarbeiten, Vertrauen zueinander zu fassen;

» zeigen Schüler, die Probleme mit Vertrauensbildung haben, in der Partnersituation;

» sind lustig und bereichernd.

Wenn ich eine Stunde zur Vertrauensbildung durchführe, erkläre ich den Schülern als Erstes, dass sie sofort ausgeschlossen werden (und später wieder zurückgeholt), falls sie die Regeln nicht befolgen. Die Sicherheit der Schüler steht an erster Stelle. Führen Sie das Unterrichtsritual früh ein und setzen Sie es konsequent durch. Wenn eine konzentrierte Atmosphäre herrscht, dann sind die Übungen fesselnd und aufschlussreich. Es ist ratsam, mit der ersten Aktivität zu beginnen, sich dann in kleinen Schritten zu steigern und dabei jede Übung mit einer Sprosse auf der „Leiter des Vertrauens“ gleichzusetzen.

Einige der beschriebenen Aktivitäten können im Klassenzimmer durchgeführt werden, für andere braucht man mehr Platz. Es gibt anspruchsvollere Vertrauensübungen, wie „Fallenlassen“ und „In ein Meer aus Armen springen“, aber die müssen vorgeführt werden und es genügt nicht, sie schriftlich zu erklären.

Einigen Sie sich mit der gesamten Gruppe auf ein Stoppsignal, das auch für die Schüler untereinander gilt. Versuchen Sie es mit einem verkürzten Countdown als Signal für die Schüler, während der Übung innezuhalten, und bitten Sie die Schüler darum, außer „Stopp“ auch den Namen ihres Partners zu sagen, z. B. „Ewan, stopp“, so dass die Anweisungen von nebeneinander arbeitenden Paaren nicht missverstanden werden.

1 Blindenführer

Schüler A und Schüler B führen sich gegenseitig an einer Krawatte oder einem Stück Seil. A hält das Seil in beiden Händen, hat seine Augen fest geschlossen und B führt ihn langsam durch den Raum, ohne mit anderen Paaren zusammenzustoßen. Die As versuchen zu vertrauen und halten ihre Augen geschlossen; Bs bekommen Vertrauen entgegengebracht und gehen verantwortungsvoll damit um. Experimentieren Sie mit kürzeren und längeren Seilen, lassen Sie die Schüler Gegenstände umrunden und unter Beaufsichtigung Hindernisse überwinden.

▶▶

2 Autofahren

Schüler A hat die Augen geschlossen und B führt, aber diesmal von hinten – A ist „das Auto“ und B „der Fahrer“. Am Anfang gibt es drei vereinbarte Signale: Hand auf die linke Schulter für links abbiegen (und weiterdrehen bis die Hand weggenommen wird), Hand auf die rechte Schulter für rechts abbiegen und flache Hand zwischen die Schulterblätter (sanft!) für anhalten. Wenn die Übung weiterläuft, entwickeln die Schüler automatisch weitere Ideen für nützliche Befehle. B „fährt“ A durch den Raum; das Vertrauen gilt als gebrochen, wenn A seine Augen öffnet.

3 Auf die Wand zulaufen

A und B stehen sich in einer Entfernung von sieben bis acht Metern gegenüber. Mit geschlossenen Augen geht A auf B zu und hält nur an, wenn der Befehl dazu fällt. Wenn der Befehl spät kommt oder A zu schnell läuft, stoßen die beiden zusammen. Führen Sie die Übung durch, um zu zeigen, wie lange es dauert, bis der Befehl registriert wird und der Läufer anhält. Weiten Sie diese Übung für verantwortungsvolle Schüler aus, so dass der Läufer schneller wird oder statt auf seinen Partner auf eine Wand zuläuft.

Bringen Sie einige Schlüsselfragen ein, anhand derer die Schüler im Vorfeld die Übungen reflektieren können:

» Wie können wir Vertrauen fassen?

» Wie nimmst du Vertrauen an?

» Was verhindert Vertrauensbildung?

» Was hilft uns dabei, zu vertrauen und Vertrauen anzunehmen?

» Was können wir tun, um Vertrauen zu fördern?

» Welche Arten von Vertrauen brauchen wir im Klassenzimmer?

◄

Auf einen Blick

Das ist zu tun	Nutzen für den Lehrer	Nutzen für den Schüler
Entwerfen Sie eine gemeinsame Definition von Vertrauen mit Ihren Schülern und hängen Sie sie aus.	Es herrscht ein gemeinsames Verständnis von Vertrauen im Klassenzimmer; auf den Aushang kann gut verwiesen werden.	Der Sprache und der Definition der Schüler wird Bedeutung beigemessen.

►►

Auf einen Blick *(Fortsetzung)*

Das ist zu tun	Nutzen für den Lehrer	Nutzen für den Schüler
Lassen Sie es nicht zu, dass Schüler öffentlich bloßgestellt werden.	Sie können unparteiisch und fair bleiben.	Die Lernumgebung ist frei von Demütigung, es kann darauf vertraut werden, dass der Lehrer gegebenenfalls unterstützend einschreitet.
Fördern Sie den Klassenzusammenhalt; formulieren Sie gemeinsame Ziele.	Ziele für Unterricht und Verhalten werden in gemeinsamer Verantwortung gesetzt. Es werden hohe Erwartungen etabliert und aufrechterhalten.	Die Schüler tragen füreinander Verantwortung und können ihre eigenen Ideen für gemeinsame Ziele einbringen.
Lachen Sie mit Ihren Schülern und nicht über sie.	Der Lehrer setzt seine gute Beziehung zu Schülern nicht aufs Spiel.	Die Schüler verstehen, dass ihr Lehrer humorvoll und nicht schadenfroh ist.
Etablieren Sie einen einfachen Ablauf für die Wiedergutmachung von Vertrauensbrüchen.	Vorfälle werden besonnen und effektiv gehandhabt; Konflikte zwischen Schülern und zwischen Lehrer und Schüler können nicht weiterwachsen.	Die Schüler tragen Verantwortung dafür, Vertrauensbeziehungen wiederherzustellen und zu pflegen.
Übergeben Sie die Verantwortung für die Organisation des Unterrichts und des Klassenzimmers an die Schüler.	Der Lehrer hat mehr Zeit, sich den Schülern zu widmen. Die Lernumgebung ist effektiver organisiert.	Die Schüler lernen, ihr eigenes Lernen selbstständig und eigenverantwortlich zu organisieren. Sie wissen, dass ihnen Vertrauen entgegengebracht wird.

◀

Tipps für die Primarstufe, Sekundarstufe I und Sekundarstufe II

Primarstufe

Teilen Sie den Schülern in einem Rotationssystem Aufgaben zu. Vergeben Sie dazu offizielle Titel und verteilen Sie Anstecker, Hüte und Kostüme, damit Verantwortung auch Spaß macht.

Sekundarstufe I

Tipps für vertrauensfördernde Aktivitäten in der Schule

Aktivitäten zur Stärkung des Zugehörigkeitsgefühls:

- » gemeinsam spielen und lachen
- » regelmäßige Klassenausflüge
- » gemeinsam das Klassenzimmer mit Aushängen gestalten
- » Wettbewerbe unter Klassen
- » Internet-Forum für die Klasse
- » gemeinsam ausgehandelte Vereinbarungen hinsichtlich Verhalten, die in der Klasse ausgehängt werden und auf die immer wieder verwiesen wird
- » tägliche/wöchentliche Rituale, an denen die ganze Klasse teilnimmt

Patenschaften:

- » Ältere Schüler betreuen und unterstützen jüngere Schüler

Förderung von Gesprächen/Debatten:

- » gemeinsame Leseaktivitäten (z. B. Lese-Tandem)
- » Diskussionen zu lokal- und landespolitischen Themen
- » Routinen, bei denen jeder Schüler zu Wort kommt

Mitsprachemöglichkeiten:

- » Klassenrat
- » rotierende Verantwortung

Sekundarstufe II

Lernautonomie ist motivierend und vertrauensfördernd. Schüler, die mit Zielen, Ansprüchen und Leistungserwartungen bombardiert werden, spüren, dass sie nicht selbstbestimmt lernen können. Sie spüren, dass man ihnen die eigenständige Organisation des Lernens nicht zutraut. Ziele, die von oben auferlegt werden, werden selten mit Begeisterung verfolgt. Bei Schülern ist es nicht anders. Schüler, die sich ihre eigenen Ziele setzen, Verantwortung für ihr eigenes Lernen übernehmen, Aushänge mitgestalten, eine verantwortungsvolle Rolle innerhalb der Gruppe einnehmen, lernen mit mehr Motivation.

Der 30-Tage-Test

Was möchten Sie im Hinblick auf Vertrauensbildung in Zukunft anders machen? Die Neuerungen können sich auf einen einzelnen Schüler oder eine ganze Lerngruppe beziehen. Setzen Sie einige der in diesem Kapitel vorgeschlagenen Tipps 30 Tage lang konsequent um, damit Sie genügend Zeit haben, die Neuerungen in den Unterrichtsalltag zu integrieren.

In 30 Tagen komme ich zur Arbeit und ....
....
....
....
....

Meine persönlichen Vorsätze sind:

1. .... Geprüft am ....
2. .... Geprüft am ....
3. .... Geprüft am ....

Kapitel

11

Stark verhaltens-auffällige Schüler

„Ich sehe mich als umherschwirrende Mücke auf der Suche nach dem nächsten Opfer."

(Kenneth Williams)

In diesem Kapitel erfahren Sie etwas über

- Das Prinzip
- Die Umsetzung

Sie erfahren etwas über Fairness und einen guten Kontakt zu den Eltern, erhalten ein Skript für Interventionen, bekommen Informationen über die Folgen des Asperger-Syndroms, Autismus und ADHS, Medikamente, Drogen, Ernährung und das Fernsehen sowie den jeweiligen Umgang damit. Außerdem gibt es

- Tipps für die Primarstufe, die Sekundarstufe I und die Sekundarstufe II

Das Prinzip

Um eine Ebene zum Umgang mit Problemschülern zu finden, genügt es nicht, sie blind mit Belohnungen zu bombardieren oder sie zu jahrelangen Sanktionen zu verdammen. Ihr Verhalten, ihre Einstellung oder ihre Wut lassen sich auch nicht mit magischem „Disziplinpulver" kurieren. Ihre Beweggründe dafür, die Mitarbeit zu verweigern oder den Unterricht zu stören und über Jahre hinweg eingeschliffene Verhaltensweisen lassen sich nicht über Nacht in den Griff kriegen. Veränderungsprozesse verlaufen bei stark verhaltensauffälligen Schülern häufig sehr stockend. Auf dem Weg zur Verhaltensänderung liegen viele Umleitungen und Sackgassen. Sie sollten sich in Nachsicht und Geduld üben und sich fest vornehmen, keinen Ihrer Schüler aufzugeben. Sie sollten immer daran denken, dass Sie der Erwachsene sind und stets einen nüchternen Blick wahren, selbst wenn die Schüler Ihre Hilfe zurückweisen.

Manche Schüler haben so komplexe Bedürfnisse, dass Kollegen, Sozialarbeiter und externe Berater sich mit ihnen befassen. Es wäre jedoch unrealistisch zu erwarten, dass deren Arbeit sich auf der Stelle auszahlt. Auch die schwierigsten Schüler haben das Potential zum Erfolg, doch um dieses Potential zu aktivieren, kommen Sie nicht umhin, Zeit in die Lehrer-Schüler-Beziehung zu investieren und zu akzeptieren, dass es sich dabei um eine langfristige Investition handelt.

Die Umsetzung

Um Schüler in den Griff zu bekommen, die beharrlich gegen jede einzelne Spielregel verstoßen, bedarf es vor allem Zeit, Engagement und einer guten Portion Sturheit. Parallel zu den Konflikten, die Sie mit dem Schüler vielleicht tagtäglich im Unterricht auszutragen haben, sollten Sie sich zunächst nach und nach ganz gezielt Einflussmöglichkeiten erarbeiten, um zur eigentlichen Wurzel des Problems vorzudringen.

Wir haben alle einen Moment in unserem Leben, in dem uns klar wird, dass die Erwachsenenwelt nicht so verlässlich und sicher ist wie wir einst glaubten. Die meisten jungen Leute kommen als Teenager zu dieser Einsicht, bei einigen Glücklichen tritt das böse Erwachen später ein, aber für viele kommt es schon in den Grundschuljahren. Wenn Eltern einem Kind versprechen, immer für es da zu sein und es plötzlich nicht mehr sind, kann das bei jungen Kindern sogar der Auslöser dafür sein, dass sie Erwachsenen grundsätzlich misstrauen. Vertrauensbrüche in der Familie in Kombination mit einer hohen Lehrerfluktuation in der Schule und zu vielen Leuten, die es nur zu kurz gut mit ihnen meinen, können Problemkinder zu der Entscheidung führen, um Erwachsene zukünftig einen großen Bogen zu machen. Dann wird gemauert. Einige klinken sich aus dem Unterricht aus, einige hören völlig auf, mit der Außenwelt zu kommunizieren, aber die meisten bringen ihre Wut, Orientierungslosigkeit und ihr mangelndes Vertrauen mit Verhaltensweisen zum Ausdruck, die deutlich zu verstehen geben: „Lass mich in Ruhe, es lohnt sich nicht, sich mit mir abzugeben".

Bei solchen Schülern geht es darum, dass Sie ganz unbeirrt und ungeachtet ihres schwierigen Verhaltens einen Dialog mit ihnen eröffnen. Dieser Dialog und das damit einhergehende behutsame Einwirken auf den Schüler und sein Selbstbild sind der erste Schritt auf einem weiten und steinigen Weg. Das wichtigste Ziel ist es zunächst, beharrlich die negativen Erwartungen des Schülers in Bezug auf seine eigenen Fähigkeiten zu widerlegen: „Du bist kein Idiot, nur weil du die falsche Antwort gegeben hast" und ihm neue Perspektiven zu eröffnen: „Abgesehen von der Rechtschreibung ist das ein schöner Satz" oder „Du hast ein echtes Talent, Wörter richtig zu kombinieren". Mit der Zeit entfalten die positiven Erwartungen ihre Wirkung und dringen durch die hohen Mauern zum verborgenen Potential des Schülers. Widerlegen Sie kontinuierlich die Annahme des Schülers, dass Sie genauso sind wie die anderen Erwachsenen, die ihn in der Vergangenheit im Stich gelassen haben: „Ich interessiere mich für dich, ich bin hier, um dir zu helfen und ich gehe nicht weg". Ziehen Sie immer wieder Beispiele für früheres positives Verhalten heran und verleihen Sie damit Ihren positiven Erwartungen an den Schüler Nachdruck, „Erinnerst du dich, als du mir gestern geholfen hast, den Raum aufzuräumen? Das ist das Verhalten, das ich heute sehen will, das ist die Person, die ich kenne und der ich vertraue."

Der nächste Schritt besteht darin, nach einer besonderen Fähigkeit des Schülers zu forschen, die bisher unter dem alles andere übertünchenden emotionalen Ballast verschüttet geblieben ist. Wenn sie zu gut verborgen ist, kann es hilfreich sein, den Schüler einfach an die Hand zu nehmen. Kinder, die orientierungslos durch die Welt irren, müssen Sie vielleicht führen und davon überzeugen, dass sie eine besondere Fähigkeit haben, statt darauf zu warten, dass sie selbst eine entdecken.

Wenn es Ihnen dann einmal gelungen ist, das Interesse des Kindes an seiner neuen Fähigkeit zu wecken, sollten Sie dafür sorgen, dass andere Menschen, Lehrer, Eltern oder wichtige Erwachsene, gemeinsam mit Ihnen Überzeugungsarbeit leisten und die neue Begabung verstärken. Ich rate Ihnen jedoch, damit zu rechnen, dass zunächst all Ihre Bemühungen an dem Schüler abprallen. Sie investieren Ihre Zeit, ohne etwas dafür zurückzubekommen.

Im Trubel des Schulalltags sollten Sie sich jedoch immer wieder vor Augen führen, dass Sie etwas Bemerkenswertes tun und einem jungen Menschen dabei helfen, im Leben erfolgreich zu sein. Vielleicht dankt Ihnen Altaf nicht sofort dafür, dass Sie auf sein Leben einen positiven Einfluss ausüben, aber im Lehrerberuf ging es schließlich noch nie darum, was ich für mich selbst tun kann, sondern was ich für andere tun kann.

Guter Tipp

Bringen Sie in Ihrer Schule die Idee des „Verhaltensberichts" auf, mit dem das Verhalten von Schülern genau dokumentiert wird. Diese Methode kann besonders bei Schülern effektiv sein, die notorisch gegen Regeln verstoßen und den Unterricht stören. Die Tatsache, dass der Bericht innerhalb der Schule weitergegeben

▶▶

und auch nach Hause weitergeleitet wird, verleiht ihm Gewicht. Sie werden feststellen, dass oft nur ein paar schlechte Stunden nötig sind, bis der Schüler merkt, dass ein Blatt Papier, auf dem Vorfälle und Störungen dokumentiert sind, nicht so gut bei den Empfängern ankommt. Im Normalfall versuchen die Schüler, die unter Beobachtung stehen, ihr Verhalten zu bessern, um das ursprüngliche negative Verhalten auszugleichen. In regelmäßigen Gesprächen mit dem Schüler haben Sie außerdem die Gelegenheit, ihn ganz gezielt auf positive Veränderungen hinzuweisen und sie zu verstärken. ◀

Fairness

Auf den ersten Blick mag es einleuchtend klingen, dass jeder Schüler, ganz unabhängig von seinen persönlichen Umständen, die gleiche Behandlung bekommen sollte. Die Arbeit mit stark verhaltensauffälligen Schülern erfordert jedoch eine etwas flexiblere Herangehensweise. In manchen Situationen müssen Sie Entscheidungen treffen, die zwar nicht fair aussehen, die aber im Interesse Einzelner getroffen werden müssen.

Fairness bedeutet also nicht immer absolute Gleichbehandlung der Schüler. Sehr oft arbeiten Problemschüler mit verschiedenen Leuten in der Schule und mit externen Beratern zusammen. Möglicherweise verhandeln ganz verschiedene Menschen mit ihnen Verhaltensziele: Eltern, Klassenlehrer, Sozialarbeiter, Bewährungshelfer u. a. Solche Bemühungen von vielen Seiten können mittel- und langfristig durchaus Wirkung zeigen. Es ist hingegen ungemein schwierig, das Verhalten des Schülers in der Klasse ohne den direkten Einfluss seiner externen Berater in den Griff zu bekommen.

Es kommt häufig vor, dass ein Lehrer, der mit der Betreuung eines schwierigen Schülers betraut ist, seinen Schützling auf dem Gang antrifft, der gerade wegen genau der Verhaltensweisen aus der Klasse geschickt wurde, die er mit dem Schüler schon seit zwei Tagen intensiv diskutiert. Der Lehrer ist verzweifelt, weil es scheint, dass sowohl seine Betreuung als auch Unterstützung von außen nichts ausrichten können. Für Schüler, die Schwierigkeiten haben, ihr Verhalten zu kontrollieren, kann der Veränderungsprozess langsam und frustrierend sein. Deshalb empfehle ich, im Interesse des Schülers eine Zusammenarbeit mehrerer Beteiligter anzustreben.

So eine Zusammenarbeit kann z. B. in Form eines Verhaltensberichts umgesetzt werden. Es werden im Vorfeld bestimmte Kriterien festgelegt, unter denen der Schüler in der darauffolgenden Zeit von mehreren Personen beobachtet und begleitet wird. Es werden gemeinsam Ziele gesetzt, Regeln vereinbart und für einige Schüler werden Konsequenzen für den Fall eines Unterrichtsausschlusses festgelegt.

Da an einem Verhaltensbericht mehrere Personen beteiligt sind, rate ich darauf zu achten, dass Sie die Arbeit der anderen nicht untergraben, indem Sie Folgendes tun:

» Setzen Sie den Bericht nicht als Bestechungsinstrument ein: „Wenn du aufhörst, Clive zu schlagen, dann bekommst du einen guten Bericht."
» Lassen Sie nicht zu, dass der Schüler sich nach der Stunde einen guten Bericht erhandelt, in der er nicht die Regeln befolgt oder die Ziele erfüllt hat: „Ach Herr X, kreuzen Sie doch hier an, ich war diese Stunde doch gut. Bitte, Herr X, Arsenal hat gewonnen, Sie müssen doch gute Laune haben". (Schüler gehen da sehr geschickt vor und wissen, dass es klappt.)
» Gehen Sie einem Konflikt mit dem Schüler nicht aus dem Weg, indem Sie ihm einen guten Bericht schreiben. Es gibt Schüler, die einen Wutausbruch bekommen oder in Tränen ausbrechen, wenn sie sehen, was im Bericht steht. Die Reaktion des Schülers, auch wenn sie extrem ist, sollte nicht Ihre Entscheidung darüber beeinflussen, ob er seine Ziele erfüllt hat.
» Schreiben Sie nichts in den Bericht, wodurch Sie persönlich über den Schüler urteilen: „Kann sich immer noch nicht benehmen, der Lümmel."
» Lassen Sie Berichte nicht da liegen, wo andere Schüler sie lesen können.

In manchen Situationen ist es besser, das Berichtsformular dem Schüler bereits ausgefüllt zurückzugeben, wenn er den Klassenraum verlässt. So können Sie einen möglichen Konflikt vermeiden, wenn der Schüler das Ergebnis liest. Er sieht gegebenenfalls Sanktionen auf sich zukommen, die er lieber vermeiden würde. Zum Teil erhalten Schüler Sanktionen, die zwischen Schule und Elternhaus abgesprochen sind und sich auf ihre Freizeit, ihren Zugang zu Medien oder ihr Einkommen auswirken. Die Tatsache, dass Schüler Sanktionen vermeiden wollen, ist gut und reicht bei einigen dazu aus, dass sie vor einem Regelverstoß zurückschrecken. Wenn Sie den Verhaltensbericht effektiv einsetzen, können Sie dem Schüler damit klarmachen, dass er ganz allein für sein Verhalten verantwortlich ist.

Dazu empfehle ich Folgendes:

» Erinnern Sie den Schüler an das Ritual, dem Lehrer das Berichtsformular auszuhändigen.
» Loben und ermutigen Sie aufrichtig jene Schüler, die sich an Regeln halten und Ziele erreichen.
» Zeigen Sie Ihre Empathie, wenn Sie aus dem Formular ersehen können, dass der Schüler einen schlechten Tag hat.
» Erinnern Sie den Schüler in Ihrem Bericht daran, dass sich jede gute Stunde für ihn auszahlt.
» Nehmen Sie sich für die Schüler Zeit, die Ihnen den Bericht zeigen oder ihn mit Ihnen besprechen wollen. Treffen Sie sie in der Schule oder sprechen Sie mit ihnen zu einem geeigneten Zeitpunkt im Unterricht.

Auch wenn ich zugebe, dass Verhaltensberichte kein Patentrezept sind, bieten sie doch eine gute Möglichkeit, das Verhalten eines Schülers intensiv zu beobachten und zu begleiten. Es wird ein Rahmen für Gespräche und das Erarbeiten gezielter Interventionen geschaffen. Viele

Schüler wissen es zu schätzen, dass sie durch den Bericht eine Gelegenheit bekommen, ihr eigenes Verhalten zu reflektieren. Es gibt sogar Schüler, die um einen Verhaltensbericht bitten und es gibt welche, die die Vorlage nutzen, um selbst ihr Verhalten zu beurteilen.

Worauf Sie beim Umgang mit verhaltensauffälligen Schülern besonders achten müssen

- Sie benötigen ein hohes Maß an Selbstreflexion; Interventionen sowie verbale und nonverbale Sprache müssen genau geplant werden.
- Entkoppeln Sie das Verhalten der Schüler von der Person.
- Entkoppeln Sie das Verhalten der Schüler von Ihren Emotionen.
- Erkennen und fördern Sie besondere Fähigkeiten der Schüler.
- Thematisieren Sie kein vergangenes Fehlverhalten.
- Erinnern Sie den Schüler schon bei den ersten Anzeichen eines Konflikts an eine Situation, in der er sich positiv verhalten hat.
- Tragen Sie positive Erwartungen an die Schüler heran, um mangelndes Selbstbewusstsein und negative innere Monologe zu unterbrechen.
- Planen Sie vorhersagbare und emotionslose Interventionen, wenn die Schüler versuchen abzulenken, die Situation zum Eskalieren zu bringen oder Sie aus der Fassung zu bringen.
- Planen Sie langfristig und in kleinen Schritten.
- Lassen Sie Etikettierungen Ihre Meinung nicht beeinflussen.
- Demonstrieren Sie stets vorbildliches Verhalten.
- Bauen Sie eine vertrauensvolle Beziehung auf.
- Pflegen Sie nachhaltigen und engen Kontakt zu den Eltern.
- Setzen Sie sich dafür ein, dass die Schüler auch außerhalb der Schule Unterstützung bekommen können.

Manchmal brauchen Schüler wirklich individuelle Unterstützung, damit sie lernen, wie sie ihr Verhalten kontrollieren können. Es ist wichtig, dass Sie immer im Auge haben, wer in der Klasse vielleicht heute noch ohne Ihre Unterstützung klarkommt, sie morgen aber brauchen könnte.

Welche Schritte haben Sie bisher unternommen, um das Verhalten schwieriger Schüler zu verbessern?

- Ich habe Regeln, Belohnungen und Sanktionen ausgehandelt und auf den Schüler abgestimmt.
- Ich habe kurzfristige Ziele gesetzt, die durch Lob, Anerkennung und Belohnung verstärkt werden.
- Ich habe Sanktionen konsequent angewandt.
- Ich habe über acht Stunden hinweg ein genaues Verhaltensprotokoll verfasst.
- Ich habe ein Elterngespräch veranlasst.

- » Ich habe mit allen mit dem Schüler befassten Personen ein konzertiertes Vorgehen vereinbart.
- » Ich habe mit dem Schüler eine Handhabung von „Auszeiten“ vereinbart.
- » Ich habe die Sitzordnung geändert.
- » Ich habe Lob, Belohnung und Sanktionen nichtöffentlich vergeben.
- » Ich habe stets vorbildliches Verhalten demonstriert und den Schüler so dabei unterstützt, sein eigenes Handeln besser zu reflektieren.
- » Ich habe mir Unterstützung und Rat von Kollegen geholt.
- » Ich habe den Schüler schulintern an entsprechende Ansprechpartner verwiesen und Rücksprache gehalten.
- » Ich habe Schritte zur Einbeziehung externer Berater veranlasst.
- » Ich habe mich gezielt darum bemüht, eine Beziehung zum Schüler aufzubauen.

Die Sitzordnung spielt eine sehr große Rolle, wenn Sie stark verhaltensauffällige Schüler unterrichten. Ich rate, dass Sie ihnen einen Platz weit weg von ihrem gewohnten „Publikum“ zuweisen, an dem Sie häufig vorbeikommen. Es kann nützlich sein, mit Sitznachbarn unter vier Augen darüber zu sprechen, wie sie ihre Mitschüler vielleicht unterstützen können. Erinnern Sie den Schüler immer wieder an die Routinen, die Sie von ihm erwarten, und achten Sie darauf, dass die Routine für Übergänge von Phasen der Arbeit am Platz hin zu aktiven Unterrichtsphasen klar ist. Lassen Sie sich vom Schüler Ihre Anweisungen wiederholen, um sicher zu sein, dass sie verstanden wurden. Es kann natürlich dennoch passieren, dass Sie den Schüler während der Aufgabe zurück zum Lerngegenstand holen müssen: Erinnern Sie ihn an das Unterrichtsritual oder nehmen Sie ihn kurz zur Seite.

Die Ziele, die Sie diesen Schülern setzen, sind kurzfristige Ziele. Ein Ziel bis zum Ende der nächsten Stunde zu setzen ist vielleicht angemessen für einen Schüler, der sein Verhalten kontrollieren kann, aber für verhaltensauffällige Schüler ist ein Ziel für die nächsten fünf Minuten vielleicht schon herausfordernd genug. Es ist wichtig, dass Sie dem Schüler Ihre Erwartungen und Ziele in Bezug auf sein Verhalten ganz genau erläutern. Sie können nicht davon ausgehen, dass er weiß, wie man in Gruppen oder selbstständig arbeitet. Wenn Sie ein negatives Verhaltensmuster durchbrechen wollen, sollten Sie davon ausgehen, dass dem Schüler nicht klar ist, wie man sich angemessen verhält. Verhaltensauffällige Schüler brauchen häufig noch viel Unterstützung dabei, die grundlegendsten Regeln des sozialen Miteinanders zu verstehen und zu erlernen.

Schaffen Sie mit kleinschrittigen Belohnungen, die Sie mit dem Schüler aushandeln, einen Anreiz zum Erreichen der kurzfristigen Ziele. Dabei sollten Sie im Hinterkopf behalten, dass Schüler mit einem schlechten Ruf normalerweise weder gelobt noch belohnt werden. Wahrscheinlicher ist es, dass sie ausschließlich für ihr Fehlverhalten Rückmeldung bekommen; Sie haben damit die Gelegenheit, ihnen eine völlig neue Perspektive eröffnen. Ich will damit nicht sagen, dass Sie schwierige Schüler mit materiellen Belohnungen überhäufen sollen; am meisten zählen immer noch Ihr verbaler Zuspruch und Ihre Anerkennung. Wenn Sie aber ein Ziel für fünf Minuten setzen und der Schüler es erreicht oder sich bemüht es zu erreichen, dann ist es wichtig, dass dieses Verhalten sofort verstärkt wird. Teilen Sie dem Schüler über Blickkontakt, nonverbale Signale oder mit einer kurzen Notiz Ihre Anerkennung für sein Verhalten mit. Rechnen Sie damit, dass Ihr Wohlwollen zurückgewiesen wird. Nur mit viel Geduld wird sich daran irgendwann etwas ändern. Schaffen Sie in Ihrem Unterricht für den Schüler einen Rahmen, in dem er Erfolgserlebnisse hat, konsequent und fair behandelt wird und langsam anfangen kann, Ihnen zu vertrauen.

Guter Tipp

In Konflikten mit stark verhaltensauffälligen Schülern ist Ihr Verhalten entscheidend. Demonstrieren Sie ihnen ein ganz einfaches Prinzip: Wenn sie den Konflikt suchen, entlocken sie Ihnen keine emotionale Reaktion; wenn sie sich angemessen verhalten, entlocken sie Ihnen Zuspruch und Anerkennung. Interventionen sollten emotionslos, mechanisch und vorhersagbar sein. Heben Sie sich Ihre Emotionen für Zeitpunkte auf, in denen Sie damit positiven Einfluss ausüben können. Entkoppeln Sie das Schülerverhalten von Ihren negativen Emotionen. Viele Schüler haben gelernt, dass Regelverstöße zu theatralischen Reaktionen des Lehrers führen. Vielleicht verstoßen sie nur gegen die Regeln, weil sie sich darüber amüsieren wollen. Ihre Reaktion sollten Sie sorgfältig abwägen und planen. Ihre Interventionen sollten stets nach dem gleichen Muster ablaufen. Hier kann das Beispiel für Interventionen (in Kapitel 7) oder eine vereinfachte Version davon nützlich sein.

Ein sicheres Skript für Interventionen

Erste Verwarnung (mündlich)

Ich habe gesehen/habe gehört, dass du dich entschieden hast, zu ....
Du hast gegen Regel Nummer .... verstoßen.

Dies ist eine mündliche Verwarnung.

Du hast jetzt die Gelegenheit, eine kluge Entscheidung zu treffen.

Danke für deine Aufmerksamkeit.

Zweite Verwarnung (schriftlich)

Ich habe gesehen/habe gehört, dass du dich entschieden hast, zu ....
Du hast gegen Regel Nummer .... verstoßen.

Dies ist eine schriftliche Verwarnung.

Denk gut über deinen nächsten Schritt nach; du bist für dein Verhalten verantwortlich und hast die Gelegenheit, eine kluge Entscheidung zu treffen.

Dritte Verwarnung – eine Minute später

Ich habe gesehen/habe gehört, dass du dich entschieden hast, zu ....

Du hast gegen Regel Nummer .... verstoßen.

Das ist das dritte Mal, dass ich mit dir spreche. Du hast dich also dazu entschieden, nach der Stunde kurz zu mir zu kommen.

.... (Name des Schülers), erinnerst du dich daran als .... (früheres positives Verhalten)? Das ist das Verhalten, das ich von dir erwarte.

Wenn du dich noch einmal dazu entscheidest, gegen die Regeln zu verstoßen, dann bleibt mir nichts anderes übrig, als dich aus dem Unterricht auszuschließen.

Denk gut über deinen nächsten Schritt nach. Ich weiß, dass du kluge Entscheidungen treffen kannst.

Danke für deine Aufmerksamkeit.

Vierte Verwarnung – Unterrichtsausschluss

Ich habe gesehen/habe gehört, dass du dich entschieden hast, zu ....
Du hast gegen Regel Nummer .... verstoßen.

Du musst jetzt das Klassenzimmer verlassen; ich komme gleich/in fünf Minuten/in der Pause, um mit dir zu sprechen.

Aus der Praxis

Ich möchte hier anhand eines Beispiels aus der Praxis erläutern, wie die Disziplin an einer Schule durch die schulweite Einführung einstudierter „Skripte" für Interventionen erheblich verbessert werden konnte. Im Jahr 2007 befand sich die Förderschule für Schüler mit sozialen und emotionalen Störungen in Sussex in einer Krise: Inspektoren der Schulaufsichtsbehörde hatten festgestellt, dass die Schule mit erheblichen Disziplinproblemen zu kämpfen hatte und präsentierten strenge Auflagen zur Verbesserung der Situation.

Tatsächlich waren die Lehrer völlig überfordert und hatten die Kontrolle über die Schüler verloren. Es gab kein einheitliches Vorgehen bei Regelverstößen. Aggressive Auseinandersetzungen und sogar tätliche Übergriffe zwischen Schülern und Lehrern waren an der Tagesordnung.

Die Schulaufsichtsbehörde forderte nun, dass die Disziplin an der Schule insgesamt verbessert, die Anzahl der Unterrichtsausschlüsse verringert werden und die Schule eine sicherere und ruhigere Lernumgebung bieten sollte.

Ich wurde als externer Ausbilder herangezogen und hatte zwei Monate Zeit, alle Lehrkräfte in Klassenführung zu schulen und ein schulweites System für ▸▸

Belohnungen und Sanktionen zu entwickeln, um die Schule wieder auf den richtigen Weg bringen.

Die Schulleitung wollte, dass alle Lehrkräfte einheitliche und genau geplante Interventionen im Fall von Regelverstößen befolgten. Das war ein ziemlich gewagter und neuartiger Ansatz; ich musste dafür ein ganz neues Schulungskonzept entwickeln. Es bestand schließlich darin, dass ich den Lehrern verschiedene Techniken aktiven Lernens vermittelte, mit denen sie dann ihre eigenen Skripte entwickeln und einstudieren konnten. Ein weiterer Teil der Ausbildung bestand aus Improvisationsübungen, da auch Junglehrer zu Kommunikationsexperten werden mussten, um Konfliktgespräche mit Schülern geschickt steuern zu können.

Die Ergebnisse waren bemerkenswert. In ihrem Bericht hob die Schulaufsichtsbehörde das neue Schulungskonzept lobend hervor: „Das „Pivotal Education Programme" hat die Disziplin an der Schule erheblich verbessert", hieß es in dem Bericht. „Die Schüler bestätigen, dass ihnen das neue System gefällt, weil es transparent und fair ist, dass alle Lehrer die Abläufe kennen und am Ende mehr Zeit zum Lernen bleibt. Sie wissen nun genau, was sie zu erwarten haben, wenn sie gegen die Spielregeln verstoßen."

In schulinternen Umfragen berichteten Schüler, dass sie jetzt in der Lage seien, in der Stunde zu lernen, die Hilfe zu bekommen, die sie benötigen und für gutes Benehmen und gute Leistungen konsequent belohnt werden. Auch die Eltern waren der Meinung, dass die Schule einen positiven Einfluss auf das Verhalten ihrer Kinder habe.

Ebenfalls zeigte sich der Schulleiter hocherfreut: „Der neue Ansatz sorgt dafür, dass an der Schule eine viel friedlichere Atmosphäre herrscht. Die Lehrer können nun konsequenter mit Disziplinproblemen umgehen, was sich positiv auf die Lehr- und Lernprozesse auswirkt und auch die Anzahl der Unterrichtsausschlüsse erheblich reduziert hat. Sämtliche Auflagen der Schulaufsichtsbehörde konnten erfüllt werden." ◀

Guter Tipp

Manche Schüler haben Mühe, ihre Wut und/oder ihren Frust im Griff zu behalten, können es aber vorhersehen, wenn sie gleich die Kontrolle verlieren. Bei diesen Schülern bietet sich der Einsatz einer „Auszeit"-Karte an. Die Karte befindet sich beim Schüler; er legt sie auf das Lehrerpult, wenn er nach draußen gehen muss, um sich zu beruhigen. Es muss vereinbart werden, wie oft der Schüler innerhalb einer Stunde von der Karte Gebrauch machen kann. Bei manchen Schülern ist es hilfreich, den Einsatz der Karte mit dem Ausfüllen eines Reflexionsbogens zu verknüpfen, damit der Schüler reflektieren kann, was ihn an diesen Punkt gebracht hat. So macht der Schüler nicht zu oft von der Karte Gebrauch und anhand der Aufzeichnungen können Sie gemeinsam Ziele für die nächste Stunde festlegen.

Teilen Sie Lehrern, Eltern und anderen Beteiligten mit, wenn ein schwieriger Schüler sich dazu entschließt, sich an die Regeln zu halten. Dokumentieren Sie das Verhalten des Schülers schriftlich, da mündliche Rückmeldung leicht untergeht. So entsteht zwangsläufig eine detaillierte Dokumentation der Regelverstöße und des Fehlverhaltens. Im Gegenzug halte ich es aber für mindestens genauso wichtig, dass das positive Verhalten sorgfältig dokumentiert wird.

Demonstration von Verhaltensweisen und „den Spiegel vorhalten"

Eine Kollegin und Freundin erzählte von einem Schüler, der schon auf die einfachste Bitte mit übertriebenem Ächzen, Seufzen und Grimassen reagierte. Sie beschloss, ihn direkt auf das Verhalten anzusprechen.

In der Pause bat sie ihn dazubleiben, holte sich einen Kollegen zu Hilfe und fragte den Schüler, ob es ihm etwas ausmachte, wenn sie ihm das Verhalten vormachte, das sie bei ihm beobachtete. Er war einverstanden und sie mimte daraufhin ziemlich authentisch eine typische Reaktion von ihm auf eine einfache Bitte. „Darf ich bitte mal deine Arbeit sehen?", „Was! (Seufzer), oh Gott (lauter Ausatmer, verächtliches Zungenschnalzen, mehr Seufzer usw.), lassen Sie mich bloß in Ruhe usw." Nach dieser Demonstration war der Junge aschfahl. Er war schockiert über das Spiegelbild seines Verhaltens und schämte sich dafür, dass andere Schüler ihn so gesehen hatten. Sofort beschloss er, genauer auf sein eigenes Verhalten zu achten.

Man konnte annehmen, dass er sich seines ursprünglichen Verhaltensmusters bewusst war und absichtlich so reagierte, doch dem war nicht so. Dank der Weitsicht, des taktvollen Vorgehens und der Demonstration der Lehrerin konnte der Schüler schließlich sein Verhalten ändern. Sie hielt ihm den Spiegel seines eigenen Verhaltens vor und sorgte dafür, dass dies in einer geschützten Umgebung geschah.

Jüngere Schüler brauchen diesen Spiegel, da sie Mühe damit haben, die Wirkung ihres eigenen Verhaltens von außen einzuschätzen. Ein Vierjähriger, der überall und ständig als Erster dran sein will, nimmt sein Verhalten nur aus seiner eigenen Perspektive wahr. Indem man ihn darauf hinweist, wie Außenstehende sein Verhalten wahrnehmen, lernt er, wie er auf andere wirkt. Wenn Sie beobachten, dass ein Fünfzehnjähriger das gleiche egoistische Verhalten wie ein Vierjähriger an den Tag legt, müssen Sie auch ihm beibringen, wie man sich in andere Menschen hineinversetzt.

Vorsicht Falle

- Ziehen Sie keine Schlüsse über das Verhalten eines Schülers aufgrund seines Rufs oder aufgrund dessen, was Sie im Lehrerzimmer über ihn gehört haben. Verhaltensauffällige Schüler bekommen selten die Gelegenheit, unvoreingenommen behandelt zu werden und können förmlich spüren, wie ihr Ruf auf ihnen lastet und sie in ein negatives Verhaltensmuster drängt. Für einen Schüler, der versucht, die Einstellung der Menschen ihm gegenüber zu verändern, ist nichts ernüchternder, als herauszufinden, dass Menschen, denen er zum ersten Mal begegnet, sich schon längst ihre Meinung gebildet haben.
- Lassen Sie sich nicht entmutigen, wenn der Schüler nicht aufhört, den Unterricht zu stören. Ganz gleich, wie fähig Sie sind, solche Verhaltensweisen lassen sich nicht von heute auf morgen in den Griff kriegen. Setzen Sie es sich als langfristiges Ziel, bei diesem Schüler Änderungen zu erzielen: Rechnen Sie in nicht in Tagen und Wochen, sondern in Monaten und Jahren.
- Nehmen Sie keinen Kontakt zu den Eltern auf, ohne sich vorher darüber zu informieren, ob schon ein regelmäßiger Kontakt mit der Schule besteht. Der Klassenlehrer kann Ihnen wahrscheinlich sagen, wie Sie am besten Kontakt aufnehmen. Eine Kontaktaufnahme muss geplant werden und im gewohnten Rahmen stattfinden. Wenn Sie einfach anrufen, kann es sein, dass Sie die Arbeit anderer Personen untergraben, die mit dem Schüler befasst sind. Sie sollten auch in Betracht ziehen, welche Konsequenzen eine Kontaktaufnahme Ihrerseits für den Schüler zu Hause haben kann.
- Nehmen Sie Regelverstöße und Störungen nicht persönlich. Der Schüler, der seinen Frust nach außen trägt, weil er mit der Aufgabe nicht klarkommt, flucht nicht über Sie. Auch wenn Sie mit dem Verhalten des Schülers und seiner Ausdrucksweise nicht einverstanden sind, sollten Sie akzeptieren, dass diese Schüler nicht wie andere Schüler reagieren. Zwar sollten Sie Fehlverhalten nicht ignorieren, Ihre Reaktion sollten Sie jedoch genau abwägen und differenzieren.

Asperger-Syndrom und Autismus

Das Asperger-Syndrom ist eine Form von Autismus. Bei Kindern und Jugendlichen tritt es in verschiedenen Ausprägungen auf. Dieser Überblick bietet einige wichtige Hinweise zum Umgang mit der Krankheit; Sie müssen dennoch den einzelnen Schüler gut kennenlernen und eine individuelle Strategie entwickeln. Das Asperger-Syndrom tritt meistens bei Männern auf (9:1 Männer/Frauen). Lorna Wing (Burgoine und Wing, 1983) beschrieb die wichtigsten klinischen Merkmale des Asperger-Syndroms wie folgt:

» mangelndes Einfühlungsvermögen;
» naive, ungeschickte, einseitige zwischenmenschliche Interaktionen;
» unterentwickelte oder keine Fähigkeit, Freundschaften einzugehen;
» pedantische, repetitive Ausdrucksweise;

- verschlossene Körpersprache;
- intensive Vertiefung in bestimmte Themen;
- ungelenke Koordination von Bewegungen, merkwürdige Körperhaltung.

Kinder, bei denen das Asperger-Syndrom oder Autismus diagnostiziert wurde und teilweise auch Kinder mit ADHS, sehen und deuten die Welt ganz anders. Es ist wichtig, dass Sie als Lehrer verstehen, wie ihre Krankheit ihre Wahrnehmung beeinflusst. Sie können Strategien für den Umgang mit diesen Schülern entwickeln, die individuell auf den Schüler zugeschnitten sind und flexibel angewandt werden können. Die Strategien der Klassenführung, die Sie für die ganze Klasse einsetzen, wenden Sie weiterhin an, doch im Umgang mit diesen Schülern sollten in folgenden Bereichen Schwerpunkte gesetzt werden:

- Konsequenz und Vorhersagbarkeit: Der Stundenverlauf, Ihre Reaktionen und Ihre Interventionen sollten absolut vorhersagbar sein.
- Emotionen: Sie sollten Ihre Emotionen besonders achtsam kontrollieren. Nehmen Sie es nicht persönlich, auch wenn der Schüler taktlose Bemerkungen macht wie „Sie sind fett.“ Seine Direktheit kann aus seiner wortwörtlichen Wahrnehmung der Welt resultieren.
- Verbale und nonverbale Sprache: Planen Sie Ihren Einsatz von Sprache genau (Wortwahl, Tonfall und Körpersprache). Vermeiden Sie Ironie, Übertreibung, Metaphorik. Drücken Sie sich präzise aus, da der Schüler Sie vielleicht wortwörtlich nimmt. „Ich explodiere gleich“ heißt für einen autistischen Schüler vielleicht genau das.
- Vorbildrolle: Demonstrieren Sie vorbildliches Verhalten und grundlegende Regeln/Routinen. Demonstrieren Sie effektive Kommunikation durch Ihre Interaktionen in der Klasse. Machen Sie dem Schüler die Verhaltensweisen, die Sie sehen wollen, genau vor.
- Beziehungen: Unterstützen Sie Freundschaften und helfen Sie dem Schüler, positive Beziehungen zu anderen aufzubauen und zu pflegen.
- Auszeit: Setzen Sie eine „Auszeit“-Regelung ein, um dem Schüler die Gelegenheit zu geben, Spannungen abzubauen. In den Bemühungen, sein Verhalten zu kontrollieren, können sich bei dem Schüler Spannungen aufbauen, die abgebaut werden müssen.
- Routinen, Regeln und Rituale: Wenden Sie Routinen, Regeln und Sanktionen konsequent an.
- Visualisierung: Unterstützen Sie den Lernprozess konsequent durch visuelle Signale wie Zeichen, Symbole und Gesten.
- Räumliches Umfeld: Gestalten Sie das räumliche Umfeld so, dass der Schüler sich zurechtfindet, kontrollieren Sie den Geräuschpegel (besonders plötzlich auftretenden Lärm).
- Vorbereitung: Bereiten Sie den Schüler auf Änderungen der gewohnten Routinen vor.

Versuchen Sie es damit

- Bieten Sie dem Schüler an, in den Klassenraum zu kommen, damit er sich an seinen zukünftigen Platz und die Umgebung, in der er arbeiten wird, gewöhnen kann. Sprechen Sie mit dem Schüler, stellen Sie Fragen, spielen Sie die Abläufe bei der Ankunft der gesamten Gruppe durch und probieren Sie die gängigen Routinen im Klassenzimmer gemeinsam aus. ▶▶

- Überwachen Sie die Übergänge zwischen Aktivitäten – bereiten Sie den Schüler frühzeitig auf den Übergang vor, etablieren Sie Rituale für Übergänge, visualisieren Sie das Ritual an der Wand. Dazu bietet es sich an, Fotos von Schülern zu verwenden.
- Visualisieren Sie den Ablauf einer Stunde für den Schüler an einer bestimmten Stelle im Raum, den er beim Hineinkommen ansehen kann. Teilen Sie den Ablauf der Stunde in kleine Abschnitte ein und benutzen Sie Symbole oder Fotos, so dass er weiß, was ihn erwartet: z. B. 1. Sitzenbleiben und zuhören; 2. Schreiben; 3. Diskussionen in Gruppen; 4. Feueralarm usw.
- Erklären Sie den Ablauf einer komplexen Aufgabe. Es bietet sich an, die Routine mit anderen Schülern auf Video aufzunehmen oder als Fotoserie zu gestalten.
- Vergeben Sie Belohnungen und Konsequenzen ohne Worte und zeigen Sie sie durch Karten/Zettel/Bilder an. Denken Sie sich gegebenenfalls für den Schüler eine Methode für den Vermerk seiner Belohnungen/Sanktion aus, damit er immer weiß, auf welcher Stufe der Belohnungs-/Sanktionsleiter er sich gerade befindet.
- Basteln Sie ein paar Karten mit eindeutigen Symbolen, die Sie dem Schüler zeigen, wenn er in ungünstigen Momenten stört oder schreit. Halten Sie die Karten mit einem Schlüsselring zusammen, so können Sie schnell hin- und herwechseln.
- Geben Sie dem Schüler eine „Auszeit"-Karte, die er auf Ihr Pult legen kann, wenn er nach draußen muss, um Spannungen abzubauen. Auf der Karte kann z. B. stehen: „Ich muss jetzt nach draußen. Das ist nicht unhöflich und dauert nur fünf Minuten". Auch diese Karte sollte mit Symbolen oder Fotos gestaltet sein.
- Behalten Sie im Hinterkopf, dass der Schüler Körpersprache, Tonfall, Mimik, Gestik und Absichten missverstehen könnte.
- Verwenden Sie ein Bildwörterbuch, um neue Begriffe einzuführen; machen Sie Lerninhalte durch Gegenstände anschaulich.
- Reduzieren Sie Ihre verbale und nonverbale Sprache gegebenenfalls auf einzelne Stichworte oder Signale, um Ihre Kernaussage zu unterstreichen.
- Autistische Schüler lesen oft flüssig und verstehen dennoch nicht, was sie gelesen haben. Vergewissern Sie sich, dass alles verstanden wurde, helfen Sie dem Schüler, die Verständnislücken zu füllen, und geben Sie ihm gegebenenfalls mehr Zeit.
- Teilen Sie die Schüler bei Gruppen- und Paaraktivitäten gezielt ein. Gehen Sie die Routinen erneut durch, die bestimmen, wer an die Reihe kommt und wie während der Aktivität Aufgaben zugeteilt werden.
- Ziehen Sie die anderen Schüler als Vorbilder für angemessenes Verhalten heran. Bitten Sie den autistischen Schüler, die anderen zu beobachten und ihr Verhalten nachzumachen.

▶▶

- Fördern Sie Freundschaften, indem Sie alle Schüler dabei unterstützen, einander Verständnis entgegenzubringen und unvoreingenommen zu sein.
- Achten Sie bei der Planung von Unterrichtsaktivitäten darauf, dass Lärm oder Reizüberflutung vermieden werden: unbändige Gruppen, plötzliche Unterbrechungen oder abrupte Bewegungen. ◀

Guter Tipp

Ein Hauptmerkmal von Autismus ist die Unfähigkeit, erlernte Informationen von einem Kontext auf den anderen zu übertragen. Nehmen wir zum Beispiel den Schüler, der bei Mrs. Hussain lernt, mit einem blauen Stift seinen Namen zu schreiben. Wenn die gleiche Aufgabe mit einem grünen Stift gestellt wird, erkennt der Schüler den Stift nicht als das gleiche „Werkzeug" mit der gleichen Funktion. Auch wenn Mr. Knowles die Aufgabe anders formuliert erneut stellt, betrachtet sie der Schüler als neue Aufgabe. Der Schüler kann Gelerntes nicht auf andere Kontexte anwenden. Es hilft ihm, wenn Erwachsene bereits Vertrautes in anderen Kontexten zeigen, indem sie auf verschiedene Stifte, Formen, Größen, mit und ohne Radiergummi hinweisen und erklären, welche Eigenschaften einen Stift ausmachen.

Verhaltensstörungen, Medikamente, Drogen, Ernährung, Fernsehen und neue Medien

Es gibt viele Bereiche, auf die Lehrer keinen direkten Einfluss haben, die sich aber auf das Verhalten von Schülern während des Unterrichts auswirken. Schüler mit ADHS oder anderen Verhaltensstörungen, Schüler, die Ritalin verschrieben bekommen, Schüler, die sich schlecht ernähren, die wegen Schlafmangel erschöpft sind, die mit Drogen experimentieren oder eine schwierige familiäre Situation haben – alle legen sie Verhaltensweisen an den Tag, mit denen ein Umgang gefunden werden muss. Ich habe festgestellt, dass es das Beste ist, so umfassend wie möglich über diese außerschulischen Einflüsse auf das Verhalten im Klassenzimmer informiert zu sein. Das Verständnis der Beweggründe Ihrer Schüler kann sehr nützlich sein, wenn Eltern sich an Sie wenden und Sie um Rat bitten. Auch wird es Ihnen den bestmöglichen Umgang mit dem Schüler ermöglichen.

ADHS (Aufmerksamkeitsdefizitstörung)

ADHS ist ein vieldebattiertes Thema. Kritiker sind der Meinung, dass es landläufig als bequeme Ausrede herangezogen wird, um unangemessenes Verhalten von Kindern medizinisch zu rechtfertigen. Ihre Gegner wiederum berufen sich auf spezielle Methoden der Gehirnuntersuchung, die beweisen, dass das Phänomen durchaus medizinisch zu begründen ist. ADHS, auch bekannt unter den Bezeichnungen Aufmerksamkeitsdefizitsyndrom, Hyperaktivitätssyndrom oder hyperkinetische Störung, ist eine Krankheit, die in unzähligen Ausprägungen zutage treten kann. Folgende Symptome können auf ADHS hindeuten: chronische Konzentrationsschwäche, Ablenkbarkeit, Impulsivität und gemäßigte bis starke Hyperaktivität. Diese Symptome können, müssen den Lernprozess aber nicht beeinträchtigen.

Diagnosen fallen oft sehr unterschiedlich aus und es ist nicht ungewöhnlich, dass Schüler an verschiedenen Schulen mit den verschiedensten Symptomen und Verhaltensweisen der Kategorie ADHS zugeordnet werden. Manche Eltern bestehen förmlich auf einer Diagnose von ADHS, um eine befriedigende Erklärung für absinkende schulische Leistungen ihres Kindes zu erhalten. Überarbeitete Ärzte geben dieser Forderung häufig nach. Das bedeutet keinesfalls, dass es nicht wirklich Schüler gibt, bei denen die Diagnose zutrifft und die wirklich krank sind.

Unumstritten ist, dass die Behandlung von ADHS einerseits einen verhaltenstherapeutischen Ansatz erfordert, der zwischen Elternhaus, Schule und externen Betreuern koordiniert wird. Um den medikamentösen Teil der Behandlung der Krankheit ranken sich hingegen viele Debatten.

Verschreibungspflichtige Medikamente

Das Amphetamin Ritalin ist ein Medikament, das sehr oft zur Behandlung der Symptome von ADHS eingesetzt wird, jedoch sehr umstritten ist.

Das Medikament erfreut sich immer größerer Beliebtheit. Die Anzahl der Verschreibungen durch Ärzte steigt und auch auf illegalem Weg beschaffen sich immer mehr besorgte Eltern für ihre Kinder Ritalin. Die bewusstseinsverändernde Droge wird bisweilen bei sehr jungen Kindern eingesetzt, deren Gehirne sich noch in der Entwicklung befinden. Manche Schüler benutzen das Medikament, um lange Lernperioden besser zu überstehen. Viele Ärzte zeigen sich besorgt darüber, dass Ritalin immer häufiger falsch verschrieben und oft als schnelle Abhilfe für Hyperaktivität, Konzentrationsschwäche und mangelnde Disziplin im Unterricht herhalten muss.

Der Wissenschaftler Dr. Peter R. Breggin, Direktor des Zentrums zur Erforschung der Psychiatrie, warnt vor gesundheitlichen Risiken: „Ritalin korrigiert das biochemische Ungleichgewicht nicht – es ist die Ursache dafür."

Ein Kind, das Ritalin einnimmt, kann sich im Unterricht vielleicht besser konzentrieren und stört weniger, aber hilft das dem Kind wirklich? Sollten wir einem Kind ein starkes Medikament verabreichen, nur damit es stillhält?

Wenn Kindern immer öfter starke Medikamente verschrieben werden, gibt das durchaus Anlass zur Besorgnis und die Suche nach alternativen Behandlungsmethoden sollte dringlich vorangetrieben werden.

Drogen

Wenn Sie den Verdacht haben, dass Schüler während des Unterrichts unter dem Einfluss von Drogen (einschließlich Alkohol) stehen, sollten Sie versuchen, Beweise dafür zu finden und den Schüler nicht ohne Grundlage anklagen. Auch wenn Sie im Recht sind, werden Sie die Situation keinesfalls verbessern, indem Sie Ihre Feststellung öffentlich bekannt machen. Gehen Sie mit dem Verhalten des Schülers mit der üblichen Professionalität um, holen Sie sich unauffällig die Meinung eines Kollegen ein und entscheiden Sie dann erst, wie Sie weiter verfahren. Es wird immer ein paar Schüler geben, die mit Drogen experimentieren. Alles, was Sie tun können, ist für eine effektivere Durchsetzung des Drogenverbots auf Schulebene einzutreten, den Schülern Rat und Unterstützung anzubieten und positive Beziehungen zu pflegen. Wenn aus dem Experimentieren eine Sucht wird, können bei den betroffenen Schülern die Lehrer am meisten bewirken, die bereits vorher Zeit in Beziehungsarbeit investiert haben.

Ernährung

Für Schüler, bei denen ADHS diagnostiziert wurde oder die die Symptome der Krankheit aufweisen, gibt es durchaus Alternativen zur medikamentösen Behandlung.
Es gibt klare Belege dafür, dass zwischen Ernährung und dem Verhalten von Kindern und Jugendlichen ein unmittelbarer Zusammenhang besteht. Lehrer konnten schon immer sagen, welche ihrer Schüler kein Frühstück bekommen hatten. Sie konnten schon immer tagtäglich beobachten, wie eng schulischer Erfolg an die richtige Ernährung geknüpft ist. Wenn bei Schülern Verhaltensauffälligkeiten auftreten, ist der naheliegendste Schritt zunächst, Eltern und Schüler darüber aufzuklären, wie wichtig eine Ernährung ist, die es dem Körper ermöglicht, über den Tag hinweg gleichmäßig Energie freizusetzen statt ihn immer wieder mit schnellen Zuckerschocks zu puschen.

Es gibt mittlerweile zahlreiche wissenschaftliche Belege dafür, dass verhaltensauffällige Schüler mit der richtigen Ernährung nicht nur die Symptome, sondern auch die Ursache ihrer Verhaltensstörung behandeln können.

Erkenntnisse der Wissenschaft

Alexandra Richardson führte in Regelschulen im County Durham einen Versuch mit mehr als 100 normal begabten Kinder durch, deren schulische Leistungen sich unter dem Durchschnitt bewegten und die unter Verdacht standen, unter Dyspraxie zu leiden – eine Störung der grob- und feinmotorischen Fähigkeiten. Einige der Kinder waren verhaltensauffällig und störten den Unterricht.

Für einen randomisierten, placebokontrollierten Doppelblindversuch wurden sie in zwei Gruppen eingeteilt. Der Hälfte der Schüler wurden drei Monate lang Fischöle mit einem hohen Omega-3-Fettsäuren-Anteil verabreicht. Die andere Hälfte bekam Placebos. Über 40 % der Kinder, die eine Nahrungsergänzung bekamen, verbesserten sich stark im Lesen und Schreiben und verzeichneten im Durchschnitt innerhalb von nur drei Monaten einen Lernfortschritt von neun Monaten. Die Kontrollgruppe machte in den drei Monaten lediglich normale Fortschritte. ▶▶

Auch wenn bei keinem der Schüler bisher ADHS diagnostiziert worden war, wiesen ein Drittel von ihnen viele Symptome der Krankheit auf. Nachdem ihnen allerdings Fischöle verabreicht wurden, machten die Hälfte davon plötzlich so große Fortschritte, dass sie nicht mehr als verhaltensauffällig galten.

Durch das Verabreichen von Fischölen konnten also exakt die gleichen Ergebnisse erzielt werden, wie wenn man den Kindern ein konzentrationsförderndes Medikament wie Ritalin verabreicht hätte.

Fernsehen

Lehrer bekommen die Auswirkungen des Fernsehens auf Kinder täglich zu sehen. Sie zeigen sich in ihrer Art sich zu kleiden, in ihrer Sprache und Ausdrucksweise und nicht zuletzt in ihrem Verhalten. Es gibt zahlreiche wissenschaftliche Belege dafür, dass zu viel Fernsehen die Konzentrationsfähigkeit und den Lernprozess von Kindern beeinträchtigt.

> *„[Fernsehen] beeinträchtigt die Entwicklung der Gehirne von Kindern, erhöht die Wahrscheinlichkeit, dass sie an ADHS erkranken und kann ihren Lernerfolg dauerhaft einschränken."*
>
> (Dr. Ari Sigman, 2005, Remotely Controlled)

Ein wichtiger Aspekt dieser Problematik ist sicherlich die Allgegenwärtigkeit des Fernsehens in nahezu allen Lebensbereichen. Viele Schüler haben Fernsehgeräte in ihren Zimmern und können sich vom Bett aus mit Computerspielen oder Filmen ganze Nächte vertreiben. In vielen Haushalten läuft der Fernseher den ganzen Tag lang und auch wenn die Familie das Haus verlässt, besteht unbegrenzter Zugang zu Fernsehen und neuen Medien: im Auto, über Handy, in Flugzeugen, über tragbare DVD-Player und Festplatten. Die permanente Gelegenheit zur Berieselung führt dazu, dass sich Kinder für Dinge wie Lesen, Schlafen, im Freien spielen, Gespräche mit Eltern und Geschwistern immer weniger Zeit nehmen. Das führt letztendlich dazu, dass es ihnen immer schwerer fällt, Stille zu ertragen und ihre eigenen Gedanken zu entwickeln. All das ist alles andere als förderlich für ihre schulische und persönliche Entwicklung, so viel ist sicher.

Versuchen Sie es damit

Das Schaubild soll vom Schüler ausgefüllt werden. Sehen Sie sich die Liste an, entscheiden Sie gemeinsam, welche Beschriftungen für die Y-Achse am sinnvollsten sind oder denken Sie sich eigene aus. Sie sollten sich in einer Stunde auf zwei Bereiche konzentrieren. Der Schüler zeichnet während der Stunde alle fünf Minuten im Schaubild für beide Bereiche eine Wertung zwischen 1 und 10 ein. Sie können diese Übung nur eine Stunde lang oder über mehrere Stunden hinweg durchführen und sich dann mit dem Schüler treffen, um das Ergebnis zu besprechen. Es werden sich daraus für den Schüler Ziele ergeben, aber auch Sie ▶▶

bekommen die Gelegenheit, Ihren Unterricht und Ihren Umgang mit einzelnen Schülern zu reflektieren.

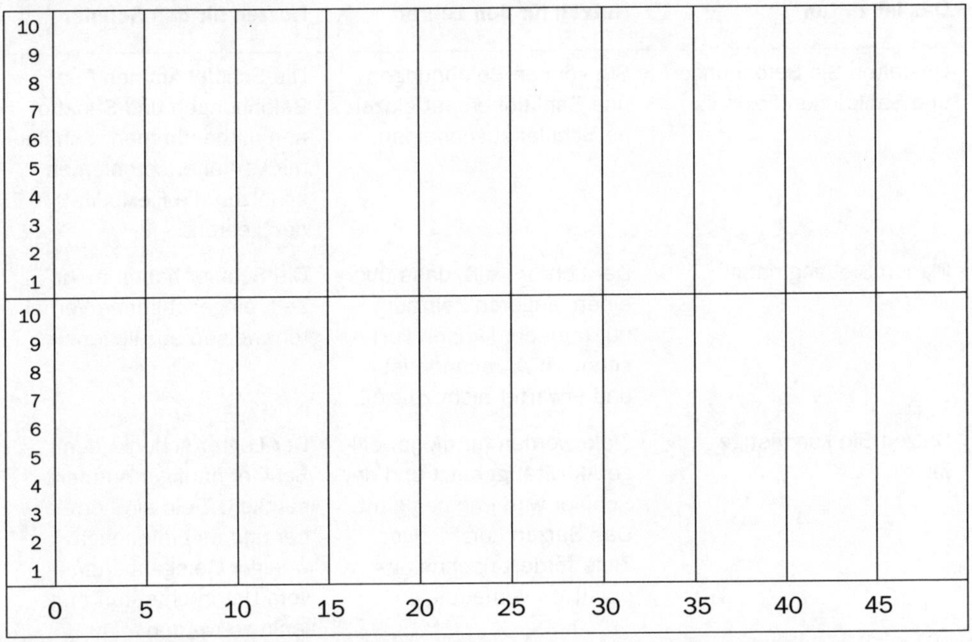

Mögliche Beschriftung der Y-Achse:

» Die Aufgabe

» Meine Arbeit

» Mein Verhalten

» Meine Konzentration

» Mein Lehrer

» Ich

» Meine Kontrolle

» Meine Sprache

» Wie wütend ich mich fühle

» Wie ruhig ich mich fühle

» Wie zufrieden ich mich fühle

» Meine Motivation

» Meine Begeisterung

» Mein Verständnis des Unterrichtsstoffs

Auf einen Blick

Das ist zu tun	Nutzen für den Lehrer	Nutzen für den Schüler
Gestalten Sie Belohnungen und Sanktionen flexibel.	Sie können Belohnungen und Sanktionen auf einzelne Schüler zuschneiden.	Die Schüler können über Belohnungen und Sanktionen mitbestimmen. Schüler mit Verhaltensproblemen schätzen die Flexibilität des Lehrers.
Planen Sie langfristig.	Der Lehrer weiß, dass über einen längeren Zeitraum nur mit sehr kleinen Fortschritten zu rechnen ist und erwartet nicht zu viel.	Die Schüler haben mehr Zeit, eingeschliffene Verhaltensweisen abzulegen.
Setzen Sie kurzfristige Ziele.	Ziele werden für die jeweilige Aktivität gesetzt und der Schüler wird eng begleitet. Das Setzen kurzfristiger Ziele fördert nachhaltig positives Verhalten.	Der Lehrer schenkt dem Schüler häufiger Aufmerksamkeit, Ziele sind erreichbar und es bieten sich weniger Gelegenheiten, vom Unterrichtsstoff abgelenkt zu werden.
Kontrollieren Sie die Sitzordnung.	Schüler können so gesetzt werden, dass sie den Lernprozess ihres Nachbarn unterstützen statt ihn zu stören. Schüler, die sich gegenseitig anstacheln, können voneinander getrennt werden.	Die Schüler haben die Gelegenheit, getrennt von ihren Freunden zu lernen und lernen andere Schüler besser kennen.
Planen Sie Ihre Interventionen bei unangemessenem Verhalten.	Sie können Ihre Emotionen kontrollieren und Konflikte mit Schülern abwenden.	Die Schüler können Ihre Reaktionen vorhersagen. Ihr übertriebenes Verhalten provoziert nicht die erwünschte übertriebene Reaktion.
Bauen Sie eine Beziehung zum Schüler auf.	Stärkt das Vertrauen des Schülers in den Lehrer. Fördert das Verständnis für Bedürfnisse und Umstände einzelner Schüler.	Eine vertrauensvolle Beziehung entsteht und die Grundlage für gegenseitigen Respekt wird geschaffen. Die Meinung und die Vorschläge des Lehrers werden ernst genommen.

▶▶

Auf einen Blick *(Fortsetzung)*

Das ist zu tun	Nutzen für den Lehrer	Nutzen für den Schüler
Holen Sie sich Rat und halten Sie Rücksprache mit Kollegen, externen Beratern und Eltern.	Der Lehrer fühlt sich nicht isoliert und lernt von anderen.	Die Schüler sehen den Lehrer als Teil eines Teams, das sich um sie bemüht. Die Schüler müssen gegenüber mehreren Personen für ihr Verhalten Rechenschaft ablegen.

◄

Tipps für die Primarstufe, Sekundarstufe I und Sekundarstufe II

Primarstufe

Ich schlage dir ein Geschäft vor

Die Tatsache, dass Sie ihn als Verhandlungspartner ernst nehmen, wird den Schüler hellhörig machen. Er ist sehr wahrscheinlich neugierig darauf zu hören, was das Geschäft für ihn verspricht. Tatsächlich würden sich die meisten Leute auf einen solchen Vorschlag einlassen, ohne überhaupt die Einzelheiten zu kennen. „Ich schlage dir ein Geschäft vor" funktioniert meistens und wenn Sie sich geschickt aufstellen, wird der Deal zu Ihren Gunsten entschieden. Mit einem freundlichen Tonfall und einem wohlwollenden Auftreten können Sie das Geschäft so drehen, dass Sie sich von Ihrer ursprünglichen Position keinen Millimeter wegbewegen müssen. Zudem entsteht dabei nicht die Gefahr, dass sich die Diskussion irgendwann nur noch im Kreis dreht: „Nein", „Doch", „Nein", „Doch".

> *„Ich habe nun verstanden, dass du dich lieber nicht für den Sportunterricht umziehen willst (dass du aus dem Fenster geklettert bist, hat dich verraten), aber ich schlage dir ein Geschäft vor. Einverstanden?"*

Es gehört etwas Verhandlungsgeschick dazu, um das Geschäft ohne Bestechungsversuche oder Drohungen unter Dach und Fach zu bringen. „Du weißt, dass es sich auszahlt, wenn du die Regeln befolgst" kommt beim Schüler anders an als „Zieh dich an und dann bekommst du den Sack Geld." Es ist viel klüger, Kinder an ihr eigenes positives Verhalten zu erinnern „Gestern hast du dich so schnell und brav umgezogen" statt auf Mitschüler zu verweisen „Ich wünschte, du könntest dich wie Kylie benehmen, schau, ist sie nicht ein glänzendes Beispiel dafür, was du sein könntest?".

Über geschicktes Verhandeln mit dem Schüler können Sie auf sehr elegante Weise an Ihr Ziel gelangen. Und wenn Sie Ihre Verhandlungstechnik sicher beherrschen und Konfliktgespräche mit Schülern zu lenken wissen, werden Sie in Zukunft ganz gewiss nur noch auf diese Technik zurückgreifen. Sie werden nicht mehr das Bedürfnis verspüren, den Schüler zu gutem Benehmen zu zwingen und fangen an, den Umgang mit konfrontativem Schülerverhalten regelrecht zu genießen.

Sekundarstufe I

Tipps zum Umgang mit verhaltensauffälligen Schülern

- Lassen Sie sich nicht von der „coolen“ Fassade des Schülers abschrecken.
- Planen Sie, erlernte Verhaltensmuster zu durchbrechen.
- Demonstrieren Sie vorbildliches Verhalten.
- Bauen Sie gezielt gegenseitiges Vertrauen auf.
- Unterbrechen Sie den negativen inneren Monolog des Schülers.
- Stimmen Sie Ihr Vorgehen mit Kollegen und externen Beratern ab.
- Erkennen Sie außerschulische Einflüsse auf das Schülerverhalten.
- Erkennen und fördern Sie besondere Fähigkeiten.
- Bleiben Sie ruhig.
- Bleiben Sie empathisch, konsequent und fair.
- Kontrollieren Sie Ihre emotionalen Impulse.
- Machen Sie schülerzentrierten Unterricht.
- Pflegen Sie Kontakt zu den Eltern.

Sekundarstufe II

„Es tut mir leid, dass du einen schlechten Tag hast“ erinnert den Schüler daran, dass er für sein Verhalten verantwortlich ist. Wenn Sie die Bemerkung in einem freundlichen Ton anbringen, können Sie damit eine verfahrene Situation auflockern; die Sanktion wird als notwendige Konsequenz des Verhaltens des Schülers und nicht als Angriff auf seine Person begriffen.

Der 30-Tage-Test

Was möchten Sie beim Umgang mit stark verhaltensauffälligen Schülern in Zukunft anders machen? Die Neuerungen können sich auf einen einzelnen Schüler oder eine ganze Lerngruppe beziehen. Setzen Sie einige der in diesem Kapitel vorgeschlagenen Tipps 30 Tage lang konsequent um, damit Sie genügend Zeit haben, die Neuerungen in den Unterrichtsalltag zu integrieren.

In 30 Tagen komme ich zur Arbeit und ....
....
....
....
....

Meine persönlichen Vorsätze sind:

1. .... Geprüft am ....
2. .... Geprüft am ....
3. .... Geprüft am ....

Kapitel

12

Die Unterstützung der Eltern gewinnen

„Ich hatte keine Vorstellung von Alter oder Autorität. Ich erinnere mich daran, wie ich plötzlich feststellte: ‚Oh, die Welt hat Regeln und wir haben keine.'"

(Moon Unit Zappa – Tochter von Frank Zappa)

In diesem Kapitel erfahren Sie etwas über

- Das Prinzip
- Die Umsetzung

Neben zahlreichen konkreten Beispielen, u. a. einem Entwurf für einen Brief an die Eltern, erhalten Sie

- Tipps für die Primarstufe, die Sekundarstufe I und die Sekundarstufe II

Das Prinzip

Eltern sind wie ihre Kinder. Einige begeistern und engagieren sich für die Schule. Andere würden am liebsten nichts damit zu tun haben. Die Unterstützung engagierter Eltern zu gewinnen ist keine Kunst. Die eigentliche Herausforderung ist es, die Eltern einzubinden, die der Schule abgeschworen haben.

Eltern tragen eine Verantwortung dafür, die Ausbildung ihrer Kinder zu unterstützen und mit der Schule zusammenzuarbeiten. Wir können viel von ihnen lernen und umgekehrt. Lehrer müssen den Kontakt auch zu den Eltern, die sich dieser Verantwortung entziehen wollen, suchen und pflegen. Wenn es bei der Kommunikation mit den Eltern immer nur um negative Aspekte des Verhaltens ihres Kindes geht, wird die Unterstützung ausbleiben. Je besser Eltern darüber informiert sind, welche Verhaltensregeln in der Schule gelten und wie mit bestimmten Verhaltensweisen von Schülern umgegangen wird, desto leichter ist es, effektiv mit ihnen zu kommunizieren.

Die Umsetzung

Manchmal wird in Verbindung mit Schülern das Bild eines dreibeinigen Hockers herangezogen, der von Schule, Elternhaus und Gesellschaft gestützt wird. Zieht man ein Bein weg, dann fängt der Schüler an zu wackeln. Wenn Sie einen Weg finden, effektiv mit Eltern zu kommunizieren, und misstrauische Eltern für sich gewinnen können, dann wird sogar der wackeligste Schüler wieder stabil. Selbstverständlich tragen in erster Linie die Eltern die Verantwortung für die Erziehung ihrer Kinder, doch auch die Schule und das gesellschaftliche Umfeld tragen einen erheblichen Teil zur persönlichen Entwicklung des Kindes bei.

Eltern, die sich nicht in die schulischen Belange ihrer Kinder einmischen, tun das aus einem Grund. Sie haben eine bewusste Entscheidung getroffen, Schule und Familie getrennt zu halten. Das kann viele Gründe haben: Vielleicht haben die Eltern in der Schule selbst schlechte Erfahrungen gemacht, vielleicht wissen sie nicht, in welcher Form sie Unterstützung leisten können, vielleicht verkennen sie ihre Elternrolle, verzweifeln am Verhalten ihres Kindes oder hegen Groll aufgrund eines zurückliegenden Missverständnisses. Ganz gleich, wie bereitwillig Eltern mitarbeiten, Sie als Lehrer sollten ihnen Ihre eigenen Erwartungen klar kommunizieren. Wenn Sie sich um die Unterstützung der Eltern/Erziehungsberechtigten bemühen, dann ist das im Interesse Ihres Schülers genauso wie in Ihrem eigenen. Eltern können sich außerdem Anregungen für die Erziehung ihres Kindes zu Hause von Ihnen holen und Verhaltensregeln aus der Schule übernehmen und abwandeln.

Um misstrauische Eltern zur Kooperation zu bewegen, bedarf es mehr als ein paar Einladungen zu Schulveranstaltungen. Ein Tag der offenen Tür im Jahr ist nicht genug. Es ist sehr wichtig, dass der Kontakt zu den Eltern/Erziehungsberechtigten eine Regelmäßigkeit bekommt und über positive Nachrichten gepflegt wird. Ich empfehle Ihnen, ganz gezielt, unter bestimmten Vorwänden, Kontakt mit ihnen aufzunehmen. Dazu können Sie sich beispielsweise einen Plan zurechtlegen, nach dem der Kontakt mindestens zehnmal pro Schuljahr zustande kommen muss. Oder Sie können für sich festlegen, dass zwei positive Überweisungen zum Klassenlehrer einen positiven Anruf auslösen oder ein guter Tag im Verhaltensbericht zu einem positiven Elternbrief führt. Manche Lehrer nehmen sich vor, pro Woche mindestens fünf positive Nachrichten an Eltern zu versenden oder verschicken alle zwei Monate automatisch einen „Newsletter". Wenn ein Schüler ein paar Stunden lang immer wieder den Unterricht stört, erfordert das natürlich eine Kontaktaufnahme mit den Eltern; findet sie jedoch immer nur aufgrund von Fehlverhalten des Kindes statt, wird die Unterstützung der Eltern ausbleiben.

Ich empfehle, die Eltern immer über alle Änderungen von Verhaltensregeln auf Klassenebene oder Schulebene in Kenntnis zu setzen. Je mehr Einblick sie in das bekommen, was in der Schule passiert, desto mehr Einsatz werden sie für ihre Kinder, bei den Hausaufgaben und für die Lehrer zeigen. Ich habe schon oft Elterntreffen organisiert, bei denen die Eltern von uns Lehrern in die Regeln und Abläufe im Klassenzimmer eingeweiht wurden. Der ganze Abend dreht sich dann nur um die Kinder, die Lehrer und die Abläufe im Klassenzimmer. Solche Treffen sind sogar für Eltern völlig unverfänglich, die nach Gründen suchen, fernzubleiben. Im Mittelpunkt steht das, was im Klassenzimmer passiert und manche Eltern holen sich Ideen für zu Hause. Wenn ich im Rahmen solcher Veranstaltungen über neue Regeln und Abläufe erzählte, sah ich manchmal, wie die Eltern sich gegenseitig anschauten und sagten, „Das könnten wir auch zu Hause machen" oder „Vielleicht war unser lebenslängliches Fernsehverbot doch keine so gute Idee!" In diesem Moment wusste ich, dass meine Botschaft angekommen war. Eltern, die am Anfang des Abends noch misstrauisch waren, konnten mit ein paar neuen Ideen nach Hause gehen.

Ich habe Kollegen zugehört, die daran verzweifelt sind, dass Eltern den Kontakt verweigerten, und die sich lautstark über deren mangelnde Unterstützung und die Abwesenheit einer einheitlichen Linie von Elternhaus und Schule beschwerten. Wenn ich aber nachfragte, was sie denn bisher für den Aufbau einer Beziehung zum Elternhaus getan hatten, blieb die Verantwortung stets bei den Eltern hängen: „Ich schreibe ihnen, aber sie antworten nicht. Ich lade sie ein, aber sie lehnen ab. Ich rufe an, aber sie gehen nicht ran." Meine eigene Herangehensweise war da immer etwas pragmatischer. Wenn meine Versuche, mit den Eltern in Kontakt zu treten, keine Früchte tragen, ergreife ich eben selbst die Initiative, klopfe an die Tür und stelle mich vor.

Wenn Sie zu Leuten Kontakt aufnehmen wollen, die lieber Glas essen würden als ein Klassenzimmer zu betreten, müssen Sie sich vielleicht zu ihren Bedingungen mit ihnen treffen und zwar an einem Ort, an dem sie sich nicht ausgeliefert fühlen. Vielleicht müssen Sie dazu die schützenden Räume der Schule verlassen und ihnen einen Besuch zu Hause abstatten.

Lehrer, die den zusätzlichen Aufwand in Kauf nehmen, um Kontakt zu misstrauischen Eltern herzustellen, wissen, dass er sich auszahlt. Sie wissen, dass eine gute Beziehung zu den

Eltern sogar die Klassenführung erleichtert. Wenn Lehrer diese Beziehung zum Elternhaus pflegen und ausbauen, hören wackelige Schüler auf zu wackeln und ihr Verhalten im Unterricht stabilisiert sich.

Zum Aufbau eines nachhaltigen Kontakts zum Elternhaus schlage ich als ersten Schritt vor, dass Sie die Eltern aller Schüler über die Regeln, Belohnungen und Sanktionen informieren. Danach kann sich Ihre Kommunikation über ganz verschiedene Wege fortsetzen: positive Elternbriefe, Elternabende, positive Anrufe, Formulare für Verhaltensberichte zum Gegenzeichnen, zusätzliche Hausaufgaben zur Überprüfung, Anrufe, um nach Rat zu fragen usw. Ich empfehle, darauf zu achten, dass positive und negative Nachrichten sich die Waage halten. Wenn Sie sich in einer schlechten Phase eines Schülers an die Eltern wenden, um sie um zusätzliche Unterstützung zu bitten, sollten Sie darauf achten, dass Sie die Eltern stets auch über Besserungen des Verhaltens informieren. Bei Schülern, die dauerhaft den Unterricht stören, kommen Sie nicht umhin, den Weg für eine langfristige Beziehung zu den Eltern zu ebnen und im Hinterkopf zu behalten, dass Sie nicht der einzige Lehrer/Berater sind, für den sie Zeit einräumen müssen. Bitten Sie sie um Rat und Unterstützung statt ihnen zu sagen, was sie tun sollen. Auch wenn Sie nicht sofort eine Lösung parat haben, wird dadurch ein Dialog eröffnet und Sie geben ihnen deutlich zu verstehen, dass Sie mit ihnen zusammenarbeiten möchten.

Guter Tipp

Stellen Sie einen ersten Kontakt zu den Eltern durch die Übermittlung positiver Nachrichten her. Sie sind dann eher dazu bereit Ihnen zu helfen, wenn es Probleme gibt. Wenn Sie mit Eltern zu spät in Kontakt treten, werden diese sich vielleicht fragen, warum sie nicht früher informiert wurden und erschrocken sein über die lange Liste von Regelverstößen, die sie nun vorgelegt bekommen.

Bevor Sie übereilt mit schlechten Nachrichten die Eltern kontaktieren, sollten Sie sich über die Situation zu Hause informieren. In einigen wenigen Familien wird auf schlechte Nachrichten aus der Schule mit Gewalt reagiert. Wenn Sie wissen, dass das der Fall ist, holen Sie sich Rat vom Klassenlehrer. Wenn Sie die Eltern zum ersten Mal treffen, lassen Sie sich von einem Kollegen begleiten.

Um eine reibungslose Kommunikation mit den Eltern zu gewährleisten, müssen Sie über Änderungen ihrer Kontaktdaten auf dem Laufenden bleiben. Gleichzeitig ist es nützlich, in Erfahrung zu bringen, wie die Eltern am liebsten kontaktiert werden möchten. Es sollte bedacht werden, dass man Briefe abfangen, Nachrichten auf dem Anrufbeantworter ignorieren kann usw. Machen Sie den sichersten und direktesten Weg der Kommunikation ausfindig. Der Schüler sollte dabei keine Verantwortung übernehmen müssen und Sie sollten in Betracht ziehen, dass Sie nicht nur eine Nachricht an die Eltern übermitteln, sondern genauso gut eine zurückerhalten können. Es ist sehr sinnvoll, sich eine separate E-Mail-Adresse für

Schulkommunikation einzurichten. Überlegen Sie sich den Zeitpunkt, zu dem Sie sich an Eltern wenden, sehr gut: Er kann sich darauf auswirken, wie Ihre Nachricht aufgenommen wird. Ich empfehle in diesem Zusammenhang, dass Sie den ersten Kontakt nur sehr kurz halten und einen geeigneteren Zeitpunkt für ein ausführlicheres Gespräch vereinbaren. So können Sie sichergehen, dass die Eltern auf das Gespräch vorbereitet sind und Zeit dafür haben.

Wenn eine regelmäßige Kommunikation zwischen Elternhaus und Schule stattfindet, wird das Kind sehen, dass sein Verhalten und die Konsequenzen daraus nicht in der Schule zurückgelassen werden. Die Beziehungen, die ich mit Eltern aufgebaut habe, waren auch für meine Beziehung zu Schülern und Klassen entscheidend. Ich rief oft zu Hause an, noch bevor ein Schüler dort ankam; ein paar Mal saß ich schon längst mit den Eltern beim Tee zusammen, als der Schüler eintrudelte. Wenn Schüler wissen, dass ihre Eltern eine positive Beziehung und regelmäßigen Kontakt zur Schule pflegen, haben sie deutlich mehr Anreize, auf ihr eigenes Verhalten zu achten und es dementsprechend umzustellen.

Die meisten Schüler halten Freizeit und Familie lieber getrennt von der Schule. Oft ist es ihnen gerade recht, wenn der direkte Dialog zwischen Eltern und Lehrern unterbunden bleibt. Ich erinnere mich daran, wie ich selbst als Schüler den Elternabend mehr als alles andere fürchtete. Die Gewissheit, dass all meine Sünden preisgegeben würden und ich vor Eltern und Lehrern mit ihnen konfrontiert würde, versetzte mich in Angst und Schrecken. Versuchen Sie, eine völlig eigenständige Beziehung zu den Eltern Ihres Schülers aufzubauen, damit sie wissen, mit wem sie es zu tun haben, damit sie einem Namen ein Gesicht zuordnen können und damit sie Ihnen ihr Vertrauen schenken.

Guter Tipp

Finden Sie regelmäßig Gelegenheiten, um mit den Eltern über den Fortschritt des Kindes zu kommunizieren. Warten Sie nicht darauf, dass die Eltern beim Elternabend auf Sie zukommen, sondern gehen Sie auf sie zu und stellen Sie sich vor. Geben Sie regelmäßig Rückmeldung, wenn über das Kind ein Verhaltensbericht geführt wird, schreiben Sie einen Brief nach Hause oder greifen Sie nach dem Hörer: „Ich rufe nur kurz an, um Bescheid zu geben, was Joshua macht …"

Wenn Sie sich mit Eltern treffen, um über ihr Kind zu sprechen, steigen Sie nicht unvermittelt in die Unterhaltung ein, die Sie eigentlich führen wollen. Oft kommen sowohl die Eltern als auch der Lehrer mit eher unbehaglichen Gefühlen zu solchen Treffen und die Atmosphäre muss zunächst etwas aufgelockert werden, damit ein entspanntes und produktives Gespräch möglich ist. Sie tragen die Verantwortung dafür, dass das Treffen erfolgreich verläuft. Vermeiden Sie Gespräche über das Wetter oder offensichtlichen Small Talk. Erkundigen Sie sich stattdessen nach der Familie, nach dem vor Kurzem über die Bühne gebrachten Umzug oder nach dem Fortschritt der Geschwister auf der Universität. Zeigen Sie aufrichtiges Interesse für die Familie und machen Sie damit deutlich, dass Sie sich ernsthaft um Ihren Schüler bemühen. So fühlen sich die Eltern in guten

Händen und Sie erfahren vielleicht etwas Neues, das Ihre Arbeit mit dem Schüler erleichtert. Sie können Ihre Sorge um das Verhalten des Kindes gut mit Ihrem Interesse an seinem Lernerfolg begründen und zu dieser Gelegenheit danach fragen, wie Lernen und Verhalten zu Hause gehandhabt werden. Suchen Sie gemeinsam mit den Eltern nach Lösungswegen und überlegen Sie, wie Sie schnell und effektiv Belohnungen und Sanktionen in der Schule mit denen zu Hause kombinieren können. ◀

Vorsicht Falle

- Pflegen Sie keinen zu vertrauten und lockeren Umgang mit Eltern. Seien Sie stets freundlich, aber wahren Sie gleichzeitig Ihre Professionalität und riskieren Sie keine Missverständnisse durch leichtfertige oder flapsige Äußerungen.
- Äußern Sie keine Mutmaßungen über die familiäre Situation von Schülern. Ihre Beschwerden über unerledigte Hausaufgaben sind vielleicht vergleichsweise banal, wenn Sie feststellen, wie viele Personen in einem Haus leben oder dass es in der Familie vor kurzem einen Trauerfall gegeben hat.
- Schreiben Sie den Eltern nicht vor, wie sie ihr Kind erziehen sollen. Bitten Sie sie um Rat, erzählen Sie ihnen von Strategien, die in der Schule gut funktionieren, und suchen Sie einen Dialog, bei dem gemeinsam nach wirksamen Mitteln gesucht wird.

Aus der Praxis

Eltern kennenlernen

Als ich gerade anfing als Lehrer zu arbeiten, war ich Eltern gegenüber sehr misstrauisch. Ich hatte keine eigenen Kinder, sehr wenig Lehrerfahrung und hatte somit meine Vorbehalte. Geschichten über Eltern, die Kollegen angegriffen oder das Büro des Schulleiters verwüstet hatten, trugen ihren Teil dazu bei, dass ich es für besser hielt, mich von ihnen fernzuhalten. Schließlich war ich kein Sozialarbeiter und musste sie nicht kennen, um ihr Kind zu unterrichten.

Damiens Gebrüll – ja, sein Gebrüll – war dabei, sich zu einem echten Problem zu entwickeln. Es war laut, penetrant und stets genau auf den Moment abgepasst, wenn es im Klassenzimmer gerade mal einen Moment schön still war. Er hatte die höchste Stufe jeder Sanktionsleiter erreicht, ein Verhaltensbericht hatte nicht geholfen, er hatte jede einzelne Klassenregel gebrochen und hatte sich einfach dazu entschlossen, dass Brüllen absolut sein Ding war. Ich fragte seine Klassenlehrerin nach der Situation zu Hause und inwieweit diese Damiens Verhalten wohl beeinflusste. Ich wusste, dass sie in engem Kontakt zu den Eltern stand: Sie waren schwierig, aber die Klassenlehrerin hatte einen guten Draht zu ihnen ▶▶

gefunden. „Komm mit und schau es dir an“, war ihre Antwort. Ich war nicht sicher, ob das eine gute Idee war, aber ich dachte mir, dass es mit ihr an der Seite doch eine recht ungefährliche Angelegenheit sein würde. Das würde mein erster Elternbesuch sein: Kollegen wiesen mich vorsichtig darauf hin, dass das Ganze zu rein gar nichts führen würde.

Damien wohnte in einer großen und trostlosen Sozialwohnungssiedlung mit Geschäften hinter Stahlrollläden und ausgebrannten Autos. Es war kein Ort, an dem jemand freiwillig wohnen würde. Erst nachdem ich meinen Job an der Schule angenommen hatte, war ich einmal um die Siedlung herumgefahren und hatte mir daraufhin fest vorgenommen, dass ich es das nächste Mal andersherum machen würde. Zum ersten Mal sah ich mir das Ganze nun aus der Nähe an. Als ich ins Wohnzimmer trat, schlug mir der Geruch von Hunden (sie hatten fünf große) und der Lärm kleiner Kinder entgegen (sie hatten vier davon) und es bot sich mir der Anblick eines vor Kleidern, Essen und Müll überquellenden Sofas. Innerhalb eines Augenblicks verstand ich Damien besser. Innerhalb einer Sekunde begriff ich, dass hinter seinem Verhalten sehr viel steckte, auch wenn ich die Zusammenhänge noch nicht genau durchblickte. Ich sah, dass sein Verhalten sehr viel mit seinem Leben zu Hause zu tun hatte. Seine Mutter entschuldigte sich vielmals für das Verhalten ihres Sohns. Sie war allein und hatte den Jungen nicht mehr im Griff. Ich schilderte ihr meine Probleme, sie zeigte Verständnis. Dann kam Damien nach Hause, nachdem er seine sechsjährige Schwester aus der Schule abgeholt hatte, und zu viert versuchten wir, unser Vorgehen für die kommende Woche festzulegen. Er war kein boshaftes Kind, er konnte sogar ganz lustig sein und die Stimmung war entspannt. Ich beobachtete ihn dabei, wie er mit seinen jüngeren Geschwistern spielte und daran wirklich viel Freude hatte. Ich sah plötzlich eine rücksichtsvolle und liebenswürdige Seite an ihm, die in der Schule nicht zum Vorschein kam.

Ich verließ das Treffen und konnte mir nun ein viel besseres Bild von Damien, seinem Zuhause, dem Zuhause anderer Schüler und der Verzweiflung mancher Eltern machen. Ich bestand nicht mehr beharrlich darauf, dass ich kein Sozialarbeiter war, lernte, nicht vorschnell über meine Schüler zu urteilen und versuchte, auch die Person hinter dem Verhalten zu sehen.

Meine Beziehung zu Damien hatte sich weiterentwickelt. Aus der Schule waren ich und seine Klassenlehrerin schließlich die Einzigen gewesen, die seine andere Welt je gesehen hatten. Die Blicke, die wir austauschten, hatten von da an mehr Bedeutung und auch wenn wir noch einen steinigen Weg vor uns hatten, wusste ich, dass die größten Steinbrocken schon weggeräumt waren. Kollegen beschwerten sich bei mir: „Bei dir benimmt er sich vielleicht, aber jetzt sitzt er bei mir und quäkt wie ein Vogel“. Ich wollte ihnen eigentlich sagen warum, aber sie würden es ja ohnehin nur „Sozialarbeit“ nennen. Diese zusätzliche zeitliche Investition warf für mich enorme Dividenden ab, meine Klassen konnten sich wieder aufs Lernen konzentrieren und Damien begann langsam, sich an den Stunden zu beteiligen.

▶▶

Ich machte von nun an sehr oft und mit großem Erfolg Hausbesuche bei Eltern. Direkt nach dem Unterricht flitzte ich zur Nummer 37 und saß bereits am Esstisch, aß Samosas, diskutierte über Cat Stevens und Asifs Verhalten, als dieser von der Schule nach Hause kam. Es bereitete mir immer große Freude zu sehen, wie bei den Schülern in diesem Moment der Groschen fiel und sie begriffen, dass die Trennung zwischen Zuhause und Schule von nun an aufgehoben war. ◀

Versuchen Sie es damit

Setzen Sie anhand der Vorlage einen Brief an alle Eltern auf, in dem Sie sie über die Regeln, Belohnungen und Sanktionen informieren, die Sie in der Klasse einsetzen. In dem Brief wenden Sie sich an die Eltern mit der Bitte um Unterstützung, Sie eröffnen einen Dialog mit ihnen und bereiten sie auf die zukünftige Kommunikation vor.

Liebe Eltern/Erziehungsberechtigte,

ich würde Sie gerne regelmäßig über einige Verhaltensregeln sowie Belohnungen und Sanktionen informieren, die ich bei allen Schülern anwende. Falls Sie mir weitere Tipps oder Anregungen für den Umgang mit Ihrem Kind geben möchten, freue ich mich sehr über Ihre Rückmeldung.

Ich habe für meinen Unterricht … (Zahl eintragen) *Regeln aufgestellt:*

Wenn Schüler sich an die Regeln halten, dann werden sie in folgenden Stufen belohnt:

(Belohnungen hier einfügen)

Wenn Schüler sich nicht an die Regeln halten, erhalten sie folgende abgestuften Sanktionen:

(Sanktionen hier einfügen)

Ich habe diese Regelungen eingeführt, weil ich in meinem Klassenzimmer eine geschützte, effektive und positive Lernumgebung schaffen will. Die Schüler wurden darauf hingewiesen, dass folgende Verhaltensweisen außerhalb der abgestuften Sanktionen liegen und wie folgt sanktioniert werden … (hohe Sanktion einfügen).

(Fügen Sie hier extreme Verhaltensweisen ein wie Gewalthandlungen, rassistische Äußerungen, aggressives Verhalten, Beleidigung des Lehrers)

▶▶

Ich würde Sie gerne so umgehend wie möglich darüber informieren, wenn Schüler hohe Sanktionen erhalten oder wiederholt gegen Verhaltensregeln verstoßen. Ich informiere Sie ebenfalls darüber, wenn sich Ihr Kind durch positives Verhalten auszeichnet. Sie können davon ausgehen, dass:

(ich positive Elternbriefe versende, Sie anrufe, SMS oder E-Mails schreibe, wenn Schüler sich durch positives Verhalten auszeichnen (bitte teilen Sie mir die Änderung Ihrer Kontaktdaten mit), ich es Ihnen mitteile, wenn Ihr Kind gegen Regeln verstößt, meine Regeln konsequent und fair durchsetze, Sie ggf. um Rat frage)

Mit freundlichen Grüßen

◀

Auf einen Blick

Das ist zu tun	Nutzen für den Lehrer	Nutzen für den Schüler
Gewinnen Sie die Unterstützung der Eltern.	Im Rahmen der Zusammenarbeit können zwischen Elternhaus und Schule Absprachen getroffen werden. Sie können um Rat und Unterstützung bitten, wenn es nötig ist.	Die Schüler erfahren von mehreren Seiten aufeinander abgestimmte Unterstützung, Erwartungen an sie sind kohärent.
Pflegen Sie regelmäßigen Kontakt zu den Eltern, senden Sie positive Nachrichten und bitten Sie sie um Rat; teilen Sie den Schülern mit, dass Sie direkten Kontakt pflegen.	Wenn der Lehrer regelmäßig positive Rückmeldung gibt, ist es einfacher, um Unterstützung zu bitten.	Die Schüler wissen, dass es eine direkte Verbindung zwischen Schule und Elternhaus gibt; dieses Wissen wirkt sich positiv auf ihr Verhalten aus.
Bitten Sie Eltern um Rat und Unterstützung statt ihnen zu sagen, was sie tun sollen.	Der Lehrer kann von den Erfahrungen zu Hause lernen. Eltern hören bereitwilliger zu, wenn ihnen zuerst zugehört wurde.	Der Gedankenaustausch fördert die Zusammenarbeit zwischen Eltern und Schule; gemeinsame Strategien für den Umgang mit bestimmten Verhaltensweisen können entwickelt werden.

▶▶

Auf einen Blick ***(Fortsetzung)***

Das ist zu tun	Nutzen für den Lehrer	Nutzen für den Schüler
Sprechen Sie mit einem informierten Kollegen, bevor Sie sich mit schlechten Nachrichten an die Eltern wenden.	Der Lehrer vermeidet, dass zu Hause unerwünschte Maßnahmen ergriffen werden, und ist gewarnt, wenn er mit Feindseligkeiten rechnen muss.	Gefährdete Schüler werden geschützt.
Fragen Sie die Eltern, wie und wann sie gerne kontaktiert werden wollen.	Das Gespräch verläuft nicht gehetzt und es ist mehr Zeit, sich die Worte zurechtzulegen.	Die Schüler werden nicht als Nachrichtenboten eingesetzt und die Nachricht kann nicht verloren gehen.

Tipps für die Primarstufe, Sekundarstufe I und Sekundarstufe II

Primarstufe

Sammeln Sie die E-Mail-Adressen der Eltern und bieten Sie ihnen an, ihnen regelmäßige Newsletter zukommen zu lassen (beispielsweise mit Tipps, wie sie ihre Kinder in der Schule unterstützen können). Regen Sie Eltern dazu an, auch untereinander zu kommunizieren und werben Sie für ein Engagement in Elternvereinigungen.

Sekundarstufe I

Ein Anruf des Lehrers, der am Freitagnachmittag eine frohe Botschaft übermittelt, freut die ganze Familie und ist ein schöner Einstieg ins Wochenende. Schüler werden am Montagmorgen auf Sie zukommen und sich bei Ihnen bedanken. Nehmen Sie sich vor, pro Woche drei bis fünf Anrufe zu machen, um positive Verhaltensweisen zu verstärken. In all unseren Schülerumfragen war der Anruf zu Hause die beliebteste Belohnung. Eltern wissen ihn ebenfalls zu schätzen. Die gute Beziehung entwickelt sich weiter und im besten Fall kann der Anruf dazu beitragen, dass Ängste oder negative Erwartungshaltungen zerstreut werden.

Sekundarstufe II

Finden Sie bei allen Schülern heraus, wer wichtige Personen für sie sind. Für manche sind es die Eltern, für andere der Klassenlehrer. Zu wissen, wen man kontaktieren muss, wenn es ein Problem gibt, ist genauso wichtig wie zu wissen, wohin man seine frohen Botschaften sendet. Ältere Schüler sind vielleicht alt genug, um nicht mehr bei ihrer Familie zu leben, aber das heißt nicht, dass sie zu alt dafür sind, um sich gemeinsam mit anderen über ihre Erfolge zu freuen.

Der 30-Tage-Test

Was möchten Sie im Hinblick auf die Kommunikation mit Eltern in Zukunft anders machen? Die Neuerungen können sich auf einen einzelnen Schüler oder eine ganze Lerngruppe beziehen. Setzen Sie einige der in diesem Kapitel vorgeschlagenen Tipps 30 Tage lang konsequent um, damit Sie genügend Zeit haben, die Neuerungen in den Unterrichtsalltag zu integrieren.

In 30 Tagen komme ich zur Arbeit und ....
....
....
....
....

Meine persönlichen Vorsätze sind:

1. .... Geprüft am ....
2. .... Geprüft am ....
3. .... Geprüft am ....

Kapitel

13

Klassenführung in Vertretungsstunden

„Im Großen und Ganzen wollen die Menschen gut sein, aber auch wieder nicht zu gut und nicht die ganze Zeit.“

(George Orwell)

In diesem Kapitel erfahren Sie etwas über

- Das Prinzip
- Die Umsetzung

Wie immer, gibt es zahlreiche konkrete Beispiele und Tipps, auch für

- die Primarstufe, die Sekundarstufe I und die Sekundarstufe II

Das Prinzip

Ob Sie als Vertretungslehrer arbeiten oder vorübergehend die Stunden eines Kollegen übernehmen, Sie sind für die Zeit der Vertretung für die Klassenführung verantwortlich. Sie sind auch dafür verantwortlich, dass die Qualität des Unterrichts die Anforderungen des abwesenden Lehrers so gut wie möglich erfüllt. Wenn Sie Vertretungsstunden dazu nutzen wollen, um mit Ihrer eigenen Arbeit voranzukommen, werden Sie mit schwierigen Klassen zwangsläufig Probleme bekommen. Ihr Unterricht sollte genauso sein, wie Sie es selbst von einem Kollegen erwarten, der Ihre Klasse während Ihrer Abwesenheit übernimmt. Mit Stillarbeit ist es nicht getan. In einer neuen Klasse, in neuer Umgebung, mit neuer Sitzordnung, neuen Schülern und in einem Fach, mit dem Sie vielleicht nicht allzu vertraut sind, ist es eine besondere Herausforderung, die Kontrolle zu behalten. Effektive Klassenführung wird in solchen Situationen noch anspruchsvoller.

Die Umsetzung

Die wichtigsten Voraussetzungen, um eine Klasse effektiv zu führen, die nicht mit Ihren Erwartungen, Regeln, Belohnungen und Sanktionen vertraut ist, sollten gleich zu Stundenbeginn geschaffen werden. Es befinden sich immer ein paar Schüler in der Klasse, die eine Gelegenheit zur Arbeitsvermeidung wittern. Das Verhör und die Verhandlung mit dem Vertretungslehrer beginnt: „Müssen wir heute arbeiten?“, „Haben Sie unsere Bücher? Wir haben sie nämlich nicht“, „Dürfen wir uns nur ein bisschen unterhalten?“, „Normalerweise dürfen wir unsere Jacken anbehalten“, „Haben Sie eine Freundin?“ usw. Die Schüler spüren ganz genau Ihre Unsicherheit, wenn Sie ein Fach unterrichten sollen, mit dem Sie nicht sehr vertraut sind. Ihnen ist auch klar, dass Sie viel zu tun haben und gerne eigene Arbeit erledigen würden. Es gibt viele Klassen, die über einen langen Zeitraum hinweg nur mit Vertretungslehrern arbeiten. Einige haben alle Vertretungslehrer bis auf die hartnäckigsten erfolgreich in die Flucht geschlagen und einige reiben sich nur die Hände, lächeln sich verschwörerisch an und schreiten direkt zur „Operation Sabotage“.

Direkt am Anfang einer Vertretungsstunde sollten Sie also der Klasse Ihre Erwartungen unmissverständlich klarmachen. Geben Sie eine klare Einweisung in Ihre Routinen und zeigen Sie den Schülern, dass Sie sie mit Elan durch die Stunde begleiten werden. Wenn Sie die Klasse gar nicht kennen, empfehle ich Ihnen, Schilder zu verteilen, auf die die Schüler ihre Namen schreiben können. Einige von ihnen werden zwar ihre Namensschilder austauschen, aber immerhin können Sie die meisten von ihnen mit Namen ansprechen und Vorfälle genau dokumentieren.

Ihre Sprache sowie Ihre Körpersprache spielen eine sehr wichtige Rolle beim ersten Zusammentreffen mit einer Vertretungsklasse. Die Schüler werden genau beobachten, wie engagiert Sie in die Stunde kommen und wie sicher Sie sich fühlen. Ihr Auftreten ist entscheidend. Es ist sinnvoll, der Klasse von Anfang das Gefühl zu geben, dass Sie gut auf die Stunde vorbereitet sind, sich auf den Unterricht freuen und dass Sie innerlich gelassen sind. Der Ärger darüber, dass Sie vielleicht innerhalb von zwei Tagen schon zum dritten Mal einen Kollegen vertreten müssen, sollte besser nicht bemerkt werden. Genauso wenig wie mit einer feindseligen Einstellung wird es Ihnen mit einer zu passiven Einstellung gelingen, eine Klasse erfolgreich zu führen. Wenn Sie die Schüler Ihre Hilflosigkeit spüren lassen und ihnen implizit zu verstehen geben „Na ja, wenigstens werde ich am Ende dafür bezahlt“, oder „Wenn ihr nicht lernen wollt, dann kann ich euch auch nicht unterrichten“ wird Ihnen das die Klassenführung nicht gerade erleichtern. Ein energisches Auftreten ist in diesem Fall wirklich entscheidend. Die Entschlossenheit und Energie, die Sie in den Beginn der Stunde investieren, werden sich auszahlen, wenn die Klasse dann schließlich mit dem Unterrichtsstoff befasst ist. Überrumpeln Sie die Schüler förmlich mit einer übertriebenen Begeisterung für den Stoff. Sie kann sehr ansteckend sein.

In den ersten Minuten der Stunde schon sollten Sie Ihre Erwartungen klarstellen und der Klasse demonstrieren, wie Sie auf erwünschtes sowie auf unerwünschtes Schülerverhalten reagieren. Falls es kein schulweites System für Belohnungen und Sanktionen gibt, empfehle ich, eine abgespeckte Version der Klassenregeln und Sanktionen einzusetzen, die Sie bei Ihren eigenen Klassen verwenden. Die Belohnungen müssen nicht unbedingt zu Stundenbeginn erklärt werden, es genügt, wenn Sie sie im Laufe der Stunde demonstrieren.

Erklären Sie kurz, dass diese Verhaltensregeln für diese Stunde gelten und konsequent durchgesetzt werden; belohnen Sie sofort zwei oder drei Schüler, die von Anfang an alle Anweisungen befolgt haben. Ich finde es immer sehr nützlich, mit materiellen und sehr lukrativen Belohnungen wie schriftlichem Lob und Lob per Überweisung an Kollegen zu arbeiten, die die Schüler gut kennen. Auch wenn das nicht die Belohnungen sind, die Sie in Ihren Klassen üblicherweise anwenden, können Sie den Schülern damit unmissverständlich zu verstehen geben, dass sich positives Verhalten in Vertretungsstunden auszahlt.

Guter Tipp

Ein Beispiel für Regeln und Konsequenzen in Vertretungsstunden:

Regeln

1. Ich befolge Anweisungen sofort.
2. Ich beschäftige mich mit dem Unterrichtsstoff.
3. Ich arbeite, ohne meine Mitschüler zu stören.

Konsequenzen

1. Mündliche Verwarnung
2. Kurzes Gespräch nach der Stunde
3. Auszeit

Den Schülern sollte klar sein, dass bei der Anwendung der Sanktionen keine Nachsicht gewährt wird. Für Vertretungsstunden typisches unerwünschtes Schülerverhalten kann gezielt sanktioniert werden.

Guter Tipp

Versuchen Sie, die Aufmerksamkeit der gesamten Klasse durch Einsatz eines Countdowns auf sich zu lenken und belohnen Sie sofort jene Schüler, die mitmachen: „Danke für eure Aufmerksamkeit. Ihr habt mich noch nie gesehen und hört mir sehr gut zu. Die Arbeit mit euch wird mir großen Spaß machen". Spezifisches und erläuterndes Lob fühlt sich vielleicht nicht natürlich an, aber es funktioniert. Sie können damit ganz klar auf erwünschte Verhaltensweisen verweisen. Außerdem ist es eine offene und aufrichtige Art zu loben und die Klasse sieht Sie als fairen, vernünftigen und vertrauenswürdigen Lehrer.

In dieser Phase der Stunde können Sie womöglich schon Probleme vorhersagen, die sich im Zusammenhang mit der Sitzordnung ergeben. Erklären Sie der Klasse, dass Sie erwarten, dass jeder Schüler die ganze Stunde hindurch arbeitet und dass Sie deshalb vielleicht die Sitzordnung ändern müssen. Es ist wesentlich leichter, Schüler in der Anfangsphase der Stunde umzusetzen: Sie können so Unruhe in Phasen konzentrierter Arbeit vermeiden. Wenn Schüler sich darüber beschweren, dass Sie die gewohnte Sitzordnung ändern, hören Sie ihnen zu und verhandeln Sie gegebenenfalls mit dem Schüler eine Abmachung.

Sind die Aufgaben angemessen?

Vertretungslehrer wissen, dass eine Vertretungsstunde durchaus an unangemessenen Stundeninhalten und falschen Informationen vom regulären Lehrer scheitern kann: „Das haben wir letzte Woche gemacht", „Bitte keine Wortsuche mehr!", „Meine Gruppe ist heute nicht da und ohne sie kann ich nicht arbeiten". Vertretungsstunden zu übernehmen ist schwierig genug, aber wenn der Unterricht auch noch unbedacht geplant ist, können sie wie ein Kampf gegen Windmühlen verlaufen. Wenn Sie eine Vertretungsstunde übernehmen und die Aufgaben nicht angemessen sind, dann sollten Sie so schnell wie möglich mit dem regulären Lehrer sprechen. Erklären Sie, dass Sie mit den Aufgaben Schwierigkeiten hatten und dass Sie beim nächsten Mal dankbar für eine präzisere Anleitung wären. Es ist nicht immer Zeit, vor der Vertretungsstunde mit dem regulären Lehrer zu sprechen; nach der Stunde sollten Sie ihm jedoch konsequent Rückmeldung geben. Ich empfehle, ihm eine schriftliche Übersicht darüber zukommen lassen, welche Schüler welche Belohnungen und Sanktionen erhalten haben (lediglich zu Informationszwecken). Sie machen dadurch deutlich, dass Sie die Stunde ernst genommen haben und beim nächsten Mal denkt er vielleicht gründlicher darüber nach, welche Aufgaben er stellt.

Es ist ganz sicher immer sinnvoll, für den Fall vorbereitet zu sein, dass die Aufgaben für die Vertretungsstunde nicht angemessen sind oder dass gar keine gestellt werden. Wenn Sie immer Ersatzmaterial dabei haben, kann Ihnen das die Stunde retten. Sollten Sie sich zu einem frühen Zeitpunkt in der Stunde dazu entschließen, von den vorgegebenen Aufgaben abzuweichen, ist es ratsam, dem regulären Lehrer in Ihrer Rückmeldung Ihre Entscheidung zu begründen.

Ich empfehle Ihnen, in Vertretungsstunden immer darauf zu achten, dass Sie dem regulären Lehrer nicht aus Versehen in den Rücken fallen. Es reicht schon ein abwertender Kommentar über die Aufgaben, die er für die Vertretungsstunde gestellt hat. Die Schüler haben wahrscheinlich eine gefestigte Beziehung zu ihrem regulären Lehrer und reagieren häufig eher abweisend auf solche negativen Bemerkungen. Es gehört zu Ihrem professionellen Auftreten, Ihrem Ärger nicht in Anwesenheit von Schülern Luft zu machen.

Guter Tipp

Lassen Sie das Klassenzimmer so zurück, wie Sie es vorgefunden haben. Nach einer Abwesenheit in ein Klassenzimmer zurückzukommen, das nach den eigenen Bedürfnissen gestaltet wurde, und nichts mehr an seinem Platz vorzufinden, kann ärgerlich und zeitaufwändig sein. Als Vertretungslehrer wird Ihre Professionalität nicht nur anhand Ihres Unterrichts beurteilt, sondern auch anhand Ihrer Klassenführung, Ihrer Berichterstattung an den regulären Lehrer sowie anhand des Zustands, in dem Sie das Klassenzimmer zurücklassen.

Wenn Sie selbst an Kollegen hohe Anforderungen an die Vorbereitung von Vertretungsstunden stellen, dann sollten Sie auch Ihre eigenen sorgfältig vorbereiten. Ich weiß, dass es Notfälle gibt, in denen Sie die Aufgabenstellung an andere delegieren müssen, aber sie sind selten. Ich empfehle, dass Sie für jede Ihrer Klassen eine Kopiervorlage mit Informationen zur Klasse vorbereiten, die Sie dem Vertretungslehrer zukommen lassen können (siehe „Versuchen Sie es damit" auf S. 158). Fügen Sie nähere Informationen zum vorgesehenen Unterrichtsstoff bei. Falls Sie ein praktisches Fach unterrichten, dann müssen Sie sich überlegen, ob Sie eine praktische oder eine schriftliche Aufgabe geben. Oft ist die Versuchung groß, eine schriftliche Aufgabe zu stellen, um es dem Vertretungslehrer einfacher zu machen; allerdings rate ich dazu, die möglichen Reaktionen der Klasse in Ihre Überlegungen einzubeziehen. Wenn die Schüler in der letzten Zeit beispielsweise mit einer praktischen Aufgabe beschäftigt waren, dann kann eine schriftliche Aufgabe für den Vertretungslehrer herausfordernder sein als mit der Klasse weiterhin praktisch zu arbeiten. Einige Kollegen stellen sich grundsätzlich gegen praxisbezogenen und aktiven Unterricht; davon sollten Sie Ihre Vorbereitung allerdings nicht beeinflussen lassen. Nur weil ein Kollege Stillarbeit für seine Vertretungsstunde fordert, müssen Sie Ihre Erwartungen nicht niedriger ansetzen. Über die Jahre war ich immer wieder überrascht, wie viele Kollegen, wenn auch mit anfänglichen Vorbehalten, mit Begeisterung praktischen und aktiven Unterricht in Vertretungsstunden durchführten. Sie bekommen so einen Einblick in Ihre Unterrichtsmethoden und sehen Schüler in einem anderen Licht. Es werden Erfahrungen ausgetauscht und Kollegen, die an traditionellere Unterrichtsformen gewöhnt sind, erleben ihre Arbeit in einer neuen Lernumgebung. Die

Schüler schätzen es, wenn Unterrichtsstoff und Routinen nahtlos fortgeführt werden und können unter diesen Bedingungen den Vertretungslehrer wesentlich besser unterstützen.

Vorsicht Falle

- Achten Sie darauf, dass Schüler sich nicht aus dem Raum schleichen. Vielleicht vertreten Sie einen Lehrer, bei dem andere Regeln für das Verlassen des Raums gelten als bei Ihnen. Erklären Sie den Schülern, dass dies eine Vertretungsstunde ist und der Raum nur mit Ankündigung für einen Besuch der Toilette verlassen werden darf. So können Sie verhindern, dass Schüler durch die Schule streifen und damit angeben, dass Sie dem Vertretungslehrer „eins ausgewischt haben".
- Verfolgen Sie Vorfälle, die sich in Ihren Vertretungsstunden ereignet haben, weiter. Kollegen wissen dieses Engagement für die Schüler und die Schule zu schätzen und Sie machen damit klar, dass Sie die volle Verantwortung für Vorfälle in Ihren Stunden übernehmen, sei es in Form von Belohnungen oder Sanktionen.
- Vorsicht bei Stunden mit Schülern, die wesentlich älter oder jünger sind als die, die Sie normalerweise unterrichten. Es kann sein, dass Sie Ihre Sprache und Körpersprache anpassen müssen. Das Erheben der Stimme in einer ersten Klasse hat vielleicht einen anderen Effekt als in einer vierten Klasse und kann unerwartete Reaktionen hervorrufen. Ich erinnere mich daran, wie ich einmal eine ganze zweite Klasse zum Weinen brachte, weil ich meine Stimme über ihre Toleranzgrenze erhob, nachdem ich drei Wochen lang wesentlich ältere Kinder unterrichtet hatte.

Aus der Praxis

Nach meiner Ankunft in einer Grundschule in London, wo ich einen Tag lang als Vertretungslehrer einspringen sollte, führte mich die Schulleiterin zu meinem Klassenzimmer. Die Tatsache, dass es sich in einem Baucontainer befand, enttäuschte, aber überraschte mich nicht; was ich jedoch im Inneren vorfand, war erschreckend. Es waren weit und breit keine Aushänge zu sehen; auf den meisten Ablageflächen lagen unordentlich verstreut Arbeiten von Schülern und Unterrichtsmaterial. Die Schulleiterin erklärte mir, dass die Klasse seit Beginn des Schuljahres keinen regulären Lehrer mehr gehabt hatte (es war zu dem Zeitpunkt April). Mir schoss der Gedanke durch den Kopf: „Na gut, aber das entschuldigt noch lange nicht den Zustand des Klassenzimmers." Ich verkniff mir jedoch, das laut zu sagen.

Ich schaffte in der Unordnung ein wenig Platz für die Schüler und erwartete eine brüllende Horde Kinder, die mich den ganzen Tag zur Weißglut treiben würde. Als die Schüler dann aber eintrudelten, stellte sich heraus, dass sie höflich, einladend und lernwillig waren und meine Anweisungen brav befolgten. Ich glaube, sie ▶▶

waren erleichtert, einen richtigen Lehrer in ihrem Klassenzimmer zu sehen! Wir bastelten alle zusammen Aushänge und brachten Ordnung ins Klassenzimmer, wir staubten die Lesebücher ab, retteten Arbeiten von Schülern, hängten sie an die Wand und schufen Bereiche für verschiedene Aktivitäten. Nichts Weltbewegendes, nur die grundlegendste Organisation und Gestaltung eines Klassenzimmers.

Am Ende des Schultags stach das Klassenzimmer aus allen anderen im Baucontainer heraus. Als die Schulleiterin ankam, um ein Formular zu unterzeichnen, staunte sie nicht schlecht. Sie war beeindruckt davon, dass ich mir Zeit genommen und die Mühe gemacht hatte, die Lernumgebung herzurichten und fragte mich, ob ich für den Rest des Schuljahres bleiben wollte. Ich nahm ihr Angebot erfreut an: Die Kinder waren toll und ich wusste, dass ihnen ein regulärer Lehrer gut tun würde.

Nach diesem Erlebnis und nach meiner eigenen Erfahrung mit der Einstellung von Vertretungslehrern, bin ich heute davon überzeugt, dass die Erwartungen an sie schlichtweg zu niedrig sind. Die Schulleiterin erwartete damals fast nichts von mir und hatte sicherlich von meinen Vorgängern fast nichts erwartet. Wenn Vertretungslehrer zum ersten Klingeln auftauchen, nach dem letzten Klingeln wieder verschwinden können und in der Zwischenzeit ein paar Stunden Babysitten, schaden sich die Schulen dadurch selbst. Gute Vertretungslehrer (und es gibt viele davon) wissen, dass es nicht ausreicht, einfach aufzutauchen, Chaos zu beaufsichtigen und dann wieder zu gehen. Sie wissen auch, dass sie mit gutem und engagiertem Unterricht mehr Chancen auf Erfolg haben. Und sie wissen, wie sie an neue Stellen kommen. Gute Vertretungslehrer übernehmen für alle Aspekte des Unterrichtens genau die gleiche Verantwortung wie angestellte Lehrer. ◀

Checkliste für Vertretungsstunden

- » Überprüfen Sie die gängigen Abläufe für Unterrichtsausschluss (z.B. den Verweis des Schülers in eine andere Lerngruppe bzw. einen Trainingsraum).
- » Überprüfen Sie die Sitzordnung (falls es eine gibt).
- » Überprüfen Sie, ob es in der Klasse Namen gibt, deren Aussprache Sie üben müssen.
- » Verteilen Sie Namensschilder.
- » Führen Sie zu Anfang der Stunde kurz die Verhaltensregeln sowie Belohnungen und Sanktionen ein.
- » Demonstrieren Sie die Anwendung der Belohnungen, indem Sie zwei oder drei Schüler sofort belohnen.
- » Demonstrieren Sie die Anwendung der Sanktionen, wenn es angemessen ist, am besten jedoch so früh wie möglich in der Stunde.
- » Halten Sie die Belohnungen und Sanktionen, die Sie in der Stunde erteilen, schriftlich fest (nur zu Informationszwecken).
- » Lassen Sie das Klassenzimmer ordentlich zurück.
- » Geben Sie dem regulären Lehrer konstruktive Rückmeldung.
- » Verfolgen Sie Vorfälle aus der Vertretungsstunde persönlich weiter.

Versuchen Sie es damit

Entwerfen Sie eine Vorlage für die Rückmeldung nach Vertretungsstunden. Machen Sie stets Ihre hohen Erwartungen an Vertretungsunterricht deutlich und seien Sie Ihren Kollegen so ein Vorbild. Folgende Punkte können in der Vorlage berücksichtigt werden:

» Ein Feld für positive Rückmeldung zu einzelnen Schülern;

» ein Feld für Bemerkungen über Schüler, die hohe Sanktionen erhalten (nur zur Informationszwecken);

» eine Liste zum Ankreuzen, um schnell und einfach Rückmeldung zu den gestellten Aufgaben zu geben;

» ein Feld zum Vermerk, wo die Arbeiten der Schüler/das Unterrichtsmaterial hinterlegt ist;

» ein Feld für allgemeine Rückmeldung.

Auf einen Blick

Das ist zu tun	Nutzen für den Lehrer	Nutzen für den Schüler
Sehen Sie sich vor der Stunde die gestellten Aufgaben an und informieren Sie sich über gängige Abläufe und Routinen.	Wenn Sie vorbereitet in die Stunde gehen, können Sie den Schülern mehr Aufmerksamkeit widmen. Sie kennen Ihre Handlungsmöglichkeiten bei Vorfällen.	Die Unterrichtsroutinen werden beibehalten. Die Schüler nehmen den Lehrer ernst.
Treten Sie vor der Klasse motiviert auf.	Sie machen Ihr Engagement für die Schüler und den Unterricht deutlich. Sie übernehmen souverän die Führung der Klasse.	Verdeutlicht die hohen Erwartungen an die Mitarbeit der Schüler und entkräftet negative Reaktionen auf die Abwesenheit des regulären Lehrers.
Erklären Sie zu Stundenbeginn die Regeln, Belohnungen und Sanktionen, die im Unterricht gelten.	Es herrschen klare Verhaltensregeln.	Die Schüler können Ihre Reaktionen auf angemessenes und unangemessenes Verhalten vorhersagen. Sie sehen Sie als fairen und konsequenten Lehrer.

▶▶

Auf einen Blick ***(Fortsetzung)***

Das ist zu tun	Nutzen für den Lehrer	Nutzen für den Schüler
Demonstrieren Sie die Konsequenzen für angemessenes und unangemessenes Verhalten, indem Sie Belohnungen und Sanktionen sehr früh in der Stunde vergeben.	Sie erlangen Kontrolle über die Klasse und kommunizieren klar Ihre Erwartungen.	Die Schüler verstehen, dass ihr Verhalten direkte Konsequenzen hat.
Lassen Sie den Raum ordentlich zurück und geben Sie dem regulären Lehrer Rückmeldung.	Kollegen sehen Ihre Professionalität und Ihr Engagement beim Unterrichten ihrer Klassen.	Die Schüler sehen, dass Sie ihr Klassenzimmer achtsam behandeln. Mehrere Personen werden über das Schülerverhalten in der Vertretungsstunde informiert. ◄

Tipps für die Primarstufe, Sekundarstufe I und Sekundarstufe II

Primarstufe

Beginnen Sie mit einem Spiel, einer Übung oder einer Leseaktivität, um den Kindern klarzumachen, wie brav/ruhig/intelligent sie sind. Wenn die Klasse während dieser ersten Aktivität für einen Moment ruhig und konzentriert bei der Sache ist, können Sie sie davon überzeugen, dass sie eine tolle Klasse ist, die aufmerksam zuhört und Anweisungen schnell befolgt. Verweisen Sie während der Stunde immer wieder auf diese Situation, wenn die Ruhe im Klassenzimmer zu kippen droht.

Sekundarstufe I

Setzen Sie von Anfang an auf positive Verstärkung erwünschter Verhaltensweisen. Wenn Sie die Schüler zu viel belohnen, erscheinen Sie leicht unglaubwürdig. Lob und Belohnung von einem Fremden anzunehmen ist schwierig, „Er hat mir 10 Punkte gegeben, nur weil ich mich hingesetzt habe." Genauso ungünstig auswirken kann sich ein zu einschüchterndes und zu strenges Auftreten zu Anfang der Stunde. Einige Schüler verwirrt es und andere planen direkt ihre Rache.

Sekundarstufe II

Wenn Sie fachfremd unterrichten müssen, kann es sein, dass die Klasse mehr weiß als Sie selbst. Nutzen Sie dies zu Ihrem Vorteil und bitten Sie die Klasse, Sie auf den neuesten Stand zu bringen und Ihnen die zentralen Inhalte des Kurses zu erklären. Tragen Sie Gedanken zusammen und bitten Sie die Schüler, diese Stunde in den Gesamtkontext des Kurses einzuordnen. Gleichzeitig können Sie mit Ihrem eigenem Wissen aus anderen Fachbereichen zum Unterricht beitragen.

Der 30-Tage-Test

Was möchten Sie bei Vertretungsstunden in Zukunft anders machen? Die Neuerungen können sich auf einen einzelnen Schüler oder eine ganze Lerngruppe beziehen. Setzen Sie einige der in diesem Kapitel vorgeschlagenen Tipps 30 Tage lang konsequent um, damit Sie genügend Zeit haben, die Neuerungen in den Unterrichtsalltag zu integrieren.

In 30 Tagen komme ich zur Arbeit und ....
....
....
....
....

Meine persönlichen Vorsätze sind:

1. .... Geprüft am ....
2. .... Geprüft am ....
3. .... Geprüft am ....

Kapitel

14

Regelverstöße außerhalb des Klassenzimmers

„Wir zwei haben ganz klar eine Auseinandersetzung, aber ich sehe keine Gewalt."

(Steve Biko)

In diesem Kapitel erfahren Sie etwas über

- Das Prinzip
- Die Umsetzung

Sie erfahren unter anderem, wie man Kollegen unterstützt, wie Konflikte deeskaliert werden können und erhalten

- Tipps für die Primarstufe, die Sekundarstufe I und die Sekundarstufe II

Das Prinzip

Ihre Verantwortung für die Durchsetzung von Verhaltensregeln hört nicht an der Klassenzimmertür auf. Wenn Sie auf dem Gang, in der Cafeteria oder auf dem Schulhof Schüler beobachten, die gegen Regeln verstoßen, sollten Sie dies nicht um Ihres Friedens willen ignorieren, sondern das Verhalten ansprechen. Ihr Einschreiten in solchen Situationen kann dazu beitragen, dass schulweit geltende Verhaltensnormen bekannt gemacht und durchgesetzt werden. Nur so kann schulweit eine gemeinsame Linie etabliert werden. Wenn Sie die Durchsetzung schulweiter Regeln unterstützen, wirkt sich das nicht nur förderlich auf Ihre eigene Arbeit, sondern auch auf das Verhalten der Schüler aus.

Die Umsetzung

Die Führung einer Klasse ist schon eine komplexe Angelegenheit, aber wenigstens können Sie im Klassenzimmer die Lernumgebung selbst gestalten und haben es nur mit einer begrenzten Anzahl von Schülern zu tun. Außerhalb des Klassenzimmers gelten ganz andere Spielregeln. Interaktionen finden mit mehr und ganz unterschiedlichen Schülern statt und passieren in einer Umgebung, die Sie nicht kontrollieren oder vorhersehen können. Ihr eigenes Verhalten steht viel eingehender auf dem Prüfstand und die Schüler spüren, dass Sie in ein Terrain vordringen, wo sie mehr Privatsphäre und Freiräume gewohnt sind. Bei Interaktionen mit Schülern auf dem Schulgelände kommt es im Wesentlichen auf zwei Dinge an: Auf die Eindeutigkeit Ihrer verbalen und nonverbalen Sprache und auf die Einschätzung Ihres eigenen Verhaltens (ab wann Sie Hilfe holen, wann Sie sich zum Vorfall Notizen machen sollten und wann Sie einfach weitergehen können).

Wenn Sie sich auf dem Schulgelände bewegen, begegnen Sie sehr wahrscheinlich mehr Regelverstößen als im Klassenzimmer. Sie können natürlich nicht jeden kleinen Regelverstoß direkt ansprechen. Der Grund dafür ist ein rein pragmatischer: Würden Sie bei jedem kleinen Regelbruch anhalten, würden Sie es bis zum Ende der Pause nicht über das ganze Schulgelände schaffen. Und schließlich gibt es zwar Verhaltensweisen, die sofortiges Eingreifen erfordern, aber es gibt auch welche, die zunächst nur zur Kenntnis genommen und später angesprochen werden können: „Hallo Adam, schön, dass du pünktlich zum Unterricht kommst; falls sich eine Gelegenheit ergibt, müssen wir kurz dein Verhalten heute in der Cafeteria besprechen."

Guter Tipp

Wenn Sie einen Schüler auf sein Verhalten ansprechen, der nicht zu Ihren eigenen Schülern gehört, ist es sinnvoll, seinen Namen und seine Klasse in Erfahrung zu bringen, bevor Sie ihn ansprechen. Fragen Sie ganz beiläufig einen Schüler, der sich in der Nähe des Geschehens befindet, und Sie bekommen die Information wahrscheinlich problemlos. Wenn Sie den Schüler selbst fragen, offenbaren Sie Ihr Unwissen und bringen sich dadurch in eine ungünstigere Position. ◀

Wenn Sie sich auf dem Schulgelände bewegen, können Sie in schwierige Situationen mit Schülern geraten, die Sie selbst nicht unterrichten. Die Anzahl der Schüler, die auf einen Lehrer kommen, kann sogar noch höher sein als in der Klasse. Die Schüler wissen das und nutzen diese Tatsache zu ihrem Vorteil aus. Da es unwahrscheinlich ist, dass in Aufenthaltsbereichen Regeln ausgehängt sind, sollten Sie sofort den Anlass für Ihre Intervention nennen: „Hallo Ryan, ich müsste dich mal kurz unter vier Augen sprechen. Ich habe dich angehalten, weil du geflucht/geraucht hast." Es ist in jedem Fall sinnvoll, früheres positives Verhalten des Schülers anzuführen und ihn dadurch zu positiverem Verhalten zu ermutigen. Wenn Sie den Schüler nicht kennen, rate ich Ihnen, es damit zu versuchen: „Von dir hätte ich wirklich nicht gedacht, dass du …". Bitten Sie den Schüler darum, Ihnen zu erklären, was er als Nächstes zu tun gedenkt: „Was wirst du tun/wohin wirst du gehen, wenn dieses Gespräch beendet ist?"

Genauso wie im Unterricht ist es auch auf dem Schulgelände wichtig, dass die Verhaltensweise mit der Regel in Verbindung gebracht wird, gegen die sie verstößt. Falls an Ihrer Schule Verhaltensregeln für das Schulgelände gelten, können Sie sich darauf berufen. Es ist in jedem Fall sinnvoll, im Kollegium oder bei Konferenzen anzuregen, dass klare Verhaltensregeln für Aufenthaltsbereiche vereinbart und ausgehängt werden.

Der größte Beitrag, den Sie zur Beachtung von Verhaltensregeln leisten können, ist Ihre Präsenz. Indem Sie Ihren Kaffee auf dem Schulhof trinken und sich auf dem Schulgelände zeigen, geben Sie den Schülern zu verstehen, dass sich Ihre Erwartungen an das Schülerverhalten nicht nur auf das Klassenzimmer beschränken. Nach und nach werden sie sich an Interventionen in Aufenthaltsbereichen gewöhnen und Ihre Präsenz wird sie dazu ermutigen, mehr auf ihr Verhalten zu achten. Haben die Schüler sich dann einmal an Sie gewöhnt, wirkt sich das positiv auf Ihre Interaktionen aus und sowohl Vertretungsstunden als auch die Pausenaufsicht werden angenehmer für Sie verlaufen. Beide Seiten können entspannter miteinander umgehen. Solange Sie im Lehrerzimmer bleiben oder sich auf Umwegen durch die Schule schlängeln, nur um potentiellen Problemen aus dem Weg zu gehen, wird der einzige Einflussbereich das Klassenzimmer bleiben.

Aus der Praxis

Kollegen unterstützen

Wenn Sie in die Situation kommen, dass ein Kollege Sie um Hilfe bittet, sollten Sie zunächst genau zuhören, bevor Sie entscheiden, wie Sie weiter verfahren. ▶▶

Etwas komplizierter wird es, wenn Sie einen Kollegen effektiv unterstützen wollen, der Sie nicht explizit um Hilfe bittet. Wenn Sie Zeuge einer Auseinandersetzung zwischen einem Schüler und einem Lehrer werden oder sehen, dass sich gerade eine anbahnt, ist es sinnvoll, die beiden zu unterbrechen und ihnen so die Gelegenheit zu geben sich zu beruhigen. „Kannst du bitte hier warten, Alexandra, ich will kurz mit Mr. Patel unter vier Augen sprechen, danach können wir uns unterhalten.“ Mit diesem Vorgehen gewinnen Sie nicht nur Zeit, sondern jeder Beteiligte bekommt die Gelegenheit, über den nächsten Schritt nachzudenken. Wenn der Lehrer Ihnen die Situation schildert, achten Sie insbesondere darauf, wie Sie auf verbaler sowie auf nonverbaler Ebene auf die Schilderung reagieren. Sicherlich wird der beteiligte Schüler Sie eingehend beobachten und er wird sehen, ob Sie sich zu einem vorschnellen Urteil hinreißen lassen. Sie sollten einen neutralen Gesichtsausdruck an den Tag legen, dem Kollegen aktiv zuhören und Ihre subjektive Einschätzung der Situation entweder auf einen späteren Zeitpunkt des Tages verlegen oder das Gespräch an einem weniger öffentlich Ort fortführen. „Danke. Ja, da müssen wir etwas tun. Ich bitte Alexandra darum, in der Eingangshalle/bei der Sitzgruppe auf uns zu warten (ein neutraler Ort, möglichst nicht vor dem Büro der Schulleitung), so dass wir einen besseren Zeitpunkt/Ort finden können, um eine Lösung zu finden.“

Wenn Sie einen Kollegen unterstützen, der die Kontrolle über eine Situation und/oder sich selbst verloren hat oder der in ein Streitgespräch verstrickt ist, sollten Sie Ihr Anliegen „Mr. Patel, kann ich Sie unter vier Augen sprechen?“, mit etwas mehr Nachdruck vortragen. Ein weitere nützliche Methode kann es sein, den Schüler zuerst anzusprechen, indem Sie das gegenwärtige Verhalten erwähnen, ohne in irgendeiner Weise darüber zu urteilen, was zuvor passiert ist: „Wayne, ich weiß, dass du in einem ruhigeren und höflicheren Ton sprechen kannst“, oder „Wayne, wir müssen dieses Gespräch an einen weniger öffentlichen Ort verlegen“. Ihre an den Schüler gerichtete Bemerkung ist in zweifacher Hinsicht effektiv: Zum einen wird der Schüler vom Streit mit dem anderen Lehrer abgelenkt und zum anderen erfolgt ein höflicher Vorschlag an alle Beteiligte, das Problem auf andere Weise zu lösen. ◀

Raufereien in Aufenthaltsbereichen

Raufereien ereignen sich viel häufiger auf dem Schulgelände als im Klassenzimmer. Sie sind oft im Voraus und für Zeiten geplant, wenn am wenigsten Lehrer in der Schule unterwegs sind und es kann leicht passieren, dass Sie die Rauferei erst entdecken, wenn sie schon im Gange ist oder nur noch die Scherben aufzusammeln sind. Es kann auch sein, dass sich ein Publikum am Ort des Geschehens versammelt hat, das die raufenden Schüler anfeuert.

Widerstehen Sie in solchen Fällen der Versuchung, sofort ein Urteil zur Schuldfrage zu fällen, und weisen Sie die Schüler in bestimmten Ton an, den Ort zu verlassen – „Es ist vorbei, wir kümmern uns jetzt darum“. Lassen Sie den Raufbolden, getrennt voneinander, die gleiche

Behandlung zukommen: „Kylie, geh mit Mrs. Wallis; Sheena, du kommst mit mir". Ich rate davon ab, Mutmaßungen darüber zu äußern, wer die Rauferei angefangen hat: „Du kloppst dich also schon wieder, Darren? Gut, ich schicke dich jetzt nach Hause", oder die Schüler ungleich zu behandeln: „Geh und mach dich sauber, Shona; Eleanor, du kommst mit zur Schulleitung". Vielmehr sollten Sie sich von Zeugen des Geschehens getrennt voneinander ihre Version berichten lassen und sich Zeit nehmen, um zu einem Urteil zu gelangen und die entsprechenden Konsequenzen anzuwenden.

Prävention und Deeskalation von Konflikten

- Ablenkung – Telefonanruf, dringende Nachricht usw.;
- frühzeitiges Erkennen von Verhaltensmustern und frühzeitiges Eingreifen;
- den Schüler an einen weniger öffentlichen Ort bringen/bitten;
- das Publikum entfernen;
- Zuhören, statt Reagieren, warten, bis die Wut verflogen ist;
- Sprechlautstärke reduzieren und Tonfall entschärfen;
- Hektik und Theatralik aus der Körpersprache nehmen;
- ein Stichwort oder eine Formulierung mehrmals wiederholen, wie „Lass deine Hände unten";
- den Konflikt entpersonalisieren: „Versuche, deine Wut zu kontrollieren" statt „Beherrsch dich gefälligst!";
- Hilfe anbieten statt Kritik üben: „Was soll ich machen?", „Soll ich dich allein lassen?", „Willst du dich vielleicht hinsetzen?", „Gibt es jemanden, mit dem du sprechen willst?";
- Fragen stellen und Alternativen vorschlagen, statt Rat oder Anweisungen geben.

Vorsicht Falle

- Versuchen Sie, Publikum möglichst frühzeitig zu zerstreuen, denn es besteht die Gefahr, dass es in den Konflikt verwickelt wird.
- Fällen Sie keine vorschnellen oder zu harten Urteile – denken Sie daran, dass Emotionen im Spiel sind und dass Sie vielleicht nur einen kleinen Ausschnitt des Konflikts mitbekommen haben.
- Rufen Sie keine leeren Floskeln aus der Entfernung und gehen Sie dann weiter, ohne den Schüler direkt anzusprechen: „Ich sehe dich, ich werde die Schulleitung über dein Verhalten informieren".
- Greifen Sie nicht zu schnell in Konflikte ein – nehmen Sie sich Zeit, bestimmen Sie das Tempo der Interaktion.

Aus der Praxis

Der Pausenaufsicht schaut so mancher Lehrer mit Schrecken entgegen. Ich war oft gerade dabei, die Wirrungen einer chaotischen Stunde mit meiner siebten Klasse in den Griff zu kriegen, wenn der Sportlehrer, der stets auf der ordnungsgemäßen Erledigung der Aufgaben bestand, mich zur Aufsicht nach draußen rief. Nicht, dass ich die Aufsicht für unwichtig erachtete, aber die Krisen in meiner Klasse entstanden meist völlig unerwartet. Ryan würde mir nicht dafür danken, dass ich ihn weinend und mit kaputter Schultasche in der Höhle der geifernden Mitschüler zurückließ, nur um mich um die Horden draußen zu kümmern. In einer Schule mit 1400 Schülern ist auf dem Schulhof einiges los.

An diesem Tag kam ich pünktlich zur Aufsicht. Ich ließ das Klassenzimmer wie es war, ohne es für die neunte Klasse vorzubereiten, die ich nach der Pause unterrichten würde (ich wusste, dass ich das später bereuen würde), und machte mich mit der Stimme des Sportlehrers im Ohr auf den Weg nach draußen.

In meinen bisherigen Schulen war die Pausenaufsicht eigentlich immer eine recht entspannte Angelegenheit gewesen: Die Raucher in ihren Lieblingsverstecken aufscheuchen, Schnitte und blaue Flecke behandeln, die üblichen Rangeleien zwischen zwei Schülern schlichten; nichts, was ich als besonders gefährlich oder bedrohlich empfand. An diesem Tag lag jedoch eine ganz besondere Stimmung in der Luft.

Die Einwohner der Wohngegend um die Schule herum waren in zwei befeindete Lager gespalten. Normalerweise lernten die beiden Gruppen in der Schule in harmonischem Miteinander, doch außerschulische Zwiste zwischen Erwachsenen hatten auf die Stimmung in der Schule übergegriffen und an beiden Enden des Schulhofs versammelten sich nun die Jungs der beiden Lager, um den Streit unter sich zu entscheiden. Die beiden Gruppen bewegten sich langsam aufeinander zu und Kollegen eilten davon, um Hilfe zu holen. Ich selbst befand mich mitten im Geschehen und stand zwischen den voranschreitenden Fronten. Ich entschloss mich dazu, zu bleiben, wo ich war. Ich achtete darauf, dass sich durch meine Körpersprache keiner bedroht fühlen konnte, wandte mich, um keine Sympathie für eine der beiden Parteien zu signalisieren, von beiden ab und schaute nach unten. Ich bin zwar nicht gerade klein, aber es waren Schüler da, die größer waren als ich, und es waren mehr als 200 Schüler beteiligt. Die Jungs kamen auf beiden Seiten kurz vor mir zum Stehen. Ich warf beiden Anführern einen kurzen Blick zu und erklärte ihnen dann ruhig, dass das Ganze nicht jetzt und nicht hier mit mir mittendrin stattfinden würde. Sie hielten inne, dachten kurz nach und mit einem zustimmenden Raunen zerstreute sich die Menge schließlich.

Ich behaupte weder, dass ich den Konflikt gelöst habe, noch will ich den Ratschlag geben, dass Sie sich in Gang-Auseinandersetzungen einmischen sollen. Ich will lediglich ein Beispiel dafür geben, wie viel man mit gekonntem Einsatz von verbaler und nonverbaler Sprache sogar in sehr brenzligen Situationen auf dem Schulgelände ausrichten kann.

Versuchen Sie es damit

Nennen Sie fünf Verhaltensweisen, die Ihnen häufig unangenehm auffallen, wenn Sie sich auf dem Schulgelände bewegen:

1 ....

2 ....

3 ....

4 ....

5 ....

Tragen Sie die Verhaltensweisen in dem Schaubild gemäß der Reaktion ein, die Sie sich vornehmen.

innerer Kreis – körperliche Intervention
innerer Ring + 1 – vor Intervention Unterstützung holen
innerer Ring + 2 – verbale Intervention
äußerer Ring – Vermerken und später ansprechen

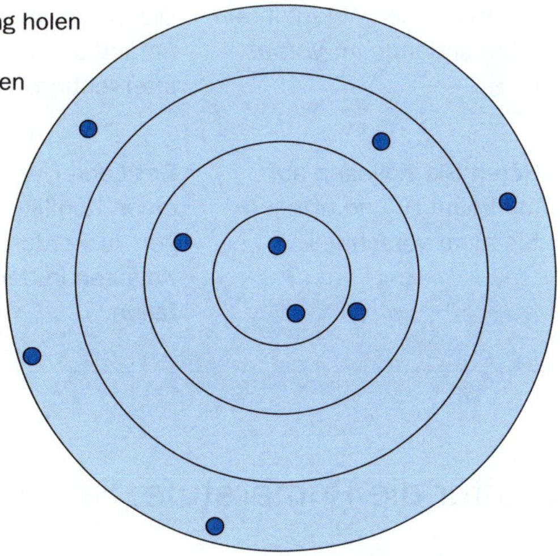

Diese Technik soll Ihnen dabei helfen, sich immer konsequent zu verhalten und auch an Tagen, an denen Sie sich schon von geringen Regelverstößen reizen lassen, einen nüchternen Blick zu wahren. Ordnen Sie nun die folgenden Verhaltensweisen in eine der Kategorien ein:

Beschädigung von Schuleigentum
Verstoß gegen Schulregeln (geringe Regelverstöße)
Aggressives Verhalten
Rauchen
Körperliches Mobbing
Raufereien
Fluchen
Rassistische Äußerungen
Gewaltandrohung gegenüber anderen Schülern
Gewaltandrohung gegenüber Mitarbeitern der Schule

Auf einen Blick

Das ist zu tun	Nutzen für den Lehrer	Nutzen für den Schüler
Ignorieren oder umgehen Sie unangemessenes Verhalten auf dem Schulgelände nicht.	Lehrer machen Gebrauch von ihrer Befugnis, Verhaltensregeln schulweit durchzusetzen.	Die Schüler wissen, dass Regelverstöße Konsequenzen haben.
Verbale und nonverbale Sprache sind eindeutig und auf das Nötigste reduziert.	Der Konflikt wird entschärft, es wird klar und eindeutig kommuniziert. Schüler haben weniger Grund für Abwehrreaktionen.	Die Schüler wissen, dass ihr Verhalten angesprochen wird und fühlen sich nicht persönlich angegriffen.
Legen Sie den Ablauf Ihrer Interventionen im Voraus fest.	Der Lehrer bestimmt den Anfang und das Ende der Intervention.	Die Schüler bekommen klare Anweisungen und/ oder werden vor klare Entscheidungen gestellt.
Hören Sie Kollegen aufmerksam zu und urteilen Sie nicht vorschnell.	Der Lehrer vermeidet es, in einen Konflikt hineingezogen zu werden oder einem Kollegen in den Rücken zu fallen.	Schüler, die emotional erregt sind, wissen, dass sie eine Gelegenheit bekommen, zu sprechen, und gehört werden.

Tipps für die Primarstufe, Sekundarstufe I und Sekundarstufe II

Primarstufe

Eine ungeschickte Körpersprache kann zur Eskalation von Konflikten beitragen. Wenn Sie sich überlegen, was Sie sagen, überlegen Sie sich auch, welche Botschaften Sie mit Ihrer Körpersprache vermitteln:

- Privatsphäre respektieren;
- im Sitzen: sich mit dem Schüler auf Augenhöhe oder tiefer begeben;
- kurzer und diskreter Blickkontakt;
- langsam auf den Schüler zugehen, Schüler nicht einschüchtern;
- nicht mit dem Finger zeigen;
- nonverbale Signale einsetzen, um Schüler von ihren Mitschülern abzulenken;
- gegenseitigen Respekt demonstrieren: anderen nicht ins Wort fallen, keine aggressive Körpersprache.

Sekundarstufe I und II

Eine Intervention auf dem Schulgelände vorzubereiten ist genauso wichtig wie eine Intervention in der Klasse vorzubereiten. Es gibt einfache Hilfestellungen, wie Sie die Interaktion beginnen, entwickeln und beenden:

» Bringen Sie den Namen des Schülers in Erfahrung, bevor Sie eingreifen.
» Bitten Sie Beteiligte weg von der Gruppe, um unter vier Augen zu sprechen.
» Legen Sie fest, was Sie sagen – am Anfang, im Verlauf und am Ende.
» Planen Sie den Gesprächsausstieg.
» Wägen Sie ab, ob es besser ist, das Gespräch öffentlich oder unter vier Augen zu führen.
» Achten Sie auf Publikum, wenn Sie das Gespräch öffentlich führen.

Konflikte deeskalieren

Sprechen Sie über „bewusste Entscheidungen“.

Erklären Sie ruhig und nachdrücklich, welche Verhaltensweisen Sie beobachtet haben und gegen welche Regel sie verstoßen. Machen Sie den Schüler darauf aufmerksam, dass er sich für das falsche Verhalten entschieden hat. So lenken Sie den Fokus auf das Verhalten und der Schüler fühlt sich nicht persönlich angegriffen.

Durchschauen Sie Ablenkungsmanöver.

Konzentrieren Sie sich auf den ursprünglichen Regelverstoß und sprechen Sie nicht über Folgeverhalten. Wenn der Schüler versucht, abzulenken, gehen Sie kurz auf ihn ein, aber weisen Sie ihn auch auf die Konsequenzen oder ein Überdenken seines Verhaltens hin.

Planen Sie die Interaktion.

Nehmen Sie sich einen Moment Zeit, um sich zurechtzulegen, was Sie sagen und halten Sie sich an das „Skript“. Überlegen Sie sich Ihr Vorgehen im Hinblick auf verbale sowie nonverbale Sprache.

Erwähnen Sie keine vergangenen Regelverstöße.

Konzentrieren Sie sich ausschließlich auf die eine, klar feststellbare Verhaltensweise. Alle Schüler beginnen den Unterricht ohne Vorbelastungen.

Denken Sie daran, dass Sie der Erwachsene sind.

Wenn Sie die Beherrschung verlieren, liefern Sie sich damit selbst aus. Versuchen Sie, die Interaktion als das zu sehen, was sie ist – ein Erwachsener, der einem Kind dabei hilft, sein Verhalten zu reflektieren.

Begeben Sie sich mit Schülern auf Augenhöhe.

Wenn die Schüler am Tisch sitzen, gehen Sie auf die Knie oder in die Hocke statt sich über sie zu beugen.

Vermeiden Sie abwertende Bemerkungen über Kleidung oder Aussehen von Schülern.

Die Schüler haben das Recht, sich zu kleiden und auszusehen wie sie wollen, solange sie die Rechte und den Freiraum anderer nicht verletzen.

Respektieren Sie die Privatsphäre der Schüler.

Einige Schüler fühlen sich bedroht und werden gereizt, wenn ihre Privatsphäre permanent verletzt wird. Das heißt jedoch nicht, dass Lehrer unangemessenes Verhalten ignorieren sollten.

Machen Sie keine drohenden Gesten.

Zeigen Sie nicht mit dem Finger; geöffnete Fäuste wirken weniger bedrohlich.

Nennen Sie Schüler bei ihrem bevorzugten Namen.

Fragen Sie jeden Schüler, wie er im Unterricht gerne angesprochen werden möchte und respektieren Sie diesen Wunsch.

Stellen Sie Fragen, statt Anschuldigungen zu machen.

Setzen Sie voraus, dass der Schüler eine verantwortungsbewusste Person ist. „Bist du bereit?", ist weniger konfrontativ als „Pack deine Zeitschrift weg. Es ist Zeit anzufangen", besonders, wenn es in einem interessierten und freundlichen Ton gesagt wird.

Behandeln Sie Disziplinprobleme nicht öffentlich.

Das Bloßstellen von Schülern vor der Klasse führt zu unnötiger Demütigung. Ein Gespräch unter vier Augen schont die Würde und das Selbstwertgefühl.

Hören Sie aufmerksam zu, wenn Schüler sprechen.

Bleiben Sie offen und objektiv. Nehmen Sie die Aussagen von Schülern ernst. Unterbrechen Sie nicht und äußern Sie nicht ungefragt Ratschläge oder Kritik.

Der 30-Tage-Test

Was möchten Sie im Hinblick auf Regelverstöße außerhalb des Klassenzimmers in Zukunft anders machen? Die Neuerungen können sich auf einen einzelnen Schüler oder eine ganze Lerngruppe beziehen. Setzen Sie einige der in diesem Kapitel vorgeschlagenen Tipps 30 Tage lang konsequent um, damit Sie genügend Zeit haben, die Neuerungen in den Unterrichtsalltag zu integrieren.

In 30 Tagen komme ich zur Arbeit und ....
....
....
....
....

Meine persönlichen Vorsätze sind:

1. .... Geprüft am ....
2. .... Geprüft am ....
3. .... Geprüft am ....

Index